2015年度教育部哲学社会科学研究重大课题攻关项目"职业教育现代学徒制理论研究与实践探索"（15JZD046）

职业教育现代学徒制研究丛书

职业教育现代学徒制企业基础研究

贺艳芳 ◎ 著

中国财经出版传媒集团
经济科学出版社
Economic Science Press

图书在版编目（CIP）数据

职业教育现代学徒制企业基础研究/贺艳芳著. —
北京：经济科学出版社，2020.12
（职业教育现代学徒制研究丛书）
ISBN 978-7-5218-2271-7

Ⅰ.①职… Ⅱ.①贺… Ⅲ.①职业教育-学徒-教育制度-研究-中国 Ⅳ.①G719.2

中国版本图书馆 CIP 数据核字（2020）第 267831 号

责任编辑：纪小小
责任校对：刘　昕
责任印制：范　艳

职业教育现代学徒制企业基础研究

贺艳芳　著

经济科学出版社出版、发行　新华书店经销
社址：北京市海淀区阜成路甲 28 号　邮编：100142
总编部电话：010-88191217　发行部电话：010-88191522
网址：www.esp.com.cn
电子邮箱：esp@esp.com.cn
天猫网店：经济科学出版社旗舰店
网址：http://jjkxcbs.tmall.com
北京季蜂印刷有限公司印装
787×1092　16 开　15 印张　280000 字
2022 年 4 月第 1 版　2022 年 4 月第 1 次印刷
ISBN 978-7-5218-2271-7　定价：62.00 元
(图书出现印装问题，本社负责调换。电话：010-88191510)
(版权所有　侵权必究　打击盗版　举报热线：010-88191661
QQ：2242791300　营销中心电话：010-88191537
电子邮箱：dbts@esp.com.cn)

前　言

国家政策文件中多次出现促进企业参与职业教育方面的意见和规定，特别是2017年《国务院办公厅关于深化产教融合的若干意见》出台，明确提出"强化企业重要主体作用"。紧随其后，教育部等六部门联合颁布《职业学校校企合作促进办法》，国家越来越关注企业在职业教育中发挥的重要作用。而事实上，在我国以学校为主体的职业教育体系中，产教融合、校企合作已经成为基本办学模式。并且，在国家努力推进职业教育办学模式和人才培养模式改革过程中，现代学徒制试点就是借鉴德国双元制职业教育培训经验，提升技术技能人才培养水平的重要形式。

企业参与是实施职业教育现代学徒制的基础，而关于职业院校校企合作的已有研究显示，我国企业参与其中的积极性并不高。如何在职业教育现代学徒制构建过程中强化企业的重要作用成为关键问题。德国在传统手工业基础上形成的双元制职业教育培训是现代学徒制的典型代表，双元制培训企业所积累的经验可以被我国借鉴。德国企业在什么条件下才会参与双元制职业教育培训？德国培训企业参与职业教育现代学徒制的动力因素有哪些？这些动力因素是如何生成的？在我国又是怎样的表现形式？本书将以这些问题作为研究的重点内容，探究德国双元制职业教育培训企业的参与动力因素及我国企业参与现代学徒制动力不足的原因。

已有的大量研究认为，企业参与职业教育现代学徒制是企业、学校以及外界环境相互交织的结果，但是这个相互交织过程中的复杂关系仍未得到深入挖掘。企业参与职业教育的研究不仅需要自上而下的宏观研究，即从国家与企业的关系、经济激励等外部因素来讨论，也需要涉及企业本身运作细节及要求的企业研究。鉴于此，本书主要使用以建构主义为方法论基础的定性研究，基于对德国双元制职业教育培训企业的实地调研，探究双元制职业教育中企业参与人才培养的动力因素及其生成，结合文献分析对现象背后的原因进行深入梳理，阐述其因果关系，并构建企业参与职业教育现代学徒制的动力因素模型，以此模型作为我国企业参与职业教育现代学徒制的参照标准，结合中国的实地调研，分析和对比德国和中国在动力因素之间的异同，希望借此深度理解企业的参与动力及其背后的原因。同时辅以定量研究数据对我国企业人力资源现状及现代学徒制参与情况进行调查，为质性研究访谈提供支撑。

本书认为企业参与职业教育现代学徒制主要受三种动力影响：行为结果性动力、社会性动力和内部控制性动力。首先，行为结果性动力是指企业通过参与职业教育现代学徒制而获得符合自身需求的合格专业人员，获得包括比较优势、质量优势和认同优势在内的培养效益。行为结果性动力因素是企业参与职业教育现代学徒制希望得到的预期结果。

其次，社会性动力是企业所感受到的来自外界的、社会的压力，体现在外部劳动力市场对于合格专业人员的供给，以及企业年龄结构、人口出生率、员工流动情况、学生的升学愿望和学习基础等对企业技能满足的影响。同时，社会中文化传统的影响也是不能忽略的，学徒制的历史传承和企业的社会责任感是企业参与职业教育现代学徒制的外部驱动力。

最后，企业自身的技能密度、分工精细度和组织扁平度是企业参与职业教育现代学徒制的内部控制性动力。归根结底，这些企业内部的因素影响和决定着企业用工的数量和质量需求，进而影响着企业参与职业教育现代学徒制的动力。以上所陈述的各方面因素之间并不是独立的关系，而是彼此相互交织，共同作用于企业参与职业教育现代学徒制的动力。

企业作为行为主体，其所选择的发展模式是人力资源战略的基础。打破职业教育培训和企业内部培训的壁垒，实现学生从学校到职场的过渡，既能体现职业教育现代学徒制的教育性，更能提高学生的学习质量和效率、职业院校的培养质量和效率以及企业的内部培训质量和效率。

综上所述，本书在理论分析和实证数据的基础上，构建了企业参与职业教育现代学徒制的动力因素模型，对比了中德企业在这些因素方面的特征和差异，揭示了企业参与职业教育现代学徒制动力因素的因果关系。这些研究有助于剖析当前影响我国企业参与职业教育现代学徒制积极性背后的原因，有助于为我国职业教育现代学徒制在合作企业选择方面提供注意事项，同时，有助于为后续相关研究提供有益借鉴。最重要的是，在对企业参与职业教育现代学徒制动力因素中德对比的探索历程中，企业研究被纳入职业教育研究中，将有助于以企业角度思考职业教育的发展，从而实现企业在职业教育现代学徒制构建中的重要主体作用。

目 录

第一章 ▶ 企业参与是职业教育现代学徒制运行的必要前提   1

    第一节 企业参与职业教育现代学徒制必要性的现实分析   1

    第二节 企业参与职业教育现代学徒制必要性的学理分析   6

    第三节 企业内部技能传承是职业教育现代学徒制构建的逻辑起点   15

    第四节 本章小结   23

第二章 ▶ 企业参与职业教育现代学徒制中德比较分析路径   24

    第一节 德国研究：确定动力因素的参照标准   24

    第二节 中国研究：构建动力因素的本土形式   40

    第三节 中德对比：分析动力因素的差异表征及成因   54

    第四节 本章小结   55

第三章 ▶ 企业参与职业教育现代学徒制动力因素模型构建   56

    第一节 访谈资料的开放式编码   57

    第二节 访谈资料的轴心编码   65

    第三节 访谈资料的选择编码   72

    第四节 本章小结   77

第四章 ▶ 企业参与职业教育现代学徒制的行为结果性动力   78

    第一节 行为结果性动力内涵及其在德国企业的表现形式   78

    第二节 中国企业行为结果性动力的表现形式   121

    第三节 中德企业行为结果性动力的差异表征及成因   127

    第四节 本章小结   134

第五章 ▶ 企业参与职业教育现代学徒制的社会性动力　136

　　第一节　社会性动力内涵及其在德国企业的表现形式　136
　　第二节　中国企业社会性动力的表现形式　149
　　第三节　中德企业社会性动力的差异表征及成因　159
　　第四节　本章小结　165

第六章 ▶ 企业参与职业教育现代学徒制的内部控制性动力　167

　　第一节　内部控制性动力内涵及其在德国企业的表现形式　167
　　第二节　中国企业内部控制性动力的表现形式　186
　　第三节　中德企业内部控制性动力的差异表征及成因　193
　　第四节　本章小结　198

结语 ▶ 我国现代学徒制构建亟待企业内部技能生态重塑　200

参考文献　205

附录　226

第一章

企业参与是职业教育现代学徒制运行的必要前提

企业参与是实施职业教育现代学徒制的重要基础。在我国职业教育发展过程中,为弥补学校职业教育缺陷而尝试的顶岗实习等学习模式已经嵌入了学徒制的成分,对于职业教育现代学徒制而言,在此基础上规范和深化校企合作更为重要。然而,多年校企合作的经验显示,我国企业参与其中的积极性并不高。并且,即使是与企业有合作的职业院校学生,在企业的新员工招聘中也并不占优势。[①] 那么,究竟是哪些原因导致我国企业参与动力不足?这是本书需要重点关注的问题。

第一节 企业参与职业教育现代学徒制必要性的现实分析

深化产教融合、强化企业的重要主体作用是国家提升人力资源质量决策中的重要意见。事实上,在我国以学校为主体的职业教育体系中,产教融合、校企合作已经成为基本办学模式。在国家努力推进职业教育办学及人才培养模式改革过程中,现代学徒制试点成为借鉴德国双元制职业教育培训经验、提升技术技能人

[①] 潘海生、王世斌、龙德毅:《中国高职教育校企合作现状及影响因素分析》,载于《高等工程教育研究》2013 年第 3 期,第 65 页。

才培养水平的重要形式。国家在战略层面对现代学徒制高度重视,自 2015 年起,教育部已公布三批现代学徒制试点单位,涉及众多职业院校、企业、行业、区域等。现代学徒制的实施将是解决人才供给侧和产业需求侧在结构、质量等方面不能完全适应的重要途径之一。

一、企业参与职业教育现代学徒制是学生职业知识习得的内在要求

改革开放以来,我国学校职业教育体系在国民经济的高速发展中取得令人瞩目的成绩,在其规模不断扩大的同时服务社会的能力也不断增强,职业教育体系中学历教育与职业培训并举的模式为各行各业系统地培养了大量人才。但是,我国职业教育也存在着突出的问题。例如,职业教育理论和实践脱节而导致的教学质量不高是制约职业教育发展的重要问题。特别是在如今经济转型的背景下,实现"中国制造 2025"规划需要合格的技术技能人才储备。然而,学校职业教育在高水平技能培养中劣势凸显且效果欠佳。因此,现代学徒制被寄予培养高水平技术技能人才的厚望。而且,国际经验也已经充分证明了企业为主导参与的现代学徒制对国民经济发展的积极意义。

首先从企业自身来看,在企业生产所需要的职业知识中,经验知识所占比重很大,学校职业教育虽然能统一规范,甚至大批量传达所需知识基础,但是对于难以描述和理解的经验知识来讲,学校职业教育模式很难达到良好的效果。因此,我国的学校职业教育需要企业参与,因为企业生产者不仅需要熟悉并掌握生产流程中所需要的知识和技能,更需要具备当生产过程中出现前所未有的新问题时的解决能力。而且,企业参与现代学徒制一方面能够为学生提供在企业内部生产流程中"做中学"的机会,用言传身教的实践式技能训练方式使经验知识在实践载体中具体化和形象化,更有利于学习者的学习。同时,当学徒在学校和企业所获得的技能与劳动力市场中所需求的技能高度吻合时,学徒培训与就业市场需求之间形成紧密结合的关系,也就避免了技术不匹配的风险。另一方面,企业参与现代学徒制,对于消除生产过程中的不确定性、提高生产效率及维持车间生产秩序同样作用显著。①

但是,在我国职业教育发展过程中,以企业参与校企合作为例,企业缺乏参与积极性是职业教育实践中的普遍共识,主要体现在实际参与不足、联系途径狭

---

① 王星:《技能形成的社会构建——中国工厂师徒制变迁历程的社会学分析》,社会科学文献出版社 2014 年版,第 56 页。

窄、合作深度不够且质量较低、存在现实担忧等方面。[1] 虽然，企业从理论上认同校企合作的重要意义，但是，这种认同却不是基于自身需求的认同，而是认为校企合作是一种有利于职业院校办学和学生收益的职业教育办学模式。于企业而言，并没有把职业教育作为企业的人才培养资源储备而充分利用起来。从职业院校层面来看，虽然在国家多项政策引导下，职业院校已经普遍认识到校企合作在人才培养中的重要意义。但是，即使是在职业院校已有的校企合作中，大部分合作也是仅停留在浅层的合作关系。[2] 因此，以校企合作为基础的职业教育现代学徒制构建中，如何调动企业的积极性依然是尚待解决的重要问题。

再从国际经验来看，传统手工业学徒制被德语系国家的双元制职业教育培训体系传承并发展下来。虽然曾经一段时间内，国际社会对学徒制系统的兴趣逐渐消失，然而随着全球青年就业危机的加重，学徒制又被重新提上议事日程。人们意识到有成熟学徒制体系的国家，学生从学校到职场的过渡更加顺利，而且与成年人的失业率相比，青少年失业率更低。[3] 在传统双元制职业教育培训的国家中，德国双元制职业教育培训被认为是创新、经济竞争力和社会凝聚力的重要支柱。[4] 另外，瑞士经济学家也曾指出，瑞士国民经济的高生产率、高就业率和代表国际竞争力的高出口能力都离不开双元制职业教育培训，它是瑞士品质和高附加值产品的决定性因素。[5] 由此可见，以双元制为代表的现代学徒制对国家发展意义重大。

而所谓"双元制"是企业和职业学校的制度化合作，在其运行过程中，企业发挥了重要的主体作用。以德国为例，在《联邦职业教育法》《手工业条例》等法律条例的约束下，双元制职业教育培训实施过程中，学徒在企业学习及工作的时间占总时间的 2/3，在职业学校开展理论学习的时间约为 1/3。如果仅仅从时间分配的比例来看，可以说企业承担了双元制职业教育培训的大部分责任。人们通常会认为，企业以逐利为目的，而教育是投资行为。事实上，参与双元制的培训企业在平衡了这些利益关系的基础上，还使双元制职业教育培训成为国民经济发展的重要支柱。德国企业认为职业教育培训能为企业提供多样、直接的经济利

---

[1] 宋丽：《企业参与校企合作积极性研究》，天津大学硕士学位论文，2013 年，第 12～17 页。
[2] 王文槿：《关于校企合作的企业调查报告》，载于《中国职业技术教育》2009 年第 2 期，第 23～25 页。
[3] Axmann, M. and Hofmann, C. Overcoming in the work-inexperience gap through quality apprenticeships-the ILO s contribution. In: Akoojee, S., Gonon, P., Hauschildt, U. and Hofmann, C. (Eds.). *Apprenticeship in a Globalised World. Premises, Promises and Pitfalls*. Band/Volume 27. Wien: LIT, 2013: 3.
[4] Bundensministerium für Bildung und Forschung. *Berufsbildungsbericht* 2017. BMBF Bonn, 2017: 10.
[5] Strahm, R. H. *Warum wir so reich sind*. 2. erweiterte und aktualisierte Auflage. Bern: hep verlag ag, 2010: 7.

益。合格且拥有培训企业特殊知识技能的员工是企业竞争力的重要来源。这些员工能够灵活应对市场突发状况,加速企业投资及创新的实施。① 因此,德国培训企业积累的经验是我国构建职业教育现代学徒制的重要借鉴依据。

二、企业参与职业教育现代学徒制是技能供给质量提升的关键症结

企业参与人才培养全过程是促进我国企业技术技能人才资源开发的有效途径。从我国产业发展来看,新中国成立后的前30年工业化的突出特征是在低收入的经济条件下建立起完整的工业体系。② 民营经济在此基础上得以蓬勃发展,国家整体制造产能大幅提升。伴随着改革开放和经济全球化,发达国家和发展中国家相互交换其优势,世界各国形成了以技术密集型和劳动密集型为发展模式的劳动分工。我国选择了发展市场经济以取代中央集中管理,以充足的劳动力优势加入全球生产链体系,在传统制造业中长期依赖"人海战术"发展劳动密集型产业,通过占领低附加值和低薪酬领域而成为世界代工厂。据统计,改革开放后的30年间廉价劳动力大军对中国经济增长的贡献率达到26.8%。中国每年供给的劳动力总量约为1 000万人,劳动人口比例高,保证了经济增长中劳动力需求和社会保障支出的低负担。③ 劳动密集型产业的兴起和发展在这个时期发挥了不可小觑的作用,使我国改革开放后的经济发展取得世界瞩目的成绩。

然而,在全球市场竞争关系中,我国制造业始终处于"制造—加工—组装"的低技术含量和低附加值环节,相应企业缺乏核心技术和创新能力而不具备市场竞争力。据2017年4月互联网的一篇报道指出,目前中国苹果手机代工厂中,工人每天连续工作12个小时,唯一的工作就是将一颗螺丝钉插入一部智能手机的后盖中,并不断重复这个过程。④ 这依然是中国以及其他新兴国家数字设备生产线上无数工人的生活现状。另一项关于广东省用工企业的调查中也显示,广东省的产值依然是依靠劳动密集型制造产业。它们通常都是国外企业的代工工厂、部分零件设备制造商等类型的企业,由于产品技术要求低且附加值低,在用工方

---

① Walden, G., Beicht, U. and Herget, H. Warum Betriebe (nicht) ausbilden. *Berufsbildung in Wissenschaft und Praxis*, Sonderausgabe 2003: 42–46.
② 路风:《光变——一个企业及其工业史》,当代中国出版社2016年版,第425页。
③ 权衡等:《"劳动·资本"关系变迁:中国经济增长的逻辑》,上海远东出版社2015年版,第52页。
④ 《美大学生卧底iPhone工厂:差点被逼疯》,BI中文站,https://xw.qq.com/tech/20170412033792/TEC2017041203379200,2017-4-12/2017-8-6。

面要求也较低。这种低劳动力成本的发展模式本身利润空间有限，企业没有能力改善工人的工资福利以及工作条件，这样一来就会导致恶性循环，企业更加缺乏争夺劳动力资源的优势，而加重技术工人短缺的情况。[1]

更何况，随着我国老龄化社会的到来，人口红利将消失殆尽。据统计，我国人口红利在 2010 年达到顶峰，此后持续下降并将在 2030 年转向人口负债。[2] 出口导向型经济增长模式的重要条件不再得到满足，将使这些年来赖以制胜的成本优势逐渐消失，以廉价劳动力为优势的成本导向型经济发展模式终究无法可持续发展。而且，在我国经济增长数量大而质量差、生产效率低的同时，国家也付出了环境破坏严重、资源供给紧张等惨重代价。现如今，原材料等成本上涨、用工荒现象已普遍出现、国际市场的中低端加工制造业向东南亚等第三级国家转移等种种困境，使我国未来经济发展面临巨大压力，开发技术技能人才资源以促进企业转型升级已迫在眉睫。

而这些问题的实质是我国需要转变粗犷型经济发展模式，朝向提高生产率和产品附加值的精细化模式发展。经济模式转变需要与之相适应的职业教育来支撑，也就是说，企业需要能够助力产业升级的人力资源储备。但是，我国企业目前技能供给状况并不容乐观。据国家统计局数据显示，2016 年我国就业规模持续扩大，就业人口达到 77 603 万，占人口比重的 56.1%。但是，从我国就业人口整体情况来看，劳动力文化水平偏低，就受教育程度而言，九年义务教育阶段以上学历的就业人口（包括普高、中职、高职、大专、本科和研究生）共占 36.1%。而培养以一线技术工人为主的中等和高等职业教育的比例分别为 4.8% 和 1.4%。[3] 虽然受教育程度不一定能 100% 反映就业人员的技能水平，但是，从我国目前依靠外部职业院校来培养技术工人的现状看，暂且不论学校职业教育的培养质量是否能满足技能需求，这些统计数据也反映出我国技能人员供给质量不高的问题。

再来看一线劳动力就业大军中占比不少的农民工的数据。根据《2016 年农民工检测调查报告》显示，该年度农民工总量是 28 171 万人，也就是说，就业人口中 36.3% 为农民工。从受教育程度来看，农民工中未上过学者占 1%，小学文化程度占 13.2%，初中文化程度占 59.4%，高中文化程度占 17%，大专及以

---

[1] 王子成：《雇佣条件、企业类型与劳动力短缺——来自广东省用工企业的调查》，载于《中国人口科学》2015 年第 2 期，第 93～103 页。

[2] 郭晗、任保平：《人口红利变化与中国经济发展方式转变》，载于《当代财经》2014 年第 3 期，第 9 页。

[3] 国家统计局人口和就业统计司、人力资源和社会保障部规划财务司：《中国劳动统计年鉴 2016》，中国统计出版社 2016 年版，第 55 页。

上占9.4%。接受过农业和非农职业技能培训的农民工占32.9%。① 这些数据同样反映出我国技术工人供给数量不足。而与此同时，我国在高级技能型人才需求方面缺口大，岗位空缺数与求职人数之比大于1，技工短缺问题突出。② 据《中国青年报》报道，2016年《中国劳动力市场技能缺口研究》报告中显示，目前技能劳动者数量占全国就业人口总量的19%，高技能人才仅占5%。③

因此，企业参与现代学徒制，使学校教育与企业中技术知识和技能教育相结合，积极开发企业技能人才储备将是企业实现产业转型升级的重要推动力。在企业发展中生产过程创新和生产的升级是企业持续进步的源泉，而这些都需要企业具备技术转化能力。企业想要具备这种能力，不仅需要依靠学习现有技术知识，更需要的是积累技能经验。如果企业能尽早参与人才培养过程，将积极改变企业技能供给的数量和质量，为企业提高生产率和产品质量奠定必要的人力资源基础，现代学徒制就是企业参与人才培养的重要形式。

第二节 企业参与职业教育现代学徒制必要性的学理分析

在国家对职业教育现代学徒制高度重视的大背景下，找到企业参与现代学徒制的动力所在，就可以找到我国企业积极性不足的原因，并有针对性地为选择职业教育现代学徒制企业提供参考依据。而目前具体针对职业教育现代学徒制企业的相关研究结论尚不多见，基于此，本书通过对德国培训企业进行实地访谈，系统分析归纳参与职业教育现代学徒制企业的动力因素及表现形式，并且以此为参照，对比我国企业目前的表现形式和差异，以达到"以铜为鉴，可正衣冠"的目的。

一、企业参与是我国现代学徒制构建成功与否的关键

由于职业教育、劳动力市场和企业组织间关系复杂，它们之间所存在的多维

---

① 国家统计局：《2016年农民工检测调查报告》，http://www.stats.gov.cn/tjsj/zxfb/201704/t20170428_1489334.html，2017-04-28/2017-11-30。

② 杨宜勇、黄燕东：《2015年中国劳动力市场展望》，载于《中国经济报告》2015年第1期，第42~45页。

③ 《〈中国劳动力市场技能缺口研究〉发布——高技能劳动力缺口警钟再次敲响》，载于《中国青年报》2016年11月28日。

度现象以及各维度之间的松散关系为职业教育研究增加了困难。但是，与此同时，这些多维度间的复杂关系也为研究提供了更丰富多元的分析视角，让研究者能够跳出传统教育学的模式，融合多学科的研究结论再解读职业教育的发展。本书的研究在对现代学徒制企业的动力因素归纳以及理论阐释的同时，也将现代学徒制企业的研究纳入了职业教育的研究范围，旨在从企业自身的角度出发理解职业教育现代学徒制。同时，人力资源储备是企业研究和职业教育研究之间的交叉点，与企业紧密相关的职业教育研究对企业人力资源发展的理论研究也具有重要意义。因为在现实条件下，企业处于技术、经济和社会发展之间的相互作用关系中，外部世界经济框架条件不断变化，国内、国际竞争压力不断增长，能源供给愈加紧缺以及社会其他成本的变化都深深影响着企业当下的处境。充分发挥企业在职业教育体系中的关键性作用，使职业教育能够为企业源源不断地提供具备职业技术技能的人才，这些人力资本才能够保证在企业发展过程中，产品设计和制造工艺深度融合的可能性，这也是企业竞争优势的主要来源。[①] 因此，人力资源研究也需要关注职业教育的理论研究。

相较于基于多学科视角的企业研究这一理论意义而言，本书还具有破解我国职业教育现代学徒制实施"瓶颈"的实践意义。在我国，校企合作的多年经验显示，企业参与职业教育人才培养过程中，会遇到各式各样的问题。职业院校普遍反映，由于各种原因而与企业无法深入合作是制约职业教育现代学徒制实施的难点。在"职业教育现代学徒制理论研究与实践探索"课题组的全国大规模调研[②]中，企业在校企合作过程中呈现出不同的态度。职业院校专业负责人反映最为普遍的是，合作企业的积极性体现在企业用工需求本身，而对于与职业院校协同育人、共同进行人才储备及人才培养则没有相应的积极性。另外一类校企合作状态是企业在合作中相对强势，完全按照企业内部培训体系要求对职业院校学生进行在岗培训。在这样的校企合作中学校缺少话语权，学校的职责往往仅限于一般的班级管理或学生管理。而同时，很多职业院校教师也认可这样的合作方式，认为学校不应该干预企业培养的内容。

另外，在一些职业院校也出现个别积极主动参与校企合作、愿意和职业院校共同配合、深入推进现代学徒制的企业。虽然，目前这类企业的数量并不多，但是，这些现象背后是值得研究者深入思考的问题，即为什么不同的企业在参与职业教育人才培养时所表现出的态度是不同的？当企业成为现代学徒制实施主体

[①] [美]加里·皮萨诺、威利·史：《制造繁荣：美国为什么需要制造业复兴》，机械工业信息研究院战略与规划研究所译，机械工业出版社2014年版，第160页。

[②] 2015年度教育部哲学社会科学重大课题攻关项目"职业教育现代学徒制理论研究与实践探索"大规模调研报告。

时，校企合作应该如何构建？在我国以学校为主导的职业教育模式中，企业参与职业教育现代学徒制是一种"被选择"的关系，基于这一现实，关晶（2015）从学校选择企业的角度提出职业院校在选择开展学徒制的合作伙伴时，首先要考虑企业的发展需求，其次要考虑企业自身的吸引力，再次要考虑企业的学徒培训能力，最后要考虑校企已有合作基础。① 以学校为主体的职业教育中，是否可以选择合适的企业推进现代学徒制的实施工作？该如何选择合适的企业？这些实践中的问题需要理论的支持和解释。

我国实行的是以学校为主体的职业教育模式，企业在职业教育中处于被边缘化的角色，职业学校按照人才培养方案提供一般技能的学习。而德语系国家的双元制职业教育是企业占主导地位，虽然企业按照各职业的培训条例及统一标准进行专业人员的培养，但是由于企业参与程度高，所以能提供适合自身特殊技能需求的培训。如今，在我国产业升级的背景下，现代学徒制应该如何促进企业的深入参与？我们应该如何借鉴德国的经验？另外如前所述，德国双元制职业教育培训对我国而言并不陌生，但是，在几十年的中德交流合作中技术技能人才培养并没有取得突破性的进展，究竟根源在哪里？现如今，"中国制造2025"是否能为我国现代学徒制发展提供新的契机？这些问题的回答，可以从理论和实践层面为我国构建职业教育现代学徒制夯实基础。

而在我国教育学领域的研究中，多以经济学、社会学等跨学科的视角分析我国企业参与学校职业教育动力不足的原因，并提出相应的改进建议及措施。例如，李秀红和刘伦斌以经济学的视角提出劳动力市场总量和结构失衡、企业的经济属性、缺乏激励约束机制和市场组织架构等是企业参与动力不足的主要原因。② 而李俊则运用公共选择理论和劳动经济学对企业参与职业教育的困境进行分析，指出最根本的原因在于大集团下的完全劳动力市场，以及企业职业培训标准的缺失。因此，需要一方面在分解大集团、成立小集团的基础上创造不完全劳动力市场机制，使企业能够从职业教育中得到合理回报；另一方面制订开发受到企业和教育界共同认可的职业培训标准。③

汤霓等人通过识别并确切指出参与现代学徒制构建的相关利益主体及其诉求，发现"挖人"的外部性、学徒异化、替代忧虑、校企割裂是我国企业参与现代学徒制存在的四大问题。而采取非市场治理措施、制定学徒制课程内容框架、

---

① 关晶：《开展学徒制应选择什么样的企业》，载于《中国教育报》2015年11月26日。
② 李秀红、刘伦斌：《企业参与职业教育动力不足的经济学探析》，载于《继续教育研究》2010年第10期，第49~51页。
③ 李俊：《我国企业参与职业教育的困境及其突破——基于公共选择理论与劳动经济学的分析》，载于《教育发展研究》2015年第3期，第52~58页。

建立企业师傅教师资格制度、完善法制建设是相应的解决途径。[①] 然而，从根本上防止"挖人"带来的恶性循环，对于每个国家中的政治妥协安排而言，国家行动（或者无行动）对其具有重要的调和作用，国家干预行为（或者无干预）常常有助于实现一种均衡，即要么在多家企业之间或者工会与雇主之间，提供协调的便利及支持非自由主义的（或者协调性的）技能培训体制，要么激化上述主体之间的利益冲突，而他们的利益冲突方式对于厂内培训能否形成稳定的制度化形式起到至关重要的作用。[②] 也就是说，国家的政策制度可以促进可信承诺的达成。而且相关研究也提出，企业参与职业教育的动力可分为市场拉动型和政府主导型，而鉴于企业的性质以及利益诉求，政府主导型是更适合我国企业参与职业教育的模式。[③] 同样，邱璐轶认为由于属性不同，企业和学校追求的目标不同，所以需要政府承担推动、沟通和监督的作用。[④]

另外，一些学者通过实证研究证明了企业参与学校职业教育源自不同的动力，如"企业首先是追求人才素质的提高，然后是技术资源提升和知识整合，获得短期利益，在人才培养中追求文化融合，最后是聘用计划"[⑤]。类似的调查研究还包括，在杭州市部分中等职业学校和校企合作相关企业的调查中得出结论，即我国企业积极参与学校职业教育的主要原因是满足自身劳动力需求。[⑥] 还有研究指出，我国企业参与学校职业教育的内在动力是经济利益的驱动、提升企业核心能力、获取高素质专业人才、企业生命周期发展的需求以及提高企业声誉。[⑦]

也就是说，以企业为研究对象的研究通常是经济学、管理学的研究，而教育学研究中通常是关注企业是否愿意参与职业教育学徒制，以及如何促进企业的参与等，再通过分析从政策层面提出改善企业参与学校职业教育积极性的应对策略。当然，在这个过程中，教育学的研究者也会使用跨学科的研究视角。而从已有研究提出的各方面原因来看，通常是集中在体制等宏观层面，认为政府需要发挥更大、更多的调控作用。通过文献梳理可以看出，关于企业参与学校职业教育的研究集中在国家政策、经费投入等外部视角，大部分的研究从国家与企业的关

---

① 汤霓、王亚南、石伟平：《我国现代学徒制实施的或然症结与路径选择》，载于《教育科学》2015年第5期，第85~90页。
② [美] 凯瑟琳·西伦：《制度是如何演化的——德国、英国、美国和日本的技能政治经济学》，王星译，上海人民出版社2010年版，第17页。
③ 陈仙：《行业企业参与职业教育的动力机制研究》，浙江工业大学硕士学位论文，2008年，第5页。
④ 邱璐轶：《高职校企合作的影响因素分析》，载于《教育探索》2011年第4期，第156~157页。
⑤ 霍丽娟、刘新起、李虎斌等：《企业参与校企合作的意愿调查与分析——以河北省企业为例》，载于《职业技术教育》2009年第34期，第35~40页。
⑥ 张金英、张灵仙：《企业参与职业教育积极性的调查研究——以杭州市为例》，载于《职教通讯》2013年第22期，第13~20页。
⑦ 陈娟：《我国企业参与职业教育的内在动力研究》，山西大学硕士学位论文，2015年第23~26页。

系、经济激励等外部因素来讨论,很少涉及企业本身的要求。现有文献显示,大部分的相关研究都是自上而下的宏观研究,对于企业运作细节的探索较少。

二、企业参与是德国现代学徒制成功构建的根本保障

不同国家的职业教育模式也各不相同,而以德国、奥地利及瑞士德语区为代表的双元制职业教育培训在国际上备受青睐。双元制本身就是源自学徒制,这种以企业为主导完成工作过程中的学习,以及职业学校承担理论部分教学的合作模式,可以说是职业教育现代学徒制的典型代表。早在20世纪80年代,德国政府就对中国提供职业教育援助项目,开展双元制在中国的试点。虽然时至今日,双元制在我国职业教育中并没有形成实质性体系,但是,随着中德职业教育合作不断延续和深入,双元制在我国职业教育界亦耳熟能详。德国双元制的经验在我国现代学徒制构建过程中应该如何借鉴和使用?德国企业为什么愿意参与双元制职业教育培训?企业的主体作用在职业教育培训中如何发挥?现代学徒制如何满足企业的积极性?这些问题激发了笔者的研究兴趣,促使笔者选择企业作为研究对象来思考我国职业教育现代学徒制的构建。

在德国企业参与双元制职业教育人才培养的研究中,一方面关于德国企业为什么参与双元制职业教育的问题被多次讨论,但是,另一方面想要将这些原因明确归类却是很难的。双元制职业教育培训收益是企业参与的原因所在,众多研究显示,这些收益包括学徒完成培训后进入企业成为正式技术工人,企业则不需要耗费人力和财力成本从劳动力市场寻找员工,也不需要对外来的陌生员工进行其他适应性措施训练,员工也不需要额外进修。这样一来,直接招收已毕业学徒,可以节省招工和员工在适应期所产生的费用。同时,企业不必依赖外来劳动力市场,可以杜绝可能的停工成本。[①] 但是,在内部劳动力市场中,长期雇佣关系、机构内部的工作组织和工资结构是几个重要特征。而企业培训要契合特殊培训需求、企业期望以及企业文化,如何确定新学徒或员工是否契合非常困难。[②]

在联邦教育研究部组织的调查中显示,83%的双元制培训企业把培养符合企业需求的合格专业人员[③](Facharbeiter/in),作为参与双元制职业教育培训的重

---

① Jansen, A., Pfeifer, H., Schönfeld, G. and Wenzelmann, F. Ausbildung in Deutschland weiterhin investitionsorientiert – Ergebnisse der BIBB – Kosten – Nutzen – Erhebung 2012/13. Forschungs-und Arbeitsergebnisse aus dem Bundesinstitut für Berufsbildung, 2015:2.

② [美]托马斯·海克拉克、杰兰特·约翰斯、罗伯特·桑顿:《劳动经济学基础》第二版,来庆彬等译,中国人民大学出版社2016年版,第216~221页。

③ 专业人员指完成双元制职业教育培训并获得该职业专业资格证书的专业技术工人(如金属切削工等)及专业技术人员(如办公室文员等),区别于我国通常意义上专业教育所培养的人。

要原因，也就是说，保障企业未来拥有具备专业资格的人力资源是企业最为看重的。在德国，很多企业认为，双元制职业教育培训是一项有益于社会的公共任务，因此，对于培训企业来说，并不仅仅考虑企业的成本和收益问题。而在企业不参与职业教育培训的原因中，40%的企业是由于缺少对专业人员的需求，37%的企业则是由于没有找到合格的申请者，还有不到1/5的企业是因为担心培训完学员会离开。[1] 因此，有研究提出强化就业保护、提高雇佣和解聘成本，可能会促使企业将参与学徒制培训作为筛选未来员工的手段。[2] 该建议的本质是形成更加稳定的劳动力市场而避免频繁流动给企业和员工双方带来的损失。

虽然双元制职业教育中，培训企业要付出相应的成本，如培训津贴、培训师工资以及相关社会保险、培训设备、原材料、培训车间、练习室、注册费、考试费、其他课程费、跨企业培训费、学习材料等费用。但是，培训带给企业的优势也很明显，因为学徒在学习期间不仅累积了工作经验，也为企业生产提供了劳动力，参与创造了企业的销售额，而且成为合格员工后可以立即参与工作。同时，通过真实环境中的工作，学徒在学习期间可以感受和适应企业文化、与同事相处、培养团队意识。这样一来，可以提高员工对企业的认可度和归属感，缩短入职的适应期，减少重新雇用外来员工的费用，形成稳定的薪酬结构，减少招聘熟练员工的抬价问题，减少入职适应期产生的不必要的费用，使企业与学徒双方在培训期间有足够的时间相互了解，提高双方的稳定性和满意度。提高忠诚度，避免离职所产生的费用，同时学徒培训期间可以补充企业员工病假、事假等空缺，保证企业正常运行，使培训企业在劳动力市场享有良好的声誉，因为参与培训代表着企业具有可持续发展能力。[3] 因此，有研究认为，这些直接和间接收益是德国企业在需要成本投入的前提下，依然选择参与双元制职业教育培训的原因。

而且，从企业作为雇主获得收益的角度来讲，企业根据自身实践要求培训学徒，学徒在学习期间通过劳动促进企业生产的发展。由于所获技能的可迁移性特征，使得学徒成为能够胜任企业或部门的潜在劳动力。同时，当企业培训的技能具有相同的标准且劳动力市场上的专业人员供给充足时，就减少了工人跳槽的可能，也减少了企业因员工跳槽而导致的损失。这也意味着，越多的企业参与学徒制，跳槽所带来的损失就越少。此外，学徒制也增强了人们对企业实践中学习重

---

[1] Jansen, A., Pfeifer, H., Schönfeld, G. and Wenzelmann, F. Ausbildung in Deutschland weiterhin investitionsorientiert – Ergebnisse der BIBB – Kosten – Nutzen – Erhebung 2012/13. Forschungs-und Arbeitsergebnisse aus dem Bundesinstitut für Berufsbildung, 2015：13.

[2] Mühlemann, S., Pfeifer, H., Walden, G., Wenzelmann, F. and Wolter, S. C. 'The financing of apprenticeship training in the light of labor market regulations'. *Labour Economics*, 2010, 17 (5)：799 – 809.

[3] Walden, G., Beicht, U. and Herget, H. Warum Betriebe (nicht) ausbilden. *Berufsbildung in Wissenschaft und Praxis*, Sonderausgabe 2003：42 – 46.

要性的认识。企业培训的学徒最后被雇用为企业的全职员工，使企业的培训投资有所回报。① 德国雇主认为成本中付出最多的是管理及指导学生所花的时间，其次是学生薪酬，最后是学生工作不熟练所造成的生产上的损失。② 通过对文献的梳理可以发现，德国本土的研究中较多关注的是雇主的需求。

《职业技术教育》杂志社特约记者在2002年对教育部职业技术教育中心研究所顾问瓦格纳博士的采访中曾提到，德国企业参与双元制职业教育培训对中小型企业而言是划算的，因为德国的劳动力费用较高，学徒每月获得300~400马克的培训报酬，而正式员工，企业则需要支付3 000~4 000马克的工资（2002年起，德国不再使用马克，而统一使用欧元作为货币单位）。③ 虽然2002年的数据已经陈旧，但是从学徒和正式员工获得薪酬的比例可以看出，无论当时德国经济如何、购买力如何，那个时候正式员工的报酬是学徒报酬的十倍。因此，也就是说，工资或报酬的等级差异，一定程度上提高了双元制职业教育培训的吸引力，一方面，使学徒愿意完成培训学习成为合格专业人员并获得更高的工资；另一方面，企业也有动力利用培训学徒减少人力成本的支出。

针对企业参与学校职业教育人才培养中可信承诺的问题，凯瑟琳·西伦指出学徒制在企业中的实施需要有一种机制，既能使企业不剥削学徒工、高质量地展开培训工作，同时又要保证学徒工为企业服务足够长的时间以补偿企业的投资成本。德国对此问题的解决方法就是建立专业技工资格认证体系。④ 技能资格认证程序的存在可以防止企业任意将学徒工作为廉价劳动力剥削。这是因为，在德国的整个职业培训体系中，如果学徒工不能通过考核，将给企业声誉带来很大影响，企业将很难雇用到好的学徒工，甚至失去作为培训企业的资格，这样一来，也就失去学徒工低工资从事生产劳动带给企业的收益。对于学徒工来说，技能资格认证可以降低跳槽的动机，因为学徒工必须完成足够时间的学习培训，才有资格参加考试。可以说，技能资格认证成为德国双元制职业教育培训的支柱。

除此之外，众多学者还以企业参与双元制的动机研究为突破口探寻企业的参与动力。例如，林德利（Lindley）等其他一些学者提出的生产动机、投资动机、

---

① Axmann, M. and Hofmann, C. Overcoming in the work-inexperience gap through quality apprenticeships-the ILO s contribution. In: Akoojee, S., Gonon, P., Hauschildt, U. and Hofmann, C. (Eds.). *Apprenticeship in a Globalised World, Premises, Promises and Pitfalls*. Band/Volume 27. Wien: LIT Verlag, 2013: 5.

② 徐小英:《校企合作教育对技能型人才创造力的影响研究——知识分享的中介作用》，武汉大学博士学位论文，2011年，第27页。

③ 党洁:《欧洲一体化形势下德国双元制发展趋势——访教育部职教中心研究所德国顾问君德·瓦格纳博士》，载于《职业技术教育》，2002年第15期，第60~63页。

④ [美]凯瑟琳·西伦:《制度是如何演化的——德国、英国、美国和日本的技能政治经济学》，王星译，上海人民出版社2010年版，第19页。

筛查动机、声誉动机以及社会责任是德国联邦职业教育研究所研究者们相对认可的动机分类。林德利于 1975 年提出，以生产动机参与职业教育培训的企业，看重的是学徒在生产过程中创造的价值，学徒培训所产生的费用由学徒工作中产生的价值偿还，学徒毕业后是否继续留任不是关键因素。[①] 生产动机在一定程度上类似于传统学徒制的逻辑，其将培训成本转嫁到受训者身上，并签订长期契约使受训者在学成之后的一段时间内，仍然以低于技术工人的工资服务，使企业可以分享培训收益。在生产动机的前提下，职业教育现代学徒制或双元制的培训条例就是保障职业教育培训质量和避免学徒沦为廉价劳动力的关键。

梅利斯（Merriless）认为，企业为满足自身要求以及不受外部劳动力市场制约而参与职业教育培训属于投资动机，这类企业将学徒毕业后的继续留任作为中长期收益。[②] 提出筛查动机的史蒂文斯（Stevens）等人，将职业教育培训的时间看作试用期的延长，参与职业教育培训是为了挑选出最适合企业的员工。[③] 筛查动机的实质也是为人力资本投资的投资动机。萨多斯基（Sadowski）等人提出，通过培训提高企业声誉可以降低培训及招聘的费用。除了企业的经济性动机以外，也有企业愿意承担培养年轻人的重任以保证本行业及地区的专业技术工人供给。[④] 也有研究指出，当企业的技能相对特殊、学徒留职率很高且熟练的专业人员很难雇佣的时候，企业才会愿意投入学徒培训成本。[⑤] 而且，在很多关于企业参与双元制的研究中，实质上生产动机、投资动机、筛查动机、声誉动机等因素是无法完全分离的，因为这些动机因素往往是共同存在的。[⑥]

我国学者徐国庆的《职业教育原理》一书中，将企业参与职业教育的动机类型分为慈善动机、个体动机和集体动机。其中，促进社会进步的责任感和义务感的慈善动机是最高层次动机，而西方国家的宗教价值观和企业成熟度是企业慈善

---

① Lindley, R. The demand for apprentice recruits by the engineering industry, 1951 – 71. *Scottish Journal of Political Economy*, 1975, 22 (1): 1 – 24.

② Merrilees, W. J. Alternative models of apprentice recruitment: with special reference to the British engineering industry. *Applied Economics*, 1983, 15 (1): 1 – 21.

③ Stevens, M. An investment model for the supply of training by employers. *The Economic Journal*, 1994, 104 (424): 556 – 570.

④ Dionisius, R., Pfeifer, H., Schönfeld, G., Walden, G. and Wenzelmann, F. Kosten und Nutzen der dualen Ausbildung aus Sicht der Betriebe: Ergebnisse der vierten BIBB Kosten – Nutzen – Erhebung 2010. Bertelsmann Verlag 2010: 5 – 6. / Schönfeld, G., Jansen, A., Wenzelmann, F. and Pfeifer, H. Kosten und Nutzen der dualen Ausbildung aus Sicht der Betriebe: Ergebnisse der vierten BIBB Kosten – Nutzen – Erhebung 2016. Bertelsmann Verlag 2016: 13 – 14.

⑤ Mohrenweiser, J. and Zwick, T. Why do firms train apprentices? The net cost puzzle reconsidered. *Labour Economics*, 2009 (16): 631 – 637.

⑥ Niederalt, M. Bestimmungsgründe des betrieblichen Ausbildungsverhaltens in Deutschland. Diskussionspapiere 043. Editor: Prof. Dr. Claus Schnabel, Friedrich – Alexander – Universität Erlangen – Nürnberg, 2005: 2.

动机的支柱。个体动机是指出于企业切身利益考虑的动机。可以说，个体动机的前提是对自由市场经济下企业逐利原则的认可，即企业可以获得的公共关系利益、廉价劳动力来源和未来的工人来源等，关系着企业利益的方面。集体动机依托于多个企业的共同意愿，需要有明确和规范集体利益的规章制度作保障才能发挥作用。① 还有其他类似观点认为，西方国家的企业参与职业教育的直接原因是通过培训获得诸多实惠，普遍动因是提高劳动者能力，除此以外，还必须有国家政策的保障因素。② 贝克尔（Becker）认为企业只对专用性技能具有投资的动机，而没有动机为一般技能培训买单。培训成本分担和补偿机制成为影响企业投资培训决定的关键。③ 这是人力资本理论的典型代表性观点。

另外，我国学者姜大源撰文从宏观经济学和微观经济学两方面分析职业教育在德国企业自身发展中的效益，他认为："企业能否不断获得高素质的从业人员是保证并增强德国以及德国企业长期竞争力和创新活力的关键。因此，从宏观角度，企业对职业教育的投资是对人力资源开发的投资，是对企业未来发展的投资。从微观经济学角度，企业对职业教育的投资可以获得相当大的经济效应，这种效应既包括直接的经济利益，也包括潜在的经济利益和社会效应。"④

同时，我国也有学者认为，"获得国家的经费补贴、利用低廉的劳动力、提高企业竞争力和企业知名度是德国企业参与职业教育的内在因素，而历史传统、法律保障、崇尚技术的社会氛围以及产业结构升级的需求是外在动因"⑤。而周红利则补充德国企业参与职业教育除了历史动因、经济动因、政策动因外，还有文化动因、结构动因。文化动因是指企业培养的员工认同感更强所以忠诚度高；结构动因是指德国中小企业由于高度专业化特性，拥有区别于其他企业的特殊技术技能，而这种特殊技术技能的培养只能通过企业内部教育培训。⑥ 同时，还有研究指出类似观点，如德国企业参与职业教育的原因在于社会崇尚技术的氛围、工业化进程后产业结构的升级、满足企业自身劳动力需求、法律制度保障

---

① 徐国庆：《职业教育原理》，上海教育出版社2007年版，第187~192页。
② 黄日强、邓志军：《国外企业参与职业教育介析》，载于《河南职业技术师范学院学报》2003年第5期，第52~56页。
③ Becker, G. Investment in Human Capital: a Theoretical Analysis. Journal of Political Economy, 1962 (70): 9-49.
④ 姜大源：《德国企业在职业教育中的作用及成本效益分析》，载于《中国职业技术教育》2004年第8期，第54~56。
⑤ 冯旭芳、李海宗：《德国企业参与职业教育的动因及其对我国的启示》，载于《教育探索》2009年第1期，第133~134。
⑥ 周红利：《德国企业参与职业教育的动因研究》，载于《全国商情》2010年第5期，第29~30、35页。

企业权益。① 而且，"众多德国企业认为，参与职业教育培养优秀员工比面向市场招聘效果更好，而且成本更低，特别是大企业可以获得更多利益"②。另外，李俊从成本收益、社会合作及质量保障的视角提出，追逐利益的企业之所以愿意将资源和时间投入双元制职业教育培训，是因为具备了经济和理性的支持，在不同社会伙伴的合作中，培训的效果和收益符合社会整体期望，通过有效的内容和结果的可靠保障获得社会的普遍认可。③

从这些已有研究中可以看出，德国对企业参与双元制职业教育培训的研究多以成本收益为核心的经济学为解释路径。而且，参与职业教育培训的雇主普遍较有社会责任感，愿意提供机会并花时间帮助学生成长。同时，他们所遇到的困难是没有足够的经费雇佣学生或者没有足够的地方与设施雇佣更多的学生，没有足够的时间管理和指导学生。可见，时间和经费是很重要的动机制约因素。而企业参加学徒制，从长远而言是为了自身的发展，为了物色到企业未来发展所需的人才，雇主愿意尽早投入时间和经费。从短期而言学生是物廉价美的劳动力，企业看重同正式员工相比低得多的报酬。而人才市场劳动力的短缺，以及社会相对成熟的战略意识和对人才及技术的重视是企业参与双元制职业教育合作的核心原因。相比较而言，我国学者对于德国企业参与双元制职业教育培训原因的研究多是从更为宏观的层面进行分析，从政策、制度、历史、文化等方面解读德国企业的参与动力。

第三节 企业内部技能传承是职业教育现代学徒制构建的逻辑起点

由于不同学科的差异性，在非教育学科的研究中，通常是将企业内部的技能传承及培训作为独立个体进行研究。例如，在技术决定论的视角下，企业内部技能传承方式之所以瓦解，是因为随着工业化的进程，资本家通过劳动分工使"概念"和"执行"分离，以达到控制生产过程的目的，同时，使师带徒的传承方

---

① 洁安娜姆:《德国企业在职业教育中的主体性》，载于《中国职业技术教育》2007年第24期，第36~52页。
② 罗丹:《德国企业参与职业教育的动力机制研究——基于"双元制"职业教育模式的分析》，载于《职业技术教育》2012年第34期，第84~88页。
③ 李俊、王继平:《德国企业内职业培训的多维度探析——基于成本—收益、社会合作及质量保障的视角》，载于《德国研究》2014年第2期，第90~127页。

式中所学的全面技能变成重复劳动。[①] 企业内部技能传承的存续和发展，与政策环境以及企业特征有紧密的关系。

一、企业内部技能传承动力与政策环境的关系

与技术决定论视角不同的是，有学者认为制度环境才是决定内部技能传承方式发展的因素。例如，基于为什么德国、英国、美国以及日本四个国家，在技能形成和厂内培训上形成了完全不同的运行轨迹这一问题，凯瑟琳·西伦解释了发达国家不同技能培训体系的形成原因，分析说明了企业在技能培训体系中的关键性作用。凯瑟琳·西伦认为技能培训体系存在差异的原因，可以追溯到早期工业化时期独立工匠、产业技术工人与技能密集型产业中的雇主之间所达成的政治妥协安排不同。同时，该研究通过对德国职业教育体系长时间的历史演进过程的追溯得出以下结论。第一，德国手工业部门拥有的技能资格认证专有权限制了技术密集型工业企业的发展，因此，在19世纪末，德国以金属加工企业为代表的工业企业非常关注技能资格认证权。第二，魏玛时期形成的社会伙伴主义技能形成模式，为德国企业内技能培训准备了统一的监管模式。第三，德国工业化技能资格认证体系的建立，缓解了受训者和培训企业之间的可信承诺问题，从而支持了德国学徒制的发展。第四，德国工会中大量成员是通过该体系获得资格认证的技术工人，因此，他们具有强烈的兴趣去控制和参与企业职业培训体系的管理。第五，德国坚持采用劳资共同参与的集体主义管理体系监管企业对员工的培训理念，并没有因为种种历史性转折而改变。[②]

而尼尔·弗雷格斯坦也曾指出发达资本主义国家历史上的三种雇佣系统分别是职业主义、专业主义和管理主义。职业主义雇佣系统的典型特征是职业仅为特定行业服务，重视员工的职业培训。专业主义雇佣系统依靠公共教育机构培训员工，在这种雇佣系统中，职业以专业为中心而不以企业和产业为中心。管理主义雇佣系统中的员工进入企业后，接受终生特殊岗位培训并为之服务。这三种职业和工作的组织模式形成了劳动力市场的互动结构和教育培训的组织方式。[③] 而德国被誉为典型的职业主义劳动观的代表，在这种职业主义的观念下，企业的内部

[①] [美]哈里·布雷弗曼：《劳动与资本垄断——二十世纪中劳动的退化》，方生等译，商务印书馆1979年版，第65~77页。

[②] [美]凯瑟琳·西伦：《制度是如何演化的——德国、英国、美国和日本的技能政治经济学》，王星译，上海人民出版社2010年版，第21、247~262页。

[③] [美]尼尔·弗雷格斯坦：《市场的结构——21世纪资本主义社会的经济社会学》，甄志宏译，上海人民出版社2008年版，第98页。

技能传承方式从传统手工业中被延续下来,并发展成为现代学徒制。

除了对企业内部学徒制的整体性探讨外,在关于学徒制的历史研究中,彭南生在对行会制度的历史探讨中,以经济学和社会学的视角详细梳理了学徒制的历史,开创性研究了学徒制度和学徒阶层[1],强调了行会制度和学徒制的重要关系[2]。张晶则认为,学徒制也是一种具有悠久历史的职业教育形式,在我国历史发展过程中受到外部政策环境的影响,但是,学徒制作为一种技艺传授方式仍然具有它的生命力。[3] 另外,王星以政治经济学的路径,从学理上探讨外部环境与技能形成之间的因果关系,并以经济社会学的视角,根据对西方的技能形成理论的梳理和本土化改造,加入中国传统行会和单位体制整合成新的理论框架,对中国工厂师徒制的变迁过程进行分析,解释了我国师徒制陷入危机的原因,揭示了围绕师徒制变迁产生的行动政治图示,挖掘了形塑制度变迁的动力机制。[4]

对我国经济政策环境体制与师徒制的关系探讨更为详细的是傅春晖、渠敬东关于我国计划经济体制下"单位"作为组织形式的内部师徒关系的讨论。在单位企业组织的各种经营过程中师徒制广泛地存在着,基于我国文化中师徒之间的附庸关系,师徒制适合于科层化的单位模式,成为组织内部的治理机制。这种由地缘、亲缘和师徒关系而形成的"圈子"是内部组织中人际关系的权力象征,同时,也是最重要的产业工人培养方式之一。[5] 而且,已有研究也指出,即使是在具有传统学徒制的国家中,学徒制的发展也受到环境影响而经历了从兴起到衰落的过程。有学者指出随着产品需求及技术等多样化,学徒制在沉寂了一段时间后又开始继续发展。[6] 而我国,在很长一段时间内,企业内部学徒制形式的技能传承方式运行良好,但是,随着我国市场化的发展决策和企业用工制度的变化,企业内学徒制形式被逐步边缘化。

另外,除了从制度视角、经济学等层面探讨为何企业没有动力将内部学徒制和学校职业教育结合起来外,还有一部分研究是关于企业内部学徒制培训动力以及培训的现状,这些研究通常限定于管理学等领域。例如,张渝以辛店电厂为

---

[1] 蔡少卿:《挖掘下层社会的历史——评〈行会制度的近代命运〉》,载于《华中师范大学学报》(人文社会科学版)2004年第2期,第143~144页。
[2] 彭南生:《行会制度的近代命运》,人民出版社2003年版,第203页。
[3] 张晶:《我国工厂师徒制的历史嬗变和背景分析》,载于《职教通讯》2012年第28期,第54~56页。
[4] 王星:《技能形成的社会构建——中国工厂师徒制变迁历程的社会学分析》,社会科学文献出版社2014年版,第197页。
[5] 傅春晖、渠敬东:《单位制与师徒制——总体体制下企业组织的微观治理机制》,载于《社会发展研究》2015年第2期,第1~21页。
[6] 吕妍、古继宝、梁樱:《我国现代企业师徒制重构探讨》,载于《华东经济管理》2007年第4期,第111~114页。

例,介绍了企业师徒制培训模式。该企业具有40多年的历史,由于企业发展环境及国家政策的变化而出现"人才断层"的局面,为了促进人才可持续发展而重新重视学徒培养。辛店电厂在厂检修部开展"师带徒"试点活动,并成立技能培训领导小组,制订师带徒技能培训工程的专项培训方案,如签订师带徒合同以明确双方责任和义务,以企业现场设备为平台实践"做中学",依托具体项目采用现场讲解法、实操示范法、角色换位法等教学方法。[1] 这些方式的应用使企业学徒培训达到了良好的效果。

金福通过案例剖析的形式,详细介绍了大连重工起重集团有限公司(以下简称"大连重工")为弥补高技能人才不足的状况,积极开展师带徒培养模式。大连重工是国有大型企业集团,即使是在经历国有企业改制、国家用工制度改革等一系列政策环境变化之后,仍然于1996年启动"名师带高徒"的内部技能传承方式。第一,根据企业需求,确定培训数额和评估指标。第二,在企业内部选拔具有多年工作经验、身怀绝技、责任心强的高技能专家为指导师傅,优秀青年为学徒。第三,确定培训期限和工作场所。第四,组织专家评估培训结果,如果徒弟取得良好成绩,答辩予以通过,安排预定岗位。在对取得优异成绩的徒弟予以奖励的同时,对师傅的指导工作予以肯定,颁发荣誉证书,发放指导津贴,反之则撤销师傅资格。[2] 在这个案例中该企业注重从需求到评估的科学性和规范性,并且将构建良好的师徒关系作为师徒制实施的重心,以激发师傅和徒弟的积极性。

芮禹描述了 IBM 公司和西门子股份公司的新员工培训情况。IBM 是创立于美国的大型企业,而西门子则是一家德国企业。就制度环境而言,美国和德国对于企业内部技能传承持不同的态度和采用不同的模式。但是,两者在我国的企业内部培训中并未显示出很大的差异。例如,IBM 公司的新员工培训中,会为每一个新员工都找到一个专门教他们的"师傅",师傅的设置很大程度上能帮助员工解决新进企业的各方面障碍,完成为期3个月的新员工培训和考核,加快新员工成为合格员工的进程。西门子新员工在报到时,需要签署一份公司根据新员工实际状况量身制订的培训计划,按照计划由企业内导师协助,完成为期6个月的培训。[3] 以 IBM 公司或西门子股份公司为例可以看出,国外大型企业在我国针对新员工培训的积极性在于,让新员工了解企业,包括文化、制度、规则等,以更好地适应企业生产工作为主,而不是以学习某种从业所需的专业技术或技能知识为

---

[1] 张渝:《企业"师徒制"培训模式的实践与探索》,载于《中国电力教育》2013年第8期,第134~135、152页。

[2] 金福:《企业高级技工师徒制培训模式新探》,载于《中国人力资源开发》2005年第3期,第58~68页。

[3] 芮禹:《中小企业新员工培训研究——以 GY 公司为例》,华东师范大学硕士学位论文,2011年,第14~15页。

重点。

  青岛啤酒股份有限公司（以下简称"青岛啤酒"）是一家具有德国历史渊源的企业，经历了我国社会发展的不同阶段及国家发展中的政策变化。青岛啤酒的在岗培训和德国双元制中企业所负责的培训部分很相似，如青岛啤酒针对一线员工的在岗技能培训（OJT）的关键是根据实际需求，统一"教什么"和"谁来教"以及评价方式的整体循环。这个循环首先是培训需求源于技工实际水平和岗位实际需求的差距性分析，其次有培训师资格遴选考核，再次是拥有基于岗位的标准化课程方案，最后是培训效果的文档记录和跟踪验证。[①] 当然，在我国企业内部学徒制的具体运行过程中也存在企业管理问题。例如，孙章丽（2010）认为，我国企业学徒制的管理问题包括培训目标和周期的短期化、师徒筛选中忽视员工意愿、整体培训未能构成合理体系、评价激励措施以及持续完善环节缺失等诸多方面。[②] 现阶段我国企业对于内部员工培训主要也是沿用学徒培训形式，以内部技能方式进行技能传承。所以说，企业学徒制技能形成方式的良好运行需要企业外部环境的保障，特别是从管理层面到员工层面的积极配合，而且也离不开企业的重视和引导。

  结合已有文献来看，目前，在政治社会学以及教育社会学的研究中，学徒制不仅仅是一种技能培训制度，同时带有一定的劳动雇佣属性。这些研究或关注社会阶层及社会平等，或侧重于诸如行会制度、劳资关系等相关制度对学徒制运行和作用过程中产生的影响，并从这些制度基础建构的角度给出对策建议。还有一部分关于企业内部培训的研究侧重于介绍培训的模式而不是其动力产生的背后原因。在企业内部培训模式的介绍中，可以看出培训师或企业师傅在具体实施过程中发挥的重要作用。因此，学徒制需要以构建稳定的师徒关系为基础。

二、企业内部技能传承动力与企业特征的关系

  在管理学和经济学的研究中，研究者会关注企业特征对企业某些经济决策等的影响。例如，通过企业规模、所有制形式等企业的属性，研究不同类型企业的经营管理或绩效等问题。[③] 其中，在人力资源管理学的研究中，会涉及企业规模

[①] 李玉芳、郝秋玲：《OJT：为"师带徒"插上知识的翅膀——青岛啤酒一线员工技能培训新探索》，载于《HR经理人》2008年第6期，第26页。

[②] 孙章丽：《当前我国企业师徒制管理问题研究》，首都经济贸易大学硕士学位论文，2010年，第68~70页。

[③] 卢国庆：《社会企业的特征和经营策略与绩效的关系研究》，江西财经大学博士学位论文，2017年；赵优珍：《在华国际新创企业的特征及其与国内的比较分析》，载于《经济管理》2011年第2期，第54~63页。

和企业在职培训或内部培训等问题。如有研究指出，相较于中小型企业而言，大企业提供了更多的员工培训。[1] 甚至，小企业在提供培训之后，员工流动率更高。[2] 我国的相关研究中也得出类似的结果，研究观点相对集中，如有研究认为，大企业提供了更多的正式培训且中小企业不具备培训成本优势。[3] 还有研究认为，企业越大对员工的培训投资越多。[4] 而中小型企业由于融资能力不足，相较于大企业，培训投资不足表现得更加明显。[5] 而且，我国企业职工培训在不同产业之间发展不平衡，总体来看，工业类企业比服务业类企业更重视培训，不同所有制形式的企业中，员工培训实施情况不同。同时，企业培训的地区差异明显，东部地区优于中西部地区。[6]

另外，段素菊等人对北京11家大型企业进行访谈和问卷形式的调研，结果显示，北京大型企业十分重视企业内部员工的职业教育，这些企业设有专门的管理机构、充足的培训经费和一套相当完备的企业培训制度。然而，他们所认为的员工职业教育主要侧重于企业高管的培训，并且也不把职业院校列入合作范围，反之，更倾向于和知名研究型大学合作。[7] 也就是说，我国的现状是，对于企业需要的一线操作的工人等，企业更倾向于外部招聘或"挖人"的方式。这些研究成果显示出，企业基本特征影响着企业投入员工培训的动力。换言之，在我国，大型企业、国有企业、工业类企业和东部地区企业更容易对员工培训进行投资。这些诸如企业规模、企业所有制形式、行业、地区等属于客观存在的企业属性，本身没有好坏等价值取向，是企业的描述性特征。

沿着这些已有文献的思路和判断，笔者分析了关于德国企业内部培训的研究，这里主要是指有关德国企业参与职业教育双元制的文献。从德国职业教育研究报告数据来看，2019年德国不同规模的培训企业比例中，微小企业约占总数的11%、小型企业约占42.5%、中型企业约占65.8%，而大型企业比例约为

---

[1] Brown, S. Empirical Evidence on Private Training. *Research in Labor Economics*，1990，(11). https：//eric. ed. gov/? id = ED317671. (accessed 2017 – 03 – 23)

[2] Lynch, M. and Black, S. Beyond the Incidence of Training: Evidence from a National Employers' Survey. *Industrialand Labor Relations Review*，1998，(52)：64 – 81. http：//www. nber. org/papers/w5231. (accessed 2017 – 03 – 23)

[3] 汪洋：《企业规模与员工在职培训》，载于《中国人口科学》2001年第2期，第64~67页。

[4] 翁杰：《基于雇佣关系稳定性的人力资本投资研究》，浙江大学博士学位论文，2006年第36期。

[5] 李雪琪、朱名宏：《企业特征、融资约束与在职培训——基于中国企业规模与所有制性质的实证研究》，载于《学术论坛》2015年第7期，第47~54页。

[6] 刘湘丽：《我国企业职工培训现状分析》，载于《中国工业经济》2000年第7期，第63~68页。

[7] 段素菊、庄曼丽、董新稳、贾玉洁：《企业参与职业教育：现状、问题与对策——基于对北京部分大型企业的调查分析》，载于《中国职业技术教育》2012年第3期，第22~26页。

81.9%。① 也就是说，根据前文中的已有研究结论，在德国，企业越大参与双元制的比例越高，从理论上来讲，可以得出大企业比中小企业更愿意参与双元制这一观点，而且，已有研究也提出，相对于中小企业，大企业更容易形成规模优势，其参与成本可以分摊到更多的产品或人身上，具备成本上的优势。②

另外，在德国联邦职业教育研究所一项关于企业是否参与双元制职业教育培训原因的实证研究中，通过所回收的调研样本可以发现，参与双元制的企业和不参与双元制的企业，其企业规模和行业等特征差异明显，不参与企业中88%是员工人数10人以下的微小企业，而且，不参与培训的企业中75.8%集中在服务业。③ 详细数据见表1-1。

表1-1　　　　　　　企业规模与所在行业　　　　　　单位：%

企业规模	双元制培训企业	不参与双元制的企业
1~9人	56.3	87.9
10~49人	31.6	10.6
50~499人	11.2	1.5
500人以上	0.9	0.02
行业		
农林业	3.0	3.3
能源产业	0.3	0.2
加工制造业	25.1	12.7
建筑业	14.6	8.0
服务业	57.0	75.8

资料来源：Walden, G., Beicht, U. and Herget, H. Warum Betriebe (nicht) ausbilden. *Berufsbildung in Wissenschaft und Praxis*, *Sonderausgabe* 2003：43.

如果不继续深入分析的话，也许就可以认定，德国大型企业参与职业教育双元制的积极性更高。但是，如果进一步深入思考和分析，按照企业员工总数和培训学徒数的比例来看，就会是不同的结果。同样以2019年数据为例，德国双元

---

① Bundesministerium für Bildung und Forschung. Berufsbildungsbericht 2021. BMBF Bonn, 2021：34.
② 徐小英：《校企合作教育对技能型人才创造力的影响研究——知识分享的中介作用》，武汉大学博士学位论文，2011年，第27页。
③ Walden, G., Beicht, U. and Herget, H. Warum Betriebe (nicht) ausbilden. *Berufsbildung in Wissenschaft und Praxis*, *Sonderausgabe* 2003：42-46.

制培训人数比为：微小企业约占 5.5%、小型企业约占 5.9%、中型企业约占 5.1%、大型企业约占 4.5%。[①] 而且，德国以家庭或地区生产为主的中小型企业很多。据统计，2019 年德国中小企业的产值占生产总值的 35.8%，就业人数占比为 67.6%，培训学徒人数占总人数的 71.3%。[②] 因此，如果从培训人数比例来看，德国中小型企业才是德国职业教育培训的主力军。

根据这些已有研究可以推断，在为培训投资的企业中，按照非双元制国家的理解，企业规模起到决定性作用，所以大型企业是非常重要的特征。而双元制国家中，企业规模似乎并不是决定性因素，造成研究中不同结果判断的原因是德国企业独特的双元制职业教育是和企业内部员工培训融为一体的，这也是德国众多企业选择的人力资源储备方式。因此，对职业教育双元制培训企业的研究非常重要，而将培训企业作为研究对象的系统性研究并不多见，这些培训企业的动力源自哪里是后续研究中应重点关注的内容。

另外，从职业教育研究整体来看，以我国学校职业教育为基础的研究围绕职业教育比较借鉴研究、职业教育课程研究、职业教育政策研究、职业教育体系研究等取得颇丰的成果。但是，却鲜少涉及企业组织发展研究、工业研究、工作过程研究等深入企业内部的研究。职业教育所处位置的复杂性对职业教育研究提出多学科、跨学科的要求。因此，深入企业内部、结合组织发展及工作过程等具体内容是本书进行的探索以及未来继续研究的方向。

综上所述，与企业参与职业教育现代学徒制相关的研究内容可以进一步深化。企业参与职业教育现代学徒制是企业、学校以及外界环境相互交织的结果，这个相互交织的过程中的复杂关系需要深入的分析。因此，以充分的理论逻辑和经验证据为基础的研究仍有很大的开发空间，特别体现在以下几个方面。第一，基于实证数据探讨企业参与职业教育现代学徒制动力及动力生成原因的研究缺乏。第二，如何在已有的校企合作基础上将偶然的成功案例变成制度化的体系，现有研究也较少涉及。第三，如何从企业需求出发，以企业内部生产过程、组织结构为基础进行职业教育研究，并将职业教育现代学徒制作为企业人才储备的资源，也是现有研究中亟待补充的方面。

---

① BIBB. *Tabellen zum Datenreport zum Berufsbildungsbericht* 2021 *im Internet*. Tabelle A7.1 – 4 Internet. BIBB，2021：9.

② IFM. Kennzahlen der KMU nach Definition des IfM Bonn，https：//www.ifm-bonn.org/statistiken/mittelstand-im-ueberblick/kennzahlen-der-kmu-nach-definition-des-ifm-bonn/kennzahlen-deutschland. （aufgerufen am 02 – 12 – 2021）

第四节　本章小结

　　企业是我国构建现代学徒制的重要组成部分，充分发挥企业在技能构建过程中的功能，以补充学校职业教育在技能训练方面的缺陷，综合运用外部和内部技能形成方式，能使现代学徒制在构建成熟社会的进程中发挥更大的作用。全球化的发展使各个国家相互联结在一起，中国这样的生产型基地究竟需要怎样的职业教育？中国的企业是如何组织生产的？它的组织方式是否对职业教育产生影响？不同国家的企业参与现代学徒制有怎样相同或不同的地方？这些不同的原因是什么？这些问题在理论层面的研究和阐释都将进一步推动职业教育研究的发展。

第二章

企业参与职业教育现代学徒制中德比较分析路径

本书研究思路和大多数侧重于定性研究的文献相同，都是在研究过程中逐渐明确研究的思路和框架。而最初研究设计的目的是为研究确定初步的方向，它是研究者对于研究的基本设想。笔者选择以德国培训企业作为研究的切入点是出于以下几方面的考虑。首先，德国双元制职业教育培训体系中以企业为主导的模式已经作为标杆，获得全球职业教育研究领域的广泛认可。德国通过双元制职业教育培训保证了企业合格专业人员的供给，而且，在数次诸如欧债危机等经济发展不良的情况下，成为经济复苏的源动力。其次，德国双元制职业教育培训是现代学徒制的典型代表，也是我国发展现代学徒制的借鉴对象。最后，笔者对国内职业教育和德国职业教育情况的初步了解，以及个人曾参与其中的、我国部分职业教育实践中的各种尝试，使笔者非常有兴趣对这个领域进行深入的研究。

第一节　德国研究：确定动力因素的参照标准

企业是本书的研究对象，在研究过程中笔者以德国企业作为参照对象，参与德国双元制职业教育的培训企业是本书研究中的标杆企业。通过对德国企业的背景分析，明确其在德国社会中所处的位置。参照标准的析取路径中概括了析取对象、析取方法以及数据资料的采集情况，为进一步的研究和资料分析奠定基础。

一、德国企业的背景分析

对于德国企业的背景描述主要是围绕德国社会性市场经济和企业组织制度安排以及德国职业教育会体系的建立基础而展开的。不同历史背景下发展的企业对职业教育会产生不同的影响,德国的社会性市场经济以及企业组织制度安排中,协同合作的劳资关系是企业参与职业教育培训的重要背景,而以"职业"为基础的工作理念是德国职业教育培训体系建立的基础。

(一) 社会性市场经济:自由竞争与社会保障相结合

在德国经济发展过程中,形成了区别于纯粹自由主义、独特的社会性市场经济(soziale marktwirtschaft)。社会性市场经济是德国"二战"之后由阿尔弗雷德·米勒—阿尔马克(Alfred Müller - Armack)首次提出的概念[1],之后的选举中被传播开来,并成为德国发展的经济秩序,它的目标是"在竞争经济的基础上,将取决于经济发展的社会保障结合起来"[2]。社会性市场经济的出发点是希望调节自由市场经济和国家调控之间的矛盾,既鼓励市场竞争又限制"唯利是图",既承认经济发展的重要性,又将社会保障制度和人民福祉作为社会发展的重要方面,在社会伙伴协同合作的基础上保证国家权威。

在社会性市场经济中,德国的国有企业占据了特殊的地位。国有企业的归属权无论是属于联邦政府,还是各联邦州政府又或是地市区域,它们都承担着注重社会效益、调控国民经济以保持稳定、助推国民经济增长、缓解分配不公以及促进民主化进程的任务。[3] 因此,德国的国有企业主要集中在非生产性基础设施和社会设施领域,银行、保险、信贷金融领域以及基础性工业设施和产业领域。也就是说,这些国有企业承担着特殊社会政策义务,而不是传统意义上理解的将经济利益最大化的资本主义企业。随着德国如东西德合并等社会变迁中的私有化改革,如今国有资本多以参与的形式存在而很少有国有独资企业。德国的国家质量标准及生产控制体系对环保、劳动保护、安全、消费保护的监控都限制着市场经济中的私人企业,同时也使这些企业有动力不断去寻求新的技术解决方案。而且,在德国的企业和经济处于从量的增长进入以质量改进为首要目标的时期,相较于经济发展,保证人民物质和精神的高质量生活才是经济和社会发展的最高目标。

---

[1] Quaas, F. *Soziale Marktwirtschaft*. Bern:Haupt Verlag, 2000:44.
[2] Miller - Armack, A. *Wirtschaftsordnung und Wirtschaftspolitik*. Bern:Haupt Verlag, 1976:245.
[3] 张燕喜:《德国企业与企业制度研究》,中国劳动社会保障出版社 2001 年版,第 60~62 页。

除了国有企业外,在德国经济发展中更为重要的是民营中小型企业。德国经济不仅依靠我们所熟知的奔驰、宝马、巴斯夫等大型企业集团,而更多的是一些被称为"隐藏的星星"的中小型企业。在德国的产业结构布局中,大公司主导的是汽车制造和化工生产等产业,而中小型企业主要处于机械设备制造业以及信息通信产业。西蒙发表在《哈佛商业评论》中的一篇文章使"隐形冠军"成为占据全球市场领袖地位的中小企业的代名词。和我们心中所认为的足够大、足够出名的企业才能称得上成功的企业不同,保持稳定和不断进步的长期生存是隐形冠军的成长特性。在西蒙于1994年前后调查的500多家德国隐形冠军企业中,42.9%的公司经营时间超过50年,24.4%超过了100年。①

再从历史角度看德国的产业发展。在德国历史上的1830年之前,企业主要集中在传统手工业和商贸领域,而德国早期的工业化过程穿插在德意志民族统一的战争中,在19世纪的最后几十年才完成了工业化的进程。特别是1830~1914年是德国工业化强劲启动和飞速发展时期,德国在欧洲市场成为金属加工、重型机械、人造染料、纤维、化肥及各种化学制品等领域的先行者。20世纪50年代中后期,德国积极发展高新技术产业,将原有的煤炭钢铁等重工业转向科技含量更高的化工、制药和电子等领域的制造业,直到东西德合并前,联邦德国的就业岗位仍以制造业为主。②虽然战后德国背负巨额的赔款,但是在机床、光学、钢铁等领域也获得一定程度的发展,东西德合并后直到今天,德国的产业模式仍然是坚持以生产型产业为主,而且时至今日,德国的这些领域在世界竞争中也保持着优势地位。

另外,受全球化的影响,在德国社会性市场经济秩序下,消费市场格局也发生着变化。例如在20世纪末期,德国消费市场呈现出这样的格局:(1)日常需求类消费品如食品、衣服等,公共设施建设等以及生产领域的初加工呈现负增长或停滞的趋势。(2)个人领域中的家用电器、企业、房屋,公共领域中的基础设施等呈现饱和状态,这些方面都呈现出高质量产品的趋势。(3)适合客户特殊需求的产品和服务虽然价格上涨,但是有很大的销售空间。大批量生产及大型设备作为20世纪60年代经济发展的引擎在此时已经逐渐失去战略地位。质量提升、产品创新和生产设备的灵活性成为企业发展中决定性的因素,销售和咨询服务成为企业盈利的核心。③消费市场的需求影响着德国企业的发展方向进而影响着双

---

① 邓地、万中兴:《专注:解读中国隐形冠军企业》,浙江人民出版社2006年版,第8页。
② 巫云仙:《德国企业史》,社会科学文献出版社2013年版,第29页。
③ Browa, H., Jacobs, T., Walker, P. and Wolff, H. Der Bundesminister für Forschung und Technologie. Technischer Fortschritt – Auswirkungen auf Wirtschaft und Arbwitsmarkt. Düsseldorf und Wien: Econ Verlag, 1980: 62–63.

元制职业教育培训。

（二）企业的组织制度安排：协同合作的劳资关系

在德国社会性市场经济秩序中，协同合作的劳资关系成为企业制度的核心，劳资协商制度有效促进了学徒制中可信承诺的达成。有研究者曾多次指出，集体谈判协议或最低工资等工资制度安排会提高企业培训的积极性。① 因此，在德国企业发展中，不得不提到劳资关系这一问题，理解德国劳资关系制度就可以理解为什么德国双元制职业教育培训中最重要的是社会各方面的合作机制。德国虽然经历了两次战争及专政独裁的统治，但是总体来看，解决劳资关系都是以协商合作的方式进行的。共同决策制度和产业劳动协约交涉制度是德国劳资关系中的重要组成部分。

德国历史上第一个具有政府背景的调节劳资关系的法案是 1891 年 6 月 1 日实施的《工商业法修正案》（Reichsgesetz betreffend die Abänderung der Gewerbeordnung），法案中规定 20 人以上的企业必须成立工人委员会。② 但是，在该法案的实施过程中，因缺乏惩戒手段而导致执行的企业比例极小。1916 年底《为祖国服务义务法》（Gesetz über den Vaterländischen Hilfsdienst）确立了工会的合法地位，该法案第 11 条规定 50 人以上的企业必须设立工人委员会。③ 1918 年末，雇主协会和工会达成协议，由劳资双方对等成立工商业劳资中央联合会，并按不同行业建立下属组织来解决劳资争议。④ 而且，《魏玛宪法》确立了代表会体制的合法性，为 1920 年的《企业代表会法》（Betriebsrätegesetz）奠定了基础。《企业代表会法》要求 20 名雇员以上的企业成立企业代表会，少于 20 名雇员的企业选取企业代表。这是一部针对企业内部劳资关系的法案，企业代表会通过行使其福利共决权、人事共决权和经济共决权来构建和谐的企业内部劳资关系。⑤ 1927 年德国实施失业保险计划，无论从工业关系还是社会福利方面，德国都是当时世界上最先进的国家。⑥

"二战"结束后，劳资关系协调一直是当时执政政府重视的问题。1949 年 10

---

① Acemoglu, D. and Pischke, J. Beyond Becker: training in imperfect labour markets. The Economic Journal, 1999, 109 (453): 112 – 142. / Acemoglu, D. and Pischke, J. Why do firms train? Theory and evidence. The Quarterly Journal of Economics, 1998, 113 (1): 79 – 119.

② Teuteberg, H. J. Geschichte der industriellen Mitbestimmung in Deutschland. Ursprung und Entwicklung ihrer Vorläufer im Denken und in der Wirklichkeit des 19. Jahrhunderts. Unbekannter Einband, 1961: 380 – 384.

③ Gesetz über den Vaterländischen Hilfsdienst 1916.

④ 巫云仙：《德国企业史》，社会科学文献出版社 2013 年版，第 161 页。

⑤ 孟钟捷：《20 世纪德国企业代表会体制演变研究》，上海人民出版社 2016 年版，第 61~71 页。

⑥ 巫云仙：《德国企业史》，社会科学文献出版社 2013 年版，第 18~19 页。

月 13 日,德国工会联盟(DGB)成立,1 个月之后,德国企业家协会联合会(BDA)成立,这些组织在劳资关系协调中发挥着重要的作用。德国各方势力经过多次艰难的协商谈判,于 1951 年通过《关于雇员在矿业公司与钢铁生产工业监事会与董事会中共同决策权》(Montanmitbestimmungsgesetz),虽然该法案并不适用于所有企业,而是仅限于煤炭钢铁领域的大企业,但是,它标志着劳资关系中"共同决策"制度的开启。该法案规定监事会由 11 人组成,其中股东与劳方各占 5 名,再由双方提名且匿名选出第 1 名监事。① 但是,以工会和企业家联合会为代表的劳方和资方的较量并未因此而停止,反而因为各自利益的不同而更加激烈。

1952 年出台的《企业组织法》(Betriebsverfassungsgesetz),规定 500 人以上的股份公司其监事会必须有 1/3 的劳工代表。② 1976 年 7 月 1 日《共同决策法》(Mitbestimmungsgesetz)颁布实施,规定 2 000 名员工以上的企业,劳方和资方各占监事会成员中一半的比例。该法案保证了工会的影响力,明确规定工会有权自行选择企业之外的代表进入监事会。强调了雇员的直接共决权,监事会中的雇员代表由雇员直接选举,或通过委托人制度选举产出,或由工会直接派遣代表参加。③ 关于劳资关系的改革一直没有停止,2001 年施罗德政府修订了 1972 年的《企业组织法》,这样的改革也不会因为政府的更迭而中止,还将会不断讨论或更替,不断出现新成果。无论如何,这种共同决策的制度在德国是通过立法来保障和完善的,在一定程度上支持和保障了德国协调性市场经济和社会的和谐稳定发展。

共同决策制度中最重要的元素就是雇员在监事会的平等代表权。"在劳资双方启动劳资条件的谈判时,首先,由产业及地区工会和经营者组织对基本的劳动条件进行交涉,并缔结产业劳动协约(Branch - Tarifvertrag)。其次,以产业劳动协约为基准,基层企业委员会对企业内的社会、人事以及经济事物拥有参与权和发言权。"④ 企业管理层需要考虑社会公平性,《共同决策法》在企业管理层和企业委员会之间奠定了稳固的社会合作伙伴基础。虽然,并没有实证研究能够清晰地证明《共同决策法》对经济发展有正面或负面的影响⑤,但是,这种制度使员工有机会进入管理的程序中,参与和影响企业决策,这样以协商为基础的劳资关

---

① 孟钟捷:《20 世纪德国企业代表会体制演变研究》,上海人民出版社 2016 年版,第 187 页。
② 巫云仙:《德国企业史》,社会科学文献出版社 2013 年版,第 27 ~ 161 页。
③ 孟钟捷:《20 世纪德国企业代表会体制演变研究》,上海人民出版社 2016 年版,第 244 页。
④ 陈浩:《德国劳资关系模式的路径研究和面对的课题——基于共同决定参与制度和产业劳动协约交涉制度的思辨》,合肥工业大学出版社 2013 年版,第 27 页。
⑤ Streeck, W. Mitbestimmung, unternehmerische. In: Schreyögg, G. and Axel von Werder, eds. *Handwörterbuch Unternehmensführung und Organisation*. Stuttgart: Schäffer - Poechel Verlag, 2004: 880 - 888.

系为双元制职业教育培训奠定了良好的政策基础。因为雇主和雇员之间不是对抗关系,而更多的是协同合作的关系,双方都能在保障自身利益的前提下,为企业发展做出必要的妥协。员工在自己的岗位和职位上成长并做出很多与专业相关的决策,或是对整个生产或设备进行安全监控。由于员工以前的学习培训经历以及在工作岗位上的具体经验使他们拥有能够推动自我发展的能力,并通过共同参与制度直接影响和参与企业的发展决策,所以,培训质量以及程度和员工所属的利益集团(雇主或工会)越来越多地影响着企业的创新能力。

对于职业教育而言,《企业组织法》和《企业代表会法》确立了工会参与实施职业教育培训的权利,雇主协会是职业教育培训中雇主利益的代表。联邦通过法律和条例给出职业教育培训的法律框架。联邦职业教育研究所承担培训条例的内容制定任务,与雇主及工会派出的专家共同开发草案。由于工业化的发展,20世纪初工业界借鉴了手工业界的职业教育培训,用以培养符合自己要求的技术工人。从这个时候起,职业教育培训确立了知识和技能的目录以及培训年限等以保证培训具有统一的标准,不仅可以消除区域性差异也可以消除企业类型和规模大小的差异影响。自此,德国职业教育培训逐渐建立起专业技术工人的国家统一标准。

(三) 以"职业"的形式组织工作:职业教育体系的建立基础

"职业"的概念在德国社会中根深蒂固,源自马丁·路德"天职"的职责观念,赋予了德国职业概念相较于其他国家更丰富的内涵。德国传统意义上的职业代表了一种社会结构,它有一定的准入条件、排除机制和特定的权利。因此,职业在企业和社会中的特定分工也赋予了个体一种特定的社会地位。正是由于德国的"职业"概念具有标准前设,所以,具有教育功能的双元制职业需要具备一定的宽度和深度。

1. "职业"内涵的国际差异

德国学者认为,由于职业具有多维度性而无法形成简单明确的定义,除了需要描述组织就业体系中的工作活动和任务外,还需要描述其他社会分工和职责分配的任务。[①] 德国职业分类目录 KldB2010 对于职业的理解包括三方面核心特征:首先,职业是和活动相关而不是和个人相关的。其次,职业的概念代表一组活动。最后,职业由两个核心维度构成,水平维度是和职业内容相关的专业能力所体现的职业专业性,垂直维度是和职业及工作场所相关需要达到的要求水平。[②]

---

① [德] Werner Dostal:《职业研究》,引自 [德] 菲利克斯·劳耐尔、[澳] 鲁珀特·麦克林:《国际职业教育科学研究手册(下册)》,赵志群等译,北京师范大学出版社 2017 年版,第 6~7 页。
② Bundesagentur für Arbeit. Klassifikation der Berufe 2010. Band 1:Systematischer und alphabetischer Teil mit Erläuterungen. Nürnberg:Bundesagentur für Arbeit,2011:26.

以"职业"为基础的工作理念是德国职业教育培训体系建立的基础,该理念以职业的社会化、资格标准和道德规范为指导。① 职业资格研究是为了理解现代工作世界的本质。② 职业或职业活动能描述劳动力市场的主导方面,因此,对与之相关的职业教育培训具有重要意义,也是关于劳动力市场或社会经济局势研究中不可或缺的部分。

如今,国际上越来越重视关于职业的研究。因为,职业教育规划需要预测未来职业和职业资格的发展,职业和职业教育的关系首先体现在职业结构的宽度和深度是职业教育体系中判定职业是否具备职业教育功能的依据。宽度是指该职业在如金属加工区域具有相同或类似的职业边界;深度是指能提供从非专业学习的帮手到专业技工,再到技师和技术员以及工程师等的职业分工。其次是内容方面,即课程中关于知识和技能部分的确定和划分,职业工作和技术的不断变化问题体现在职业教育的课程中。最后是要以在职业教育培训的学习过程中能够发展出职业胜任力为目标。③

但是,由于德国特有的对于"职业"的理解,以及与之密切相关的职业资格和职业发展体系,因此,德国职业分类也无法契合国际标准。自 2011 年起生效的《国际标准职业分类》(International Standard Classification of Occupation)2008 年版(ISCO-08)是国际劳工组织为官方数据统计和国际比较研究所设计的工具,也是目前国际相对认可的标准。④ 但是,由于在不同国家的语言中,职业和技能所代表的含义不同,导致对于国际劳工组织颁布的这项标准,各国显示出不同的接纳程度。和德国的国家职业分类相比,ISCO 的归类不是严格意义上的职业,而是个人承担任务和责任的活动。由于职业分类标准建立在不同结构原则的基础上,或者说,建立在至少有一部分不同结构原则的基础上,而且,国际劳工组织和德国对于职业的理解也不同,在确定活动以及职业相似性时的选择标准也不同,特别是德国双元制职业教育的培训职业以及继续教育职业,如德国技师就与国际职业分类标准无法契合。因此,虽然自 2011 年起,欧洲共同体委员会建议其成员国在数据统计中使用 2008 年版的 ISCO-08 国际标准职业分类,但是,德国本土职业分类更适合本国劳动力市场的需要,而《国际标准职业分类》在德

---

① Kirpal, S. R. Labour - Market Flexibility and Individual Careers. A Comparative Study. UNESCO - UNE-VOC Book Series. Springer Science + Business Media B. V.,2011:26-27.

② 赵志群:《西方职业教育研究的路径与方向——劳耐尔〈职业教育研究手册〉读后》,载于《北京大学教育评论》2017 年第 2 期,第 175~186 页。

③ Bremer, R. Kernberufe-eine Perspektive für die europäische Berufsentwicklung? In: Grollmann, P., Kruse, W. and Rauner, F. (Hg.). Europäisierung Beruflicher Bildung. Münster: LIT Verlag, 2005:61.

④ [德] A. Willi Petersen:《职业和职业领域》,引自[德]菲力克斯·劳耐尔、[澳]鲁珀特·麦克林:《国际职业教育科学研究手册(上册)》,赵志群等译,北京师范大学出版社 2014 年版,第 118 页。

国主要用于数据的国际比较以及科研分析中。表 2-1 可以清楚显示出各个版本的职业分类概况。

表 2-1　　　　　　　　　　　　职业分类版本

层级	KldB 1988	KldB 1992	ISCO-08	KldB 2010
一	6	6	10	10
二	33	33	42	37
三	86	88	128	144
四	334	369	436	700
五	1 991	2 287	—	1 286

资料来源：Bundesagentur für Arbeit. Klassifikation der Berufe 2010. Band 1：Systematischer und alphabetischer Teil mit Erläuterungen. 2011：19.

总体而言，德国国家职业标准分类有五个层级，每个版本中各层级名称略有差异。表 2-1 可以直观了解不同职业分类版本的数量，但是，就内容而言，每个层级都是无法进行比较的，因为，每个职业分类使用的分类原理不同而产生各个层级不同的数量。[1] 如果仅从这个层级的分类来看，德国 2010 年的分类标准在考虑到以前两个版本分类标准的基础上尽量融合了国际分类标准，既坚持了自己的本土化发展又显示出一定的开放性。

2. 核心职业的灵活性

正是由于德国语境中对"职业"的理解，因此，专业性和灵活性对职业教育的意义更加重大，减少职业水平层面的专业化细分而引入"核心职业"这一概念就是为了增加培训职业的灵活性。"核心职业"的提出最早源于不来梅大学技术教育研究所于 1998~2003 年进行的一次简称为 GAB（Geschäfts-und arbeitsprozessorientierte, dual-kooperative Ausbildung in ausgewählten Industrieberufen mit optimaler Fachhochschulreife）的模式尝试。GAB 模式尝试的最初出发点是由于职业教育研究者和企业一致认为，德国技术类职业的职业描述定位与近年来的企业发展相矛盾。而且，双元制职业教育培训面临的问题是，在几乎所有的工业类职业中，技术变革的速度都在加快，而泰勒制的劳动过程分工却在趋同，所以需要进行核心职业整合。德国职业教育研究者和企业均认为，职业不仅需要一致性也需要灵活性，职业教育不应该针对岗位、技术而应该针对职业活动及职业活动过程。在工作过程中，学徒不仅需要认识工作职能，也需要认识业务过程中产品和

---

[1] Bundesagentur für Arbeit. Klassifikation der Berufe 2010. Band 1：Systematischer und alphabetischer Teil mit Erläuterungen. Bundesagentur für Arbeit. Nürnberg，2011：17.

工作间的相互关系。

  基于 GAB 模式尝试，不来梅大学技术与教育研究所劳耐尔教授提出，如果引入核心职业以减少职业水平层面的专业化细分，那么，例如在生产和维修领域中，可以减少至少一半的职业分类。① 因为，职业分类的细化更适用于泰勒制科学管理模式的组织形式，而不适用于扩大直接创造生产价值区域的扁平式组织模式的现代企业。而且在德国，如果一个职业存在少于 15 年，那么对于职业教育计划而言，它属于一个仓促且不具备稳定性的职业。而职业的稳定性是其从业人员包括学徒在进行职业选择时的考虑因素，也是该职业的职业形象在社会中是否能够树立的标志，以企业工作过程为导向的职业是专业技术人员获得社会认可和身份价值体现的路径，其社会意义非常重大。

二、参照标准的析取路径

  在本书的研究中，参与职业教育现代学徒制企业的动力因素，是基于笔者在德国对培训企业的实地调研以及对调研资料的系统性分析而得出的。德国双元制职业教育的培训企业是本书研究的标杆，那么，德国企业基于怎样的原因参与双元制是本书需要明确的问题。这些企业的参与积极性是如何形成的？笔者带着这些问题有针对性地对德国培训企业进行了实地深入访谈。前期以邮件等方式沟通联络后，笔者 2016 年 9 月至 2017 年 3 月期间，在德国实地访谈了 11 家双元制职业教育培训企业的培训事宜相关负责人以及若干从事相关研究的研究人员，如大学教授、职业教育研究所研究人员等共 18 人。对于德国培训企业的实地调研是本书研究过程中，参与职业教育现代学徒制企业的动力因素提取的重要部分，因此，在德国期间的访谈具有决定性的意义。

（一）德国培训企业作为参照标准的析取对象

  从德国职业发展史的研究来看，德国培训职业以及培训职业体系的建立也是从地方和企业培训职业开始逐步发展的。直到 1933 年，德国才从国家层面的职业目录中，确定了哪些职业能够或被允许作为培训职业。② 2021 年 4 月 1 日的公

---

① Rauner, F. Offene dynamische Kernberufe als Dreh-und Angelpunkt für eine europäische Berufsbildung. In: Grollmann, P., Kruse, W. and Rauner F. (Hg.). *Europäisierung Beruflicher Bildung*. LIT Verlag Münster 2005：25.

② ［德］Falk Howe：《职业发展史研究》，引自［德］菲利克斯·劳耐尔、［澳］鲁珀特·麦克林：《国际职业教育科学研究手册（下册）》，赵志群等译，北京师范大学出版社 2017 年版，第 21 页。

示中，德国国家认可的双元制职业教育培训职业共 324 个。[①] 而且，培训企业几乎是双元制职业教育培训的特殊称谓，它具有教育资质属性，在我国也被称为教育企业。之所以有这样的特定称谓，是因为并不是每一个企业都可以进行双元制职业教育培训，培训企业资格需要行业协会作为主管部门，遵照《联邦职业教育法》的规定进行审核，主管部门通常为工商业协会或手工业协会。审核主要包括几个方面，即"谁来教"——是否有该申请职业的培训师；"教学条件"——是否具备该申请职业的培训条例内容中所需要的一切设施设备。

因此，通常情况下，企业需向行业协会提交申请，提出希望参与培养哪个或哪几个培训职业，并证明能遵守该职业的职业培训条例以及完成框架教学计划中的全部内容，而且，企业拥有通过认证的、合格的、该申请职业的培训师，以及所需的硬件设备。而多数中小型企业会选择和民营教育机构的跨企业培训中心合作，委托培训中心完成第一年的基础教育培训，或是框架教学计划中的部分内容。大型企业通常会在人力资源部门中单独设立培训部门，并设置相关培训职业的培训车间。培训企业作为一种特定的称谓，在德国具有它的社会认可和优势。因为，培训企业在保证其经济利益的基础上，还能承担培养年轻人的责任。另外，一个持续性参与双元制职业教育培训的企业，也被认为是发展稳定且具有可持续性的企业。

企业具体教育培训计划的制订、企业培训师的资格，包括其专业能力和教育传授能力、培训师和学徒的人数比例、教育培训企业用于教育的设备情况和其现代化程度、教学过程可以在一定程度上成为培训企业质量的检测指标。企业以及承担企业职业教育培训的培训中心，一般以国际认证的证书作为质量保障标志，例如 ISO 国际认证以及德国本国一些认证机构的质量认证体系。工商会及手工业协会等管理部门通过培训企业和培训师资格认证来保障职业教育培训质量。而且，对于成为培训企业的必要条件之一的培训师，德国也有明确法律规定。《联邦职业教育法》从人品资质和专业资质两个方面，明确规定了培训师的资质要求。人品资质主要从保护青少年的角度，以限制不适合从事该职业的人群。专业资质是指传授学习内容所必需的职业及职业教育学和工作教育学的技能、知识和能力。也就是说，培训师至少是该职业或相近职业教育培训的合格专业人员，或拥有该职业相应专业方向的高校毕业证书，以及相应的从业时间和经验。而职业和工作教育学资质是由培训师资质条例界定的。在手工业企业中，培训师资质考

[①] BIBB. Bekanntmachung des Verzeichnisses der anerkannten Ausbildungsberufe und des Verzeichnisses der zuständigen Stellen vom 1. April 2021，https：//www.bibb.de/dienst/veroeffentlichungen/de/publication/show/17368.（aufgerufen am 02 – 12 – 2021）.

试是融入技师①考试中的（见表2-2）。

表2-2　　　　　　　　　　企业培训师资格要求

条件	分类	具体要求	
企业培训师的条件	专业方面适合	传授教育内容所必需的职业技能、知识和能力	通过与教育职业相应专业方向的毕业考试
			在与教育职业相应的专业方向，在一所教育机构或相关考试主管部门通过国家认可的考试或在一所国立或国家认可的学校通过毕业考试
			在与教育职业相应的专业方向通过一所德国高等学校的毕业考试
			在国外获得教育职业相应方向的毕业证书，同时该证书被职业资格认证法或其他条例认证
		具备该教育职业一定的实践工作经历	
		职业教育学	培训师资质考试或技师资格考试
		工作教育学	
个人品质方面适合	个人品质特别不适合	不允许从事青少年和儿童工作的人	
		触犯法律及相关条例者	

资料来源：Berufsbildungsgesetz vom 23. März 2005（BGBl. I S. 931），das zuletzt durch Artikel 149 des Gesetzes vom 29. März 2017（BGBl. I S. 626）geändert worden ist. / Ausbilder – Eignungsverordnung vom 21. Januar 2009（BGBl. I S. 88）.

联邦教育研究部为执行《联邦职业教育法》关于培训师资质的规定而颁布《培训师资格条例》，该条例规定了自然人在哪些条件下可以按照《联邦职业教育法》认证为培训师。德国工商会和手工业协会以及其他进修类的学校和从事教育培训的公司，均可以举办培训师资质考试相关的培训，任何人只要通过商会的考试，便可以获得培训资质（Ausbildungsbefähigung），然而要获得真正的培训权利（Ausbildungsberechtigung）却还需要完成该职业的职业培训教育并拥有职业经验。在企业培训的实际操作过程中，并不是每个培训职业都必须有单独的培训师，因为根据《联邦职业教育法》的规定，只要培训师能具备专业资质，其相关职业或专业都是可以的。

"如果您只有5个培训师而有7个培训职业，这是怎么回事？"

"培训师资格是这样的，培训师本人在这个职业或相近的职业接受过培训，工业机械工会车铣磨，他可以培训工业机械工、设备操作工、金属切削

---

① 德国专业技术工人的职业生涯序列通常为技工—技师—技术员—工程师，通常技师是具备企业中层生产管理资格的人员。

工，这些都是相近职业。电子类比较麻烦，我需要有专门的电子培训师，但是他还可以培训仓储物流工。通常情况下，60~70名学徒在培训车间，70名在生产车间，他们每周还有1~2天的时间在职业学校。一切还是可以协调的。"

（二）质性研究访谈作为参照标准的析取方法

本书各类研究材料的收集历时超过一年半，并在德国和中国分别进行了实地调研，在实际研究情境中深入探究和思考研究问题，完成几十家企业以及几十所职业院校的实地调研、访谈以及问卷的整理分析。在研究中笔者以德国培训企业的经验为参照，从德国培训企业的访谈中析取职业教育现代学徒制企业的动力因素。在中国的调研目的是探究我国企业的人力资源状况，以数据形式客观辅助访谈内容。最后，根据所有访谈和问卷的分析内容，笔者不仅阐释这些动力因素的表现形式和原因，更重要的是分析我国企业相应的表现形式，从而找到我国企业参与动力不足与德国培训企业的差距和原因。

在研究过程中采用的具体手段是质性研究访谈，笔者希望尽可能地通过被访谈者的观点了解世界，展现被访谈者的经验意义以揭示其生活世界。[①] 在访谈过程中，需要将学术的、书面的问题转化为可以自然谈话的访谈问题。在访谈问题设计时，是按照"做什么"—"如何做"—"为何做"这样的逻辑展开的。访谈问题设计的目的首先是获得事实性的内容，而不是带有被访谈者个人推断和判断的答案。在实际操作过程中，每次和访谈对象确定好访谈时间后，笔者先登录被访谈者所在企业的官网，尽可能多的了解企业的信息，这样一方面能提高访谈的效率，另一方面也能帮助笔者整理访谈的思路。

质性研究访谈可以理解当事人（企业）的想法、帮助其回忆过去发生的事情。本书的研究采用半结构化访谈，在最初导入问题时，多选用情境式的问题。例如，在对德国一家企业负责人的访谈中，导入性问题是：您还记得您当初第一次决定招收学徒的时候企业是怎样的情况？在访谈过程中，笔者也会根据被访谈者的描述以及给出的数据信息进行追问，以便获得更多或者更具体深入的相关资料。所以，在本书的研究中半结构式的访谈提纲是为研究者提供访谈的要点，而具体实施过程中根据不同的访谈对象，访谈的具体问题是不同的。

因为访谈是一种研究性的交谈，研究性就意味着它也是一种相对"人为的"谈话形式，要求被访谈者具备一定的理解能力和表达能力。在本书的研究中，德

---

① [丹麦] 斯丹纳·苟费尔、斯文·布林克曼：《质性研究访谈》，范丽恒译，世界图书出版公司北京公司2013年版，第1页。

国企业的访谈对象是企业人力资源部门负责人或企业负责人。中国部分的访谈对象也是企业人力资源或培训负责人,以及职业院校的现代学徒制负责人。这些访谈对象都是接受过正规教育、具有足够理解能力且健谈的人,因此,可以判断不会出现被访谈者"无话可说"的情况。但是,研究者依然需要注意区分研究者的问题和实际访谈问题,把握学术性语言和口头表达之间的区别,将书面的学术性问题转化成口语的形式以便于被访谈者能够进行自然而丰富的描述。在访谈过程中通过被访谈者的回答重构他对事实的描述,以获得访谈者所需的研究资料。

(三) 参照标准的数据资料采集

1967 年格拉斯和斯特劳斯提出名为"扎根理论"的在经验资料基础上建构理论的方法,如今被广泛应用于各类学科。扎根理论虽然是一套研究方法论,但是由于它有着严格的分析资料的方法,因而也经常被用作定性数据采集和分析的方法。[1] 因此,不仅以生成理论为目的,利用扎根理论的数据收集和分析方式也是可以被接受的。此阶段笔者结合了依据比较的原则进行理论抽样,即在已有数据编码及分析的基础上决定下一步要收集什么数据,其目的是寻找最有可能呈现概念间变异情形的人物、事件和地点,以提供最大的理论收益。[2] 也就是说,本阶段访谈对象的选择是逐步进行的,笔者根据在访谈中获得的信息以及需要获得的信息,尤其是在德国调研中后期,尽可能很有针对性地寻找所需要的访谈对象。

因此,在访谈企业的选取中,笔者特意在最初联络企业的时候尽可能包括多种企业规模、类型以及管辖机构。而实际上,关于研究样本"典型性"和"有代表性"的讨论,在我国学术界还是一场无解的论战。陈向明指出,"典型性"和"有代表性"这样的判断标准是希望将质性研究按照从样本推论到总体的方式,来讨论研究结果的代表性问题,这样的思路依然是量化研究的思路。[3] 本阶段的研究问题是企业参与双元制的积极性是如何形成的?企业自身的需求是什么?采用质性访谈与企业培训或生产负责人进行深入交流。

另外需要说明的是,在整个研究过程中大部分企业要求签署保密协议,甚至个别企业由于行业的特殊性,员工人数等也是不可以公开的敏感信息。因此,本

---

[1] 费小冬:《扎根理论研究方法论:要素、研究程序和评判标准》,载于《公共行政评论》2008 年第 3 期,第 23~43 页。

[2] [美] A. Strauss, J. Corbin:《质性研究入门——扎根理论研究方法》,吴芝化、廖梅花译,滚石文化事业有限公司 2001 年版,第 205 页。

[3] 陈向明:《质的研究方法与社会科学研究》,教育科学出版社 2000 年版,第 104 页。

书在研究和分析过程中遵守承诺，隐去所有单位及个人的名称。

在德国的最终调研实施过程中，接受访谈的德国培训企业类型多样，从企业规模来看，数据包括大型（500人以上）、中型（50~499人）和小型（1~49人）企业。[①] 从管辖单位来看，包括工商会和手工业协会所属管辖范围内企业。从企业性质来看，包括生产制造类企业和技术服务类企业。虽然，对于样本代表性的要求是典型的量化研究的思路，但是，笔者依旧在样本可选的情况下，兼顾了这些典型特征，目的是从类型、规模等方面进行对比，以回答笔者在文献述评中留下的思考和疑问。事实上，从样本企业提供的数据来看，中小企业的培训比例确实大于大型企业（详见表2-3）。这一点和笔者在文献分析过程中的思考相符合，也就是说，笔者需要在调研的过程中特别注意，类似企业规模这样的因素是否能够真正促进或阻碍企业的参与积极性？

表2-3 德国调研企业及访谈对象资料

编号	行业	成立时间	员工人数（人）	学徒人数（人）	培训比例（%）	管辖单位	访谈对象
1-A	机械制造业	19世纪上半叶	1 628	43	2.6	IHK	培训部负责人
2-B	生产制造业	1883年	1 000	37	3.7	IHK	培训部负责人
3-C	钢铁制造业	1954年	3 500	225	6.4	IHK	培训部负责人
4-D	电路安装服务	1979年	12	2	16.7	HWK	企业负责人
5-E	机械制造业	1838年	140	9	5.4	IHK	培训师
6-F	交通运输业	1912年	770	43	5.6	IHK	培训部负责人
7-G	汽车制造业	1871年	13 000	480	3.7	IHK	培训部负责人
8-H	电路安装服务	1977年	22	7	31.9	HWK	企业负责人
9-I	技术服务业	1987年	130	8	6.2	IHK	技术部负责人
10-J	技术服务业	1990年	34	3	8.8	IHK	培训部负责人
11-K	销售和服务业	1990年	25	2	8.0	IHK	企业负责人

资料来源：笔者根据访谈资料自行整理。

笔者在德国调研期间，每次访谈结束后，都尽可能及时进行备忘录和文字稿的书写，在研究过程中不断地就访谈资料内容进行假设，以此为基础，将提出的假设和已有访谈资料以及新加入的访谈资料不断轮回比较。在这个过程中，其实是对继续收集资料的方向起到导向作用，因为初步的假设和理论会形

① 德国企业规模的划分。

成下一步抽样和进行访谈的标准,也是在这样的循环往复中研究逐渐被进一步深化。

关于访谈样本数量的要求在定性研究中并没有明确的规定,因为,定性研究不是依靠样本数量来进行分析的,在一般的访谈研究中,被试人数往往是 15±10 人。同时,当研究者在访谈过程中很少发现和研究相关的新概念时即可判断理论达到饱和。认为访谈做得越多越科学的观点,在一定程度上是以定量假设为前提来设计的。① 在德国调研的最后阶段,笔者已经很少能从访谈中发现与本书研究相关的新概念,因此,笔者可以判定研究达到理论饱和。在本书的研究中,具体研究对象为企业负责人、双元制职业教育培训负责人等。整体来看,这些被访谈者在研究过程中均比较健谈,能够非常全面详细地回答研究者的问题,同时也对研究者的研究和中国的情况表现出强烈的好奇心。

除了访谈样本中列出的受访者资料外,本书的研究还针对德国企业参与双元制职业教育培训和从事职业教育研究的大学教授(3 位)以及研究所的研究人员(4 位)进行了沟通和交流。他们从各自不同的研究角度,以研究者的身份对企业参与职业教育培训及其积极性的来源提出自己的看法。例如,从国际比较的角度、从成本收益的角度以及从中小型企业跨企业培训模式等方面提出看法,这些交流和沟通提高了笔者研究的丰富性和敏感度。

另外,本书的研究采用质性研究访谈进行资料收集。在质性访谈中通过访谈者和被访谈者的沟通和互动,在访谈者对访谈情境的掌握和判断下,形成服务于研究问题的事实性资料。在访谈的准备过程中,访谈提纲的编制是非常重要的环节,在访谈实施过程中各环节也需要周密的计划和衔接。为了更加顺利地实施访谈,笔者准备了两份访谈提纲,一份是关于本书研究的主题性研究问题,即企业参与现代学徒制的积极性是如何形成的、企业如何看待技能供给过程中和职业院校的合作意义等;另一份是以日常对话用语表达的访谈中动态性研究维度的访谈问题。具体的转化见表 2-4。

表 2-4　　　　　　企业参与职业教育现代学徒制
　　　　　　　　　　（双元制）的访谈提纲

主题性研究问题	访谈问题
企业有哪些参与现代学徒制（双元制）的实施模式?	请问现代学徒制（双元制）在贵企业具体是怎样实施的? 您如何评价这样的实施模式?

---

① [丹麦] 斯丹纳·苛费尔、斯文·布林克曼：《质性研究访谈》,范丽恒译,世界图书出版公司北京公司 2013 年版,第 122 页。

续表

主题性研究问题	访谈问题
企业的哪种参与动力占主导地位？	您觉得参与现代学徒制（双元制）对于企业而言重要吗？重要性主要体现在哪些方面？
	参与现代学徒制（双元制）能为企业带来什么？
	如果不参与现代学徒制（双元制）对企业是否会有影响？
企业参与现代学徒制（双元制）的自身需求是什么？	您认为企业参与现代学徒制（双元制）有哪些必要性？
	您认为贵企业有哪些特殊之处所以必须采用内部技能培养的方式？
	贵企业能够依靠外部劳动力市场满足招聘需求吗？
	内部培训和外部招聘相比有什么优缺点？

访谈提纲在研究中起到辅助作用，但是在实际操作过程中，更多的是依靠访谈者和被访谈者之间的交流与互动，以及适时且有尺度的追问，以便于得到更加真实和详细的访谈资料。笔者并没有固定按照访谈提纲的顺序进行访谈，而是根据不同的被访谈对象对问题的解答以及交流情况进行了适当的调整。

访谈需要具备的情境条件反映出定性研究的特点，这些情境条件[1]包括，第一，在访谈之前明确告知被访谈者访谈的意义、目的和对象，但是，并不事先决定谈话过程。笔者在和被访谈者取得初步联系的过程中，已经将基本信息进行了沟通和确认。第二，需要保证绝对的保密性和匿名性。在本书的研究中，因为被访谈者涉及企业，一方面需要保护企业的商业隐私等；另一方面保密性和匿名性也可以消除被访谈者的顾虑。第三，要避免使用科学术语，必须考虑到被访者的能力和语言水平，使用通俗的语言阐述主题。第四，访谈应该尽量在被访谈者日常工作的环境中进行，以消除和弥补访谈参与者之间的不对等性。研究过程中所有访谈地点均是在被访谈者的企业中完成的，通常是被访谈者的办公室或企业小型会议室，因此，被访谈者处于熟悉的环境而相对轻松。第五，访谈者必须制造一种对他人的观点不进行评判的氛围，并表现得饶有兴致。笔者作为访谈者在访谈过程中，刻意避免使用带有观点倾向性和评价的言辞和语气，本着尊重客观事实的原则和被访谈者进行交流。第六，根据方法论原则，与内容相关的访谈过程设计会受访谈对象的影响，它决定着内容和过程的结构。在整个研究的过程中，笔者对各个企业进行访谈时，是有一定时间差异的，笔者刻意选择一天最多去一

---

[1] ［丹麦］斯丹纳·苛费尔、斯文·布林克曼：《质性研究访谈》，范丽恒译，世界图书出版公司北京公司2013年版，第77~79、137页。

家企业，两次访谈的时间间隔至少半天，目的是通过访谈后对备忘录的书写以及对访谈过程的回顾和整理，为下一次的访谈做准备。

研究实施过程中，笔者在每次访谈前一天会仔细阅读之前准备的被访谈企业的资料，如企业概况、产品信息、技术信息，以及员工培训或招聘信息等，力图在进入访谈之前能充分获得被访谈企业的信息，以便更加有针对性地把握访谈问题和内容，根据所获得信息的程度调整访谈的问题或询问方式等。笔者在每次访谈结束后就尽可能及时进行整理，往往在访谈结束后，仍然能感受到获得信息的冲动和激情，希望马上用文字保存下来。同时，在访谈资料整理的过程中，可以将发现的问题在下次访谈中加以改进，或是及时查看是否需要对被访谈者的提问加以补充和追问。

在对德国企业的访谈过程中，笔者使用的语言是德语，因为笔者具有在德国学习、生活和在德国企业工作的经历，因此，可以顺畅的和被访谈者进行交流。同时，在获得被访谈者同意的情况下，对访谈过程进行了录音。为了保证访谈结果的客观性，笔者时刻注意对问题的回答保持中立，而不在访谈过程中进行主观引导和评价。笔者在将原始材料翻译成中文的过程中也尽量注意保留了原文中的本土概念。在整个研究过程中，笔者获得并保留了被访谈者的联系方式，并在访谈结束时和被访谈者沟通确认，是否可以在之后的资料分析中，对未尽事宜或疑惑进行下一次约谈或电话沟通。笔者和德国被访谈者采用电子邮件的形式进行后续沟通和交流，在笔者分析过程中，确实遇到了需进一步沟通的情况，而且，所有需要再次联系的德国受访者都给予了积极的支持和回应。笔者和部分中国企业被访谈者的继续交流则是采用更为简便的自媒体平台或电话形式。

第二节　中国研究：构建动力因素的本土形式

新中国成立后 30 年的经济建设是改革开放的基础和前提。[①] 党的十一届三中全会是具有历史意义的转折。自此，我国企业开始尝试逐步扩大经营自主权、推行经济责任制等企业制度改革。通过企业经营方式、领导体制等一系列变革强化企业管理、促进企业技术进步且增强企业活力。[②] 因此，我国企业所处的社会发展背景是本书研究不能忽略的环境，而且，企业的任何表现形式都是植根于它的

[①]　路风：《光变——一个企业及其工业史》，当代中国出版社 2016 年版，第 408 页。
[②]　姜恒雄：《中国企业发展简史上下卷》，西苑出版社 2001 年版，第 563～943 页。

环境中的。这些表现形式以对现代学徒制试点院校合作企业的访谈及问卷形式获得，用于分析和对比。

一、中国企业的背景分析

现代市场竞争意义上的企业起始于改革开放后，这些企业由国有企业、外资企业和民营企业组成。改革开放40多年来，国有企业依靠得天独厚的优势和垄断战略获得相比改革开放初期的脱胎换骨的成就，外资企业在中国各种用工、用地的优惠中获得巨大的利益，民营资本则是依靠自下而上的力量坚持不懈地推动了中国的经济改革。笔者希望通过勾勒40年的企业历史变迁，为企业参与职业教育在我国的情形提供背景解释。

（一）国家政策影响下的市场经济：不同性质企业间的博弈

企业的所有权性质在我国现代企业发展中扮演着重要的角色。国有企业、民营企业和外资企业是我国现代企业的组成部分。这些不同性质的资本之间的博弈、政策的影响因素等共同勾勒出我国改革开放后现代企业的发展历程。国家的宏观调控对中国企业，特别是民营企业影响深远，从中国改革的第一个年份起，以资产身份的不同来制定不同的政策成为不容置疑的战略。[①] 在国有经济或以前的计划经济中，人们通过进入国家或国企的职能部门的职业岗位，从而获得调动资源的权利。国家管控下的权威主义可以强化表面的一致性，但是，存在削弱理性行为的主观动机的可能。以自我利益为基础的交换优势满足需求被看作市场经济的结果，而计划经济的结果是在一个组织内部，其经济行动以既定的实质性秩序为取向。[②] 已有研究指出，我国现代国营企业的制度安排，如单位制的组织模式、科层式的治理结构、独特的管理与激励机制，以及企业提供的社会服务与福利，并不是苏联模式移植而是形成于抗日战争时期。[③]

20世纪70年代末期的中国企业形象可以通过外国记者的报道真切感受到，例如，有国外记者指出，由于国有企业中工人的身份是可以世袭的，工作被作为一种权利，工人往往并不接受管理人员的管理，工作态度已经成为当时中国社会实现现代化的障碍。中国企业设备陈旧，使用的甚至是西方国家100年前的机

[①] 吴晓波：《激荡三十年：中国企业1978~2008（上册）第二版》，中信出版社2014年版，第108页。
[②] ［德］马克斯·韦伯：《经济与社会第一卷》，阎克文译，上海人民出版社2009年版，第207~208页。
[③] 卞历南：《制度变迁的逻辑——中国现代国营企业制度之形成》，浙江大学出版社2009年版，第284~289页。

器，企业中基础人才缺乏，面临技术技能人才断档等困境。[①] 在计划经济体制下，行政部门和国有企业不习惯用市场的方式改变自己，而私营企业在时代的背景下纷纷涌起。社会主义时期的经济是一场没有案例可以效仿的经济改革，从计划经济的物资匮乏到发展经济和积累财富成为这个时代的核心。

改革开放后市场的规范化程度尚不完善，在20世纪80年代，国营和集体企业是拥有几乎所有社会功能的社会大家庭，而民营企业或是私营企业则被人们看作不被体制保护的"个体户"。1979年大量知青返回城市，可以说，近1 000万人的生存和工作压力促使我国经济民营化成为必然，而相对于国有企业，民营企业依靠灵活的机制和技术优势在冷门行业获取成功。中国民营企业的萌芽期则来自两个源头，第一是乡村基层政权及其集体企业组织，第二是自主创业型企业。[②] 改革开放之初，率先成功的人在于能提早摆脱计划经济的束缚。我们熟悉的联想、海尔等企业在当初虽然具有国有的性质，但却不是老牌国有企业，属于新建立或因为濒临破产等原因，而不受重视的带有国有成分及性质的企业，但是，这类企业相较于老牌国有企业而言拥有更多的灵活度和自由。它们最初是从和人们生活密切相关的产业开始，如日用消费品和家用电器领域，在无资源、无技术等各种条件不如老牌国营企业的基础上发展起来的。在计划经济时代，国有企业聚集了中国几乎所有资产和精锐人才，民营企业和国有企业相比在各个方面都不占优势，但就是在这样的条件下，民营经济依然高速发展，而这样的成长过程中也带有一定的草莽性和灰色性。[③]

20世纪80年代前期，财富分配和积累主要是通过流通领域的异常活跃来实现的，市场上的商品流通和物资配置一定程度上是依靠民间的倒买倒卖。国家于1982～1983年逐渐放开共510种小商品的价格，使货物流通和民营企业的崛起成为可能。[④] 这个时期，我国缺乏产品设计和质量规范等市场常识，法制建设尚不完善，中国民营企业在资本原始积累过程中，也经历了无证伪劣产品引发的各种事故和伤亡等。在商品短缺时期，第一代企业家的自我蜕变是从质量意识的觉醒开始的。而且，集体经济虽然有公有制性质，但是相对于国有企业而言，运行体制更加灵活，一些集体经济在2002年前后改制为私营企业。当然，国有企业的发展也证明，国有企业能在保持国有性质的前提下进入市场竞争而成为竞争

[①] 《华盛顿邮报》1978年7月28日。转引自吴晓波：《激荡三十年：中国企业1978～2008（上册）第二版》，中信出版社2014年版，第12～13页。

[②] 吴晓波：《激荡三十年：中国企业1978～2008（上册）第二版》，中信出版社2014年版，第18～31页。

[③] 吴晓波：《激荡三十年：中国企业1978～2008（上册）第二版》，中信出版社2014年版，第XIV页。

[④] 吴晓波：《激荡三十年：中国企业1978～2008（上册）第二版》，中信出版社2014年版，第132～159页。

型企业。

我国作为发展中国家,引进国外先进技术是国家发展和建设中的一个阶段。而外资企业在我国的发展也和国家政策密不可分,通过引进西方先进技术来发展经济是改革开放后国家的重要决策。外资企业享受了比本国企业更多的税收等优惠。1978年,邓小平访日促使松下电器公司和中国政府签订《技术协作第一号》协议,松下进入中国,成为第一批进入中国市场的外资企业。可口可乐公司和中粮集团有限公司签署销售合同、欧洲国家为扩大市场向中国提供经济贷款等形式开启了改革开放的国际合作。从这一年起,各大汽车制造企业和中国沟通商谈合资企业事项,德国大众汽车在上海的各类谈判持续了十年之久,终于在1985年组建上海大众汽车有限公司。1978年12月24日,由日本引进全套设备的上海宝山钢铁厂宣布建厂,一举成为当年举国上下经济发展和引进外资的大事件。在这之后的很多年里,外资企业在我国招商引资的政策支持下获得发展。但是,历史发展的经验告诉我们,通过市场换取技术的模式并不能真正获得技术,只有吸收了转移技术的技能和经验,才能生成和发展出自主的技术能力。外资对于国家的自主技术发展几乎没有作用,而为外国企业做供应商、供应其所需要的产品等企业贸易往来才是技术转移最有效的方式。[1] 外来的经验虽然有用,但是不会自动转移,只有在自主解决问题的挑战和学习中,才能把外来的经验转化成为自己的经验。[2] 也就是说,先进技术不能仅仅依靠引进,而是需要自身在实践中的消化和吸收。

与此同时,我国企业也在之后几十年的发展中逐渐参与了全球化竞争。如果说20世纪80年代国家在一定程度上扶持了民营企业的发展,那么自90年代以来,国家则是转向对国有企业发展的支持。国有企业集中在关系国家经济命脉的诸如煤炭、电力、石油、交通运输等领域,在技术含量高的基础工程领域,如工业照明、医疗设备、燃气轮机、风机、水电机设备、飞机发动机、工业性集团的电力输送等更是如此。以2005年为例,国有及国有控股企业未涉足的是娱乐业、计算机服务业和建筑装饰业等行业。在市场化程度高、竞争激烈的木材加工及木、竹、藤、棕、草制品业,纺织服装、鞋、帽制造业,皮革、毛皮、羽毛(绒)及其制品业和建筑安装业等行业中,国有企业比例低于10%。纺织业、农副食品加工业、塑料制品业、化学纤维制造业的比重不到1/3。石油和天然气开采、电信和其他信息传输服务业、煤炭开采和洗选业几乎全部为国有及国有控股企业,电力、热力的生产和供应业,运输业,交通运输设备制造业国有

---

[1] 黄亚生:《"中国模式"到底有多独特?》,中信出版社2011年版,第127页。
[2] 路风:《光变——一个企业及其工业史》,当代中国出版社2016年版,第187~192页。

比重达 90% 以上。①

而对于非国有企业而言，产权的限制和金融制度的欠缺，使它们本身不具备发展优势。在企业发展过程中，民营企业依靠的是企业家驱动和市场驱动。从民营企业的发展历程来看，虽然整体环境良好，但是依然存在政策不稳定因素。而且，企业发展不仅需要产品和技术，还需要融资来源，2016 年影响民营企业 500 强发展的成本因素中，一半及以上的企业认为缴税负担、融资成本、原材料成本和工资成本是影响企业成本的因素。再从人力资源来看，企业引进人才及加强企业内部员工培训是转型升级的主要推动途径。而从金融环境来看，对于民营企业而言，融资难、融资贵是在 2016 年依然不能忽视的问题。② 这些问题导致中国企业家产生不安全感使我国民营企业难以树立"百年企业"的梦想。

（二）技术滞后的发展战略：以庞大的市场规模为基础

在我国企业发展过程中，基本是采用两种类型的发展战略。一种是在电脑产业中，它的工业制造能力是在贸易基础上发展起来的，通过贸易积累了一定的财富后逐步发展制造能力，在具备一定的制造能力的基础上再寻求技术进步，简单来说，这种模式可以归纳为贸易—生产—技术模式。而另一种模式则是诸如家电行业，是从引进生产线的制造环节开始，继获得市场营销的成功后，在技术上寻求进步，即生产—贸易—技术模式。③ 也就是说，这两种模式基本上是"贸易""生产"和"技术"的优先次序不同，但是，两种模式都是将技术放在最滞后的环节上。

不管上述哪种模式都是建立在市场需求的基础上的，而国家管控下的计划经济可能存在的弊端，是计划部门并不知道各种产品的实际需求以及满足这些需求的渠道，也不知道企业发展所需要的技术、供应链等信息，即使是在计划经济中，这些内容依然需要依靠企业自身。而形成技术滞后发展战略的原因，一定程度上可以归结为在计划经济时代中人们的基本需求无法得到满足，刚刚进入市场经济的发展时期，物资的供应和市场需求之间无法立刻匹配，需求大于供给的局面导致我国这个时期的粗放经营模式，企业通过制造和营销就足以获得中国庞大的市场。虽然在 20 世纪 90 年代，一些国营企业家开始重视产品

---

① 李文海：《国有及国有控股企业集团的发展现状与作用》，国家统计局，http：//www.stats.gov.cn/ztjc/ztfx/fxbg/200609/t20060901_16074.html，2006 - 09 - 05/2018 - 02 - 04。
② 全国工商联经济部：《2017 中国民营企业 500 强调研分析报告》，2017 年，第 71～90 页。
③ 吴晓波：《激荡三十年：中国企业 1978～2008（下册）第二版》，中信出版社 2014 年版，第 54～107 页。

质量提升和新技术开发，但是，技术革新和产品质量并不是当务之急。形成技术滞后发展战略的原因也在于，技术革新本身的复杂性更高、难度更大、需要的时间更长。

这个时期，国外制造也还不能在我国打开局面。虽然如前文所述，在中国市场中具有政策的不确定因素，但是，便宜的劳动力和广袤的消费市场，仍然吸引着外国公司进入中国。1992年国家正式确立市场经济体制目标，使外资投资的宏观限制放宽，外资企业大规模涌入中国。在20世纪90年代国产商品和进口商品的竞争中，国产商品在质量和技术方面都不占优势，只能通过价格战方式提高市场占有率。在计划经济逐步向市场经济的过渡中，我国人民逐渐走出物资极度匮乏的年代，但是，消费依然停留在满足需求的实用层面。例如，通用电气公司（GE）在南京创办公司生产的电灯泡虽然光线柔和、环保耐用，却无法和光线刺眼、使用寿命短的国产灯泡厂的产品抗衡，因为GE的灯泡售价为10元而国内灯泡厂的售价仅为2元。因此，GE的市场调研员也无奈地表示，"和GE灯泡所具有的各项优良性能相比，中国消费者似乎更青睐灯泡的价格"①。同样，在全球市场竞争中，90年代末中国制造开始发力，物美价廉的中国商品开始涌向世界，而从一开始中国制造的全部优势就是价格低廉。

无限的市场可能和经济的快速发展，使得20世纪90年代中期在多元化道路上高歌猛进的浮躁氛围席卷中国企业，在傲人的成绩面前，企业忽略了在核心技术上的突破。到2004年，这一年是中国众多知名企业的20周年庆典，而这个时候的中国企业深陷成长突围期，在全球化的竞争中，我国企业核心技术缺失的缺陷凸显，企业利润空间被无限压缩而不具备竞争优势。创新自然也就无从谈起，因为创新涵盖了将创意从头脑中构思变为消费者手中产品的全过程，如果不了解生产环境，那么将在产品设计上举步维艰。② 以汽车工业为例，汽车工业涉及冶金、石油、机械、金属加工、化工、橡胶、塑料、仪器仪表、电子芯片、软件等领域，可以说汽车工业的发展将会带动上述各类工业的发展，因此，在各国的工业发展中都具有重要意义。在新中国成立后的前30年中，我国汽车工业发展起初是以引进苏联及东欧国家技术开始的，第一代汽车工业的奠基者非常重视以自主研发为基础的学习，其产品多为非民用的卡车等。改革开放以后，从国外引进先进技术成为重要的国家计划之一，轿车工业也因此走上了合资引进技术的道路。引进技术这一政策决定的理论假设是，通过引进国外先进技术而学习到先进技术，进而实现自主开发。但是，汽车工业几十年的发展显示出，我国虽然实现

---

① 吴晓波：《激荡三十年：中国企业1978~2008（下册）第二版》，中信出版社2014年版，第71页。
② [美]加里·皮萨诺、威利·史：《制造繁荣：美国为什么需要制造业复兴》，机械工业信息研究院战略与规划研究所译，机械工业出版社2014年版，第30~31页。

了零部件的国产化,具备产品生产制造能力,但是,在很长一段时间内都没有形成产品开发能力。① 为解决这一问题,路风曾提出,在自主平台上持续进行技术学习、对自主零部件工业持续改进从而实现自主开发,引进国外先进技术应该是为这个过程创造的学习条件,以这样的"两条腿"路径实现汽车工业的技术进步。可见,自主研发对我国汽车工业乃至工业整体具有重要的意义,而自主研发及突破核心技术能力的获得更需要企业经历不断重复尝试、坚持不懈努力,甚至是漫长的等待过程,这与急功近利的浮躁氛围是不相符的。

劳动力供给相对充足和潜力巨大的国内销售市场,至今依然吸引着国外投资,是外企在全球竞争中的重要市场,通常情况下,外来企业争夺的是已有消费能力的客户群。世界各地都能看到中国制造的产品,从纺织服装到儿童玩具,从小家电到各种零部件产品等。而同时,如今劳动力成本的上升、土地和原材料成本的增加,使得我国长期依靠的成本和规模优势不再具备,随之引发众多企业转向东南亚等劳动力成本更低的地方。德国一家教学用具设计和生产厂家在访谈中和笔者提到,未来他们将会逐步把代工厂转移到中国以外的地方,目前还没有完全撤走的原因是和东南亚等其他地区相比,中国代工厂生产的产品质量更好。由此可见,我国庞大的消费市场和终端制造业、低成本制造能力条件是吸引企业投资的重要条件,但是对于我国企业而言,只有自身拥有技术能力时,劳动力的成本优势才能更好地发挥出来,否则产品的大部分附加值都会被其他国家或企业所享有。

(三) 消费市场的层级划分:市场需求结构的差异性

市场的需求结构一定程度上影响着企业相应的人力资源需求,因此,对我国企业需求结构的分析必不可少。而即使是面对全球化,中国市场的需求结构依然保持着它的特性和差异性。20世纪90年代美国通用电气公司市场调研员抱怨中国消费者更青睐产品价格,而到今天,中国消费者的需求发生着巨大的变化。2009年以来,中国民众的境外消费快速增长,2012～2014年连续三年成为境外消费的最大市场,2014年境外消费总额达到1 520亿美元。② 如今在欧洲的各大商场或专卖店甚至机场退税服务台,都能看到中文导购或服务人员。在这些境外消费品中,一些是用于彰显身份的奢侈品,但是,近年来生活用品的境外消费比例也不断增长,如果说奢侈品的购买欲望可能是满足虚荣心理的话,那么对于包括牙膏、洗发水等日用品在内的日常消费品的境外消费,则是人们在生活水平不

---

① 路风:《走向自主创新——寻求中国力量的源泉》,广西师范大学出版社2006年版,第80～87页。
② 赵萍、孙继勇:《中国境外消费现状与问题分析》,载于《国际贸易》2015年第6期,第48～52页。

断提高的情况下，对于生活品质的追求，中产阶级已然成为新兴消费族群，产品性能、质量、服务和口碑在这个阶段中扮演着非常重要的角色。

然而，2021年2月28日国家统计局发布的《中华人民共和国2020年国民经济和社会发展统计公报》中显示，将全国居民中所有调查户的人均收入水平从低到高顺序排列，平均分为五个等级，处于最高20%的收入群体为高收入组，依此类推。2020年，低收入组居民人均可支配收入为7 869元，中等偏下收入组人均可支配收入为16 443元，中等收入组人均可支配收入为26 249元，中等偏上收入组人均可支配收入为41 172元，高收入组人均可支配收入为80 294元。[①] 占比20%的高收入组人群，人均可支配收入是同样占比20%低收入组人群的将近10倍。如果将比例缩小至10%，差距可能更加明显。

基尼系数根据人群净收入测算收入的分配，是国际公认反映收入差距的重要指标，基尼系数值从0到1代表绝对平均和绝对集中，也就是说系数值越接近1则代表收入分配中贫富差异越大。根据《中国统计年鉴（2021）》数据显示，2020年我国基尼系数为0.468[②]，如果认为0.3~0.4为合理收入分配比例的话，那么，数据显示我国居民收入具有差距明显的特征。虽然研究强调，高基尼系数既是经济高速发展过程中的常见现象，也是市场有效配置资源的自然结果，但是，仅从数据值来看，德国联邦统计局2021年社会报告中显示，其2018年基尼系数为0.311[③]，我们至少可以认为，中德之间收入分配比例的差异是很大的。

虽然收入差距是否明显并不是本书的核心内容，但是，这些数据从另一个侧面反映出我国消费者需求之间的明显差异性。再加上中国庞大的人口基数，对于产品的需求层次也会与收入差异相匹配，当一部分人口已经关注产品品质和个性化需求的时候，另一部分人口还集中在经济实惠或是更低的需求，即使是大批量生产的标准化产品也依然有着它足够的消费人群。中国庞大的人口基数为此提供了广阔的消费市场。直到21世纪的今天，众多的中国工厂中依然能看到大批量标准化的生产模式。但是，接下来的5年或10年，这种不看重员工技能的模式或许将日益失去竞争力，中国制造业如果要选择可持续发展路径，提高专业技术工人储备是正确的方向。

[①] 国家统计局：《中华人民共和国2016年国民经济和社会发展统计公报》，http://www.stats.gov.cn/tjsj/zxfb/202102/t20210227_1814154.html. 2021-02-28/2021-12-03.

[②] 国家统计局：《中国统计年鉴（2021）》，中国统计出版社2021年版，第15页。

[③] Statistisches Bundesamt, Wissenschaftszentrum Berlin für Sozialforschung. Datenreport 2016 – Ein Sozialbericht für die Bundesrepublik Deutschland. bpb, 2016: 171.

二、本土表现形式的获取路径

对德国企业的访谈为继续推进研究奠定了基础。对于国内部分的研究，笔者将结合访谈、案例和问卷的数据等，解释我国在这些动力因素中的表现形式以及与德国的差异。国内的调研对象以企业为主，同时，也包括职业院校现代学徒制负责人以及试点专业的专业负责人。在国内阶段的调研中，笔者以教育部于2015年8月公布的首批职业教育现代学徒制试点单位为基础，选择了一些和职业院校有合作关系的企业进行实地调研。这个阶段的调研目的是，一方面了解在我国以学校为主导的职业教育中，企业参与职业院校合作的自身需求；另一方面则基于德国访谈中确定的职业教育现代学徒制企业的动力因素，分析我国企业在这些方面的表现形式，并且通过对比找到我国企业参与动力不足的根本性原因。

（一）现代学徒制试点院校合作企业作为访谈对象

本阶段研究中，笔者在中国的访谈对象首先聚焦于我国现代学徒制试点院校的合作企业。笔者在职业院校老师的帮助下，通过短信、电话及邮件等方式，最终实地调查了15家企业，调研企业具体相关资料见表2-5。

表2-5　　我国现代学徒制试点院校合作企业及访谈对象

编号	行业	成立时间（年）	规模（约/人）	企业性质	访谈对象
12	制造业	2010	400	民营	培训部负责人
13	技术服务业	2013	350	民营	部门经理
14	制造业	1978	5 000	港澳台投资企业	人事部经理
15	制造业	1983	10 000	国有控股企业	技术总工程师
16	食品加工业	2011	1 000	外商独资企业	人事经理
17	制造业	1999	2 000	外商独资企业	人事经理
18	制造业	1999	1 500	民营企业	人事经理
19	制造业	1998	2 500	国有控股企业	人事经理
20	制造业	1937	5 800	国有控股企业	人力资源部部长
21	技术服务业	1999	337	民营企业	董事
22	租赁服务业	1990	1 500	民营企业	人力资源经理

续表

编号	行业	成立时间（年）	规模（约/人）	企业性质	访谈对象
23	运输邮政业	1993	800	民营企业	人力资源部部长
24	技术服务业	2002	1 000	民营企业	项目经理
35	电力供应业	1952	5 000	国有控股企业	人力资源部部长
26	制造业	2000	450	民营企业	人力资源部部长

资料来源：笔者根据访谈资料自行整理。

由于这个阶段调研的企业是由职业院校帮助联系的，从表 2-5 中显示的企业基本特征中也能看出，职业院校在有能力及有条件的情况下，会选择相对成熟且规模较大的企业进行合作。除去一家民营技术服务公司外，本阶段的直接受访者通常为部门负责人，而很难直接约谈企业负责人。企业规模是职业院校非常看重的选择因素。一方面，大型企业的人员需求量大，可以容纳以班为单位的学生规模；另一方面，大型企业通常社会认可度高、培训体系和未来发展路径清晰、企业抗风险能力强，因此合作相对稳定。[①]

仅仅从该调研样本中我国企业和德国培训企业显示出的特征来看，德国企业中历史较为悠久的比例更高，并且培训企业中还包括了中小型企业，这是国内样本企业中没有涉及的。在访谈过程中，中国的被访谈者一方面积极热情，而另一方面在回答问题时相对较为拘谨。此阶段的访谈使笔者了解了国内企业和职业院校的合作情况、企业内保证自身用工需求的方式以及参与职业教育现代学徒制培养的方式。我国企业的访谈资料将用于描述我国企业在动力因素中的表现形式及中德对比内容。

（二）合作企业及非合作企业作为问卷调查对象

在德国调研的基础上，为了更加丰富研究的原始材料和更好地进行本土化研究，借助课题研究契机，笔者在回国之后根据德国的研究感悟，对国内部分的研究思路进行了调整，于 2017 年 5~12 月，再次在国内进行实地问卷调研。问卷调查的实施分为自填问卷调查和结构访问调查，即一种是被调查者在无访问员在场的情况下自行填写，另一种是访问员亲自根据问卷的结构向被调查者逐一提问，问卷由访问员填写。此阶段的调研目的是了解和把握企业人力资源需求以及企业参与职业教育现代学徒制的目的和原因。为了实现这个研究目的，需要在我

---

① 根据"职业教育现代学徒制理论研究与实践探索"课题大规模调研数据整理。

国进行相对大规模的企业调研，而结构式访问所需要的财力、物力和时间是个人所无法承受的。因此，笔者决定大部分数据以自填式问卷的形式进行收集，而在一部分的省市以自填和访问相结合的方式。和在德国进行研究时选取的研究对象不同的是，我国企业参与现代学徒制现状调研的研究对象包括已经参与职业院校合作的企业和尚未参与职业院校合作的企业。之所以将尚未参与的企业纳入研究范围，也是在研究过程中产生的想法，希望借此回答关于企业需求的问题以及产生该需求的原因。

调查问卷内容包括企业基本信息和企业生产及人力资源等。在问卷整体设计中，因为考虑到调研对象面向的是已经参与职业院校合作的企业和尚未参与职业院校合作的企业两种类型，因此，针对尚未参与的企业，在答题过程中省略部分不符合其实际情况的题项。在研究问卷的企业基本情况调查中，内容包括按照国家统计局国民经济行业分类的企业不同类别、企业所有权性质、成立时间和规模、目前企业一线员工的主要来源、新员工培训方式和入职培训时间。除了这些基本情况外，调查问卷还加入与职业院校合作的相关问题，其中包括，对于尚未参与企业是否有合作需求、已经存在的或希望合作形式、深度和规模等问题。这些基本问题的设置是为了了解企业基本情况以及企业与职业院校合作的现状。

职业教育的发展和经济发展密切相关，企业的需求自然也和经济发展紧密相连。因此，将问卷抽样的样本框限定为分层随机抽样，以遵循经济研究的角度，从我国的几大经济区域（港、澳、台除外）抽取样本，即东北经济区（辽、吉、黑）、泛珠三角经济区（粤、琼、桂、云、贵、川、渝）、北部沿海经济区（京、津、冀、鲁）、泛长三角经济区（沪、苏、浙、皖、鄂、湘、赣、闽）、黄河中游地区（晋、陕、豫、内蒙古）和大西北地区（甘、青、宁、藏、新）。[①] 据国家统计局数据显示，2015 年国内生产总值为 689 052.1 亿元[②]，根据各经济区在全国国内生产总值中的占比，研究大致确定在全国各经济区的理想样本框比例。经笔者计算，东北经济区约占样本总数的 8%、泛珠三角经济区约为 22%、北部沿海经济区约为 19%、泛长三角经济区约为 36%、黄河中游地区约为 12%、大西北地区约为 3%[③]。

在确立了研究的样本框后，初始问卷按照各地区的比例进行发放。整体而言，问卷的发放分为两类途径，一类是借助高校研究所的学科优势以及教育部重

---

① 李忠民、张子珍：《全球经济失衡下的中国经济区域重构》，载于《山西财经大学学报》2007 年第 5 期，第 38~43 页。
② 国家统计局：《中国统计年鉴（2017）》，中国统计出版社 2017 年版，第 1~3 页。
③ 例如，东北经济区（辽、吉、黑）2015 年生产总值约为 55 000 亿元，约占国内生产总值的 8%，以此类推。

大课题攻关项目的平台优势，向职业院校现代学徒制试点专业中的合作企业，以及职业院校优秀校企合作企业发放问卷。另一类是通过笔者个人积累的人脉资源，面向社会企业发放问卷，在社会企业中既有已经参与职业院校合作的企业，也有没有参与职业院校合作的企业。

在最终回收的147份有效企业问卷中，企业所属行业分类题项中，占比最大的是制造业，达到被调查企业的一半以上，而其他行业的分布则相对比较松散，如果将各类服务业综合统计来看则达到29.25%的比例。在本次问卷数据中，国有企业和民营企业占绝大多数，而参与问卷调查的民营企业是所有企业中最多的。关于企业规模的划分，国家统计局曾表明根据不同行业的从业人数和营业收入有不同的标准。整体来看，对于包括制造业、采矿业等在内的工业类企业而言，员工数≥1 000人属于大型企业，300人≤员工数＜1 000人属于中型企业，20人≤员工数＜300人属于小型企业，员工数少于20人的属于微型企业。而各类服务业中基本上是300人及以上员工数属于大型企业，100~300人属于中型企业，10~100人属于小型企业，10人以下为微型企业。

按照国家统计局的分类标准，此次参与调查的企业中约有一半是大型企业，几乎15%是中型企业、30.6%是小型企业、4.1%是微型企业。以1978年改革开放为界限，在这些企业中，改革开放前已经成立的企业共23家，改革开放后的第一个十年间成立的企业有7家，20世纪80年代末之后成立的企业占绝大多数。本次调查问卷中，企业所在地区的企业抽样比例和理想的样本框存在差距，其中，东北地区、北部沿海经济区、大西北地区的样本比例超过原本设想的理想样本框比例，而泛珠三角经济区和泛长三角经济区的样本比例分别比预设少7%，仅黄河中游地区样本比例和预设基本一致。这是笔者在问卷回收中无法绝对控制的因素（见表2-6）。

表2-6　　　　　　　　被测企业基本情况

企业基本情况		频次	百分比（%）
企业所属行业类别	制造业	77	52.38
	各类型服务业	43	29.25
	农林牧渔业	1	0.68
	电力、热力、燃气及水生产和供应业	6	4.09
	建筑业	2	1.36
	交通运输、仓储和邮政业	2	1.36
	房地产业	7	4.76
	文化、体育和娱乐业	8	5.44
	水利、环境和公共设施管理业	1	0.68

续表

企业基本情况		频次	百分比（%）
企业所有权性质	国有及控股企业	56	38.1
	民营企业	62	42.18
	外商独资企业	16	10.88
	中外合资企业	13	8.84
企业规模	大型企业	74	50.34
	中型企业	22	14.97
	小型企业	45	30.61
	微型企业	6	4.08
企业年限	1978年以前	23	15.65
	1978~1987年	7	4.76
	1988~1997年	37	25.17
	1998~2007年	41	27.89
	2008~2017年	39	26.53
企业所在地	东北经济区	15	10.20
	泛珠三角经济区	17	11.56
	北部沿海经济区	42	28.57
	泛长三角经济区	45	30.61
	黄河中游地区	16	10.88
	大西北地区	12	8.16

资料来源：笔者根据问卷调查结果统计整理。

在我国，已经参与现代学徒制试点的职业院校在多年校企合作的基础上，基本形成了包括企业认知阶段、企业轮岗阶段和企业顶岗阶段的现代学徒制实施模式。研究中被调查的全部147家企业中，有34家选择没有与职业院校合作的需求，另外42家企业虽然还未与职业院校合作，但是提出希望能有机会合作，剩余将近一半的企业已经开展了不同形式及规模的合作，而合作形式则以顶岗实习为主。多数参与问卷填写的企业和职业院校的合作时间已较长，其中，在2000~2009年期间开始合作的企业居多，而2015年之后开始合作的企业也占到20%以上。在校企合作过程中，双方联系的频率以每月一次和每学期一次为主，选择每周一次和每两周一次的企业基本上是以现代学徒制为合作模式的企业。90%以上的企业都和职业院校共同制定了人才培养方案，接近80%的企业为实习学生或学徒提供津贴（见表2-7）。

表 2-7　　　　　　　　校企合作基本情况

	企业与职业院校的合作情况	频次	百分比（%）
合作需求	已经和职业院校有合作	71	48.30
	尚未合作但希望有机会合作	42	28.57
	尚未合作且没有合作需求	34	23.13
合作模式	学生顶岗实习	39	54.93
	订单班/冠名班	9	12.68
	现代学徒制	19	26.76
	其他	4	5.63
校企合作开始时间	2015 年及以后	15	21.13
	2010~2014 年	25	35.21
	2000~2009 年	29	40.85
	2000 年前	2	2.81
校企联系频率	每周一次	9	12.68
	每两周一次	6	8.45
	每月一次	23	32.39
	每两月一次	4	5.63
	每季度一次	7	9.86
	每学期一次	22	30.99
校企合作制定人才培养方案	是	66	92.96
	否	5	7.04
企业支付学生/学徒津贴	是	54	76.06
	否	17	23.94

资料来源：笔者根据问卷调查结果统计整理。

从调查研究数据中可以看出，目前对于我国企业而言，顶岗实习阶段仍然是企业最看重的阶段，现代学徒制在深化校企合作过程中，虽然加入了前期企业认知阶段和企业轮岗阶段，但是时间都很短。比如，在与问卷调查同时进行的访谈中，笔者了解到，企业认知阶段基本以一天到一周不等的企业参观，或企业人员在第一学年的每学期一次到校宣讲等形式为主。企业轮岗阶段基本也以 1~2 周的企业见习为主，也就是说，职业教育前两年的大部分时间，学生的学习是在职业院校课堂以及实训场地完成的。也正因为如此，在我国职业教育中，大部分成本仍然是由国家负担的，企业所支付的是顶岗实习阶段的学徒津贴。当然，在调查中我们也发现，很多企业也以不同形式支持职业院校的实训基地等硬件设施设备的建设。

在对问卷调查数据进行分析的过程中，笔者借助 SPSS Statistics 23 对问卷进行描述性统计分析，并确保用于研究的数据符合统计学意义上的信效度等指标。当然，在问卷统计分析的过程中笔者同样谨记在数据分析的基础上加入理论研究和自身的研究判断，以更好地利用计算机辅助软件为研究服务。

第三节 中德对比：分析动力因素的差异表征及成因

虽然中国和德国在国家整体发展水平等各个方面具有很大差异，且国家体制完全不同，但是正如雷金所言，从较为抽象的层面分析来看，可能隐含着共同的原因，这个原因可能使两个研究对象拥有共同的结果。[①] 也就是说，在经济全球化的大背景之下，参与现代学徒制的企业是具有一定共性或差异性的。因考虑到中德两国之间存在的制度环境差异，因此，研究的侧重点放在以企业为主的实施层面，重点关注促进企业参与动力的原因。因为，纵然国家或地方可以制定促进企业参与职业教育现代学徒制的政策或条例办法，但是，最终在行动层面的决策都是由企业做出的或具体实施的。而且，两国企业即使所处的国家政策背景不同，但是，企业提高生产率和保证竞争力的目的是相同的。另外，政策及社会背景因素也是解释过程中不能忽视的重要层面。对于像促进职业教育学生从学校向工作过渡这样世界各国共同关注的议题来讲，这样的对比分析具有重要的研究价值。

一、中德企业动力因素的表现形式

通过对德国企业进行访谈，分析得出企业参与职业教育现代学徒制动力模型，以此作为参照标准，对比中德企业之间的差异，进而挖掘我国企业参与职业教育现代学徒制动力不足的原因。因此，不仅要阐释这些动力因素的内涵意义，以及德国培训企业的表现形式，而且要在德国培训企业动力因素参照标准之下，探索我国企业在这些方面的表现形式。

在以质性研究访谈为实现手段收集的原始材料基础上，本书不仅局限于访谈

[①] Charles Ragin. *The Comparative Method: Moving beyond Qualitative and Quantitative Strategies*. Berkeley: University of California Press. 转引自［美］贝磊、鲍勃、［南非］梅森：《比较教育研究路径与方法》，李梅主译，北京大学出版社 2010 年版，第 74 页。

材料本身，而是将访谈材料作为"源头"，结合文献分析及理论思考，对动力因素逐个进行阐释，而阐释的背后都可以从原始资料中找到实证数据。在此基础上，笔者概括说明了德国培训企业的表现形式。按照同样的思考路径及参照标准提供的思考方向，笔者以中国企业实地访谈数据及问卷描述性统计数据为支撑，重点概括了几个动力因素在我国企业的表现形式。

二、中德企业动力因素表现形式差异及成因

以中德企业在参与职业教育现代学徒制动力因素中的表现形式为基础，对本书而言，更为重要的是对比中德企业间的差异及深入分析挖掘其背后的形成原因。通过中德两国企业在动力因素中的不同表现以及成因分析，最终将获得研究结论，即如何在德国培训企业已有标准或经验的基础上，找到我国企业参与职业教育现代学徒制动力问题的原因所在。

因此，需要首先找到中德企业在动力因素方面所表现出的类似和不同的情况，再沿着差异表征的路径线索去探寻其背后的成因。在对中德企业动力差异表征的成因分析中，正如前文所言，政策及社会背景因素是成因解释过程中的重要层面，因为，中德企业所有表现形式的背后都离不开其所存在的社会环境。通过这样的对比，更能发现目前我国企业参与职业教育现代学徒制的动力问题，并为解决这些问题提供思考的方向，例如，我国企业参与职业教育现代学徒制需要怎样的社会或制度环境，为后续类似的研究奠定事实性基础。

第四节 本章小结

"中国制造2025""产教融合"等国家发展规划的出台，凸显了职业教育现代学徒制的重要意义，特别是在解决我国人才供给侧与需求侧失衡的问题上，现代学徒制更被寄予厚望。企业参与是构建职业教育现代学徒制的基础，因此，如何提升企业参与动力成为我国构建职业教育现代学徒制过程中急需解决的关键问题。本书将德国双元制职业教育培训企业作为标杆，构建企业参与职业教育现代学徒制的动力因素模型，设计了德国研究、中国研究和中德对比三个阶段的研究。首先，通过德国研究确定动力因素的参照标准，并解释和分析其表现形式。其次，通过中国研究分析动力因素在我国的表现形式。最后，以德国培训企业动力因素为参照标准，进行中德对比，解释动力因素表现形式的差异及成因。

第三章

企业参与职业教育现代学徒制
动力因素模型构建

中国培训企业参与职业教育现代学徒制的参照对象是德国培训企业，笔者通过对培训企业实地调研，并对质性访谈结果编码分析，从而形成企业参与职业教育现代学徒制的动力因素模型。定性研究过程强调收集材料和转录及分析同步进行，目的是力图在最熟悉和记忆最深的时间段对材料进行整理。一边收集一边分析资料，使抽样、收集和分析材料成为一个循环往复的过程，并将不断检验贯穿于整个研究过程中。在最初研究问题的指引下进入研究情境进行访谈资料收集和分析，根据访谈资料所获得的信息修正及深化研究问题。通过将访谈资料中有意义的词句等进行编码确定和建立类属，在确立类属之后则可以将资料进行归类整理。这个过程是定性研究资料分析所必不可少的，研究者在编码、确立类属和归类的过程中获得分析思路，这种与材料的积极互动是定性研究的重要组成。而在研究设计阶段对研究结果成文方式的初步预测将有助于研究的过程。[1] 资料的初步分析包括阅读原始资料、登录、寻找"本土概念"、建立编码和归档系统。[2] 研究分析过程中的编码是通过对事件之间和事件与概念的不断比较形成更多的范畴及特征，在这个分析过程中使数据被概念化，分析思路是持续和不间断的比较。格拉斯和斯特劳斯曾经给出这种"不断比较的方法"

---

[1] 陈向明：《质的研究方法与社会科学研究》，教育科学出版社2000年版，第98页。
[2] 陈向明：《质的研究方法与社会科学研究》，教育科学出版社2000年版，第277页。

的四个步骤。①

（1）根据概念的类别对资料进行比较。首先对资料进行细致的编码，将资料归到尽可能多的概念类属下面；然后将编码过的资料在相同和不同的概念类属中进行比较，为每一个概念类属找到其属性。

（2）将有关概念类属与它们的属性进行整合，同时对这些概念类属进行比较，考虑它们之间存在什么关系、如何将这些关系联系起来。

（3）勾勒出初步呈现的理论，确定该理论的内涵和外延。将这个初步的理论返回到原始资料进行验证，同时不断地优化现有理论，使之变得更加精细。如果发现这些理论可以解释大部分（或者所有）的原始资料，那么其概念类属就可以被认为是"有力的"和"合适的"。

（4）对理论进行陈述。将所掌握的资料、概念类属、类属的特性以及概念类属之间的关系一层层地描述出来，最后构建的理论可以作为对研究问题的回答。

这个不断比较的方法是笔者在资料分析中参照和使用的方法。除此之外，研究者还可以将自己在别的地方看到过或听到过的类似情况与概念类属甚至初步理论进行比较。因为定性研究中研究者本身就是研究工具，也就是说，所有可以丰富研究者对研究问题理解的材料，包括文献、信息以及研究者的学术生涯和生活经历等都可以服务于研究。笔者在本阶段研究分析过程中共进行了三个级别的编码，即开放式编码、轴心编码和选择编码。

第一节 访谈资料的开放式编码

首先，一级编码是呈现资料本身的状态，即开放式编码。开放式编码是对原始资料在研究目的指引下进行细致的整理，在这个过程中笔者尽量使用的是被访谈者自己的语言，以最大限度地贴近原始材料。开放式编码的过程可以细化为初始编码和初始编码概念化两个阶段。表3-1及表3-2中显示的是在德国阶段的访谈资料和部分初始编码结果。表3-3和表3-4是初始编码概念化示例。另外，笔者在开放式编码的同时还进行了分析型备忘录的书写，因为在开放式编码时，笔者对原始材料的整理并没有加入自身的判断和分析，因此，通过分析型备忘录可以借助初步的解释促进笔者对资料的理论性思考。

---

① B. Glaser, A. Strauss. *The Discovery of Grounded Theory: Strategies for Qualitative Research*. Chicago: Aldine, 1967: 105-115. 转引自陈向明：《质的研究方法与社会科学研究》，教育科学出版社2000年版，第329~330页。

表3-1中的德国企业是一家具有悠久历史的大型企业,和几乎所有大型企业一样,笔者所调研的厂区中设有独立的,但是隶属于人力资源部的培训部门及培训车间。也就是说,在德国企业中,参与双元制职业教育培训是企业人力资源规划和发展的一部分,人力资源部门会根据企业员工的年龄结构等因素,制定各培训职业招收学徒的计划。双元制职业教育培训中在企业部分的学习中,基本上所有职业的学徒,在第一次毕业考试之前的企业学习部分的内容都是在培训车间来完成的。第一次毕业考试之后,学徒会按照培训学习计划被分配到企业的真实生产车间,进入真实生产线边工作边学习。在这期间,培训部门每周召集学徒开一次集体会议,总结和反馈在生产车间的工作和学习内容。企业培训负责人强调在德国人口老龄化的背景下,参与双元制职业教育培训成为企业获得合格后备劳动力的重要途径。

表3-1　　　　德国大型企业A访谈资料初始编码示例

访谈片段	初始编码
集团是全球汽车及工业供应商,集团成功的基础在于最好的品质、卓越的技术和显著的创新能力……作为全球性集团重视与企业及供应商长期稳定的关系。企业长期可持续发展的原因是质量、技术、可靠、创新、经济性以及可靠的交付能力和积极的服务……每个员工都有责任具备质量意识,并且其思想和行为以质量为准则。	A1 良好的品质、卓越的技术和显著的创新能力是集团成功的基础 A2 企业重视长期稳定关系 A3 质量、技术、可靠、创新、经济性以及可靠的交付能力和积极的服务是可持续发展的原因 A4 每位员工都有承担质量的意识 A5 质量是思想和行为的准则
双元制职业教育首先是从历史传统中而来的,在德国历史上首先是在手工业中,那个时候父母把孩子送到手工业师傅那里去学习手艺,成为手工业工人……只有学徒在真实的实践中学习,而不是被随意安排在无用的地方,这样的培训才是有意义的。如果学徒在实践中学习,企业会从中获得增值,因为企业有一个为其工作的员工……从统计数据来看,也证明了这一点,如果我们看全球青少年失业率的话,所有类似双元制的国家,如丹麦、瑞士、奥地利和德国,其青少年失业率均较低,而其他国家如西班牙、希腊,青少年失业率大概为20%~25%,当然社会也不稳定。所以我认为,给青年人一个好的发展前景是很重要的。	A6 源于手工业的历史文化传统 A7 真实实践中的学习才是有意义的 A8 学徒在真实的实践中学习使企业获得增值
……在法国也是学校职业教育,这种职业教育是两年在学校学习,法国的大型汽车行业在学生完成两年的职业学校教育后,再让学生在企业进行一年的强化实习,这是在浪费时间。在我看来,这是无效的投入……这样的方式,从一个人这里学到特殊的手艺和技能,然后再从其他人的身上学其他的东西。这就是创新的来源。	A9 双元制国家青少年失业率低 A10 双元制职业教育给年轻人职业和生活前景 A11 学校职业教育学习效率低 A12 向不同的人学习不同技能是创新的来源

续表

访谈片段	初始编码
……并没有详细计算过如果学徒需要在生产车间工作能够带来多少收益才能收支平衡……对于很多企业来说，尤其是接下来，将会面临很难找到专业工人的局面……在美国，你有一个工作，我告诉你这个机器如何使用，你这样用就可以。在过去的培训中，我们曾经把各学年学徒送往我们在美国的工厂中去学习3个月，在美国的同事曾经也是德国模具机械工，之后就出现这样的情况：我们的学徒可以操作车床、铣床、磨床，他们还可以装配。而美国人站在铣床前，是不会去操作车床的。没有人教他怎么用。他只会用铣床，而且可以操作得很好。但是我们的学徒在培训的第二年就可以操作所有的机器，这样他们就可以很灵活地在各个岗位工作……这也是我们想要传授给我们的学徒的，他们应该这样从事他们的职业。 ……整体来看的话，培训可以与成本收益相抵。但是从企业会计的记账来看不是这样的，因为不会记录这些数据，企业只会记录厂房费用、培训师费用、培训工资等，然后得出培训每年需要花费的金额……对于我们来说，我们有这么多学徒，但是我不知道四年之后，我们是不是还是生产同样的产品，是不是会有不同的设备。我必须要注意企业生产发展的情况，看企业需要哪些职业……对于生产车间而言，学徒是正常生产团队的帮手，也就是说，如果组长能够很好地让学徒适应的话，团队可以完成比预计更多的工作，因为比正常计划内多一个劳动力，也就是说整个团队都从中获益。我们也必须让生产车间知道，如果学徒能够很好地适应生产，不仅学徒自身能获益，团队也能从中获益。 ……我们的产品是非常特殊的，我认为学徒能完成这些部件的生产是需要一定的基础的。如果他们直接在生产线上练习，我们的成本将是巨大的。这就需要找到一个平衡。按照工作步骤从简单到复杂，一步一步也可以在生产中去学习。但是如果有很多学徒，那么首先传授一些基础会更容易操作。这是我个人的观点，也许别人会有不同看法。随着青年人的成长，我们也必须保持开放的心态，接受和尝试新的东西。通过培训可以使企业更加灵活，如果从人事政策的角度来看，如果现在要从劳动力市场进行招聘，我从他第一天入职起必须支付100%的工资，他有3～6个月的试用期，他必须首先认识、了解企业，也就是说在第1个月他的生产力达不到企业的要求，适应期也是需要考虑的。对于学徒而	A13 企业并未计算过如何从学徒身上收回成本 A14 企业将面临很难招到技术工人的局面 A15 美国和德国的工作差异 A16 双元制培养的专业技工能灵活操作各种设备 A17 员工可以灵活地在各个岗位工作 A18 美国员工只能胜任某个岗位的工作 A19 学徒要胜任职业所需的所有岗位的工作 A20 职业性的体现 A21 企业记账方式影响成本收益的计算 A22 企业产品和设备的不确定性 A23 培训负责人承担掌握企业未来需求的责任 A24 学徒是生产车间的额外劳动力 A25 学徒使生产车间获得增值 A26 产品特殊 A27 产品价值高 A28 学徒的数量使培训中心发挥作用 A29 双元制培训使企业工作安排更灵活 A30 外部招聘的适应期成本

续表

访谈片段	初始编码
言，我们提前1年寻找合适的学徒，2016年8月开始寻找2017年8月入职的学徒，2017年8月起他在这里学习3.5年，从认识到最后约4.5年。学徒学成后进入生产阶段，他进入这一阶段的时候已经认识企业3.5年，对于企业有认同感，他认识企业的产品、机器、同事，培训结束后可以100%上岗。如果我现在招聘一个陌生人，等他认识企业、产品、同事，这些都需要时间。培训结束后离开企业的很少，我们的流失率非常低……还有一些离开的人是为了继续读大学，但是比例很低。大部分人都留在这里。企业认同也是非常重要的。企业的品牌和品牌所代表的质量必须要融入员工的血液中。员工要有这样的意识，残次品是不可以交出去的，或者说企业品牌和品牌质量不允许员工放过不合格产品。这些在培训的过程中就会传达给学徒。 　　我们自己培训的原因是从长远来看，我们不能从劳动力市场获得足够的专业工人。如果关注德国的年龄结构的话，之前说过的人口出生率高峰，那个年龄段的人将逐渐退休。我们根本无法培训和进入退休年龄相等的人数，必须依靠技术设备填补。我需要能够操作这些设备的年轻人。另外，需要他们能够达到"质量"，这是最重要的……进入生产车间较早，培训成本相对较低。机器设备工一共有两年的培训时间，一年后完成技工资格考试第一部分，之后进入车间，这个职业的成本投入也低。进入车间即真实的生产环境，要完成创造价值的工作。整体来看，企业的培训不需要另外投资，收支可平衡。 　　……	A31 学徒在企业的时间较长 A32 学徒更容易具备企业认同感 A33 适应期成本 A34 企业流动率低 A35 培训中传达给学徒品牌质量意识 A36 劳动力市场不能获得足够的专业工人 A37 人口出生率对培训市场和就业市场的影响 A38 企业需要能操作技术设备的工人 A39 企业员工必须达到企业的质量要求 A40 进入生产车间越早，培训成本越低 A41 学徒创造生产价值 A42 企业成本收益抵销 ……

除了大型集团企业外，在德国访谈样本中，笔者有机会直接与一些中小型企业的负责人进行沟通和交流，能够从企业负责人的层面更直观地获得他们对双元制职业教育培训的理解以及其企业参与双元制的原因。笔者选取其中一部分内容（见表3-2），主要用于呈现企业负责人的决策过程。

表3-2　　小型企业K访谈资料初始编码示例

访谈片段	初始编码
公司成立于1990年，员工从4人逐步发展至25人左右，其中2位学徒。共两个培训职业，1位计算机技术员，	K1 小型企业 K2 两个培训职业

续表

访谈片段	初始编码
1位零售业销售员。公司刚刚成立的时候基本是为企业等大客户提供服务的，合伙人及员工都是曾经的同事，直到1995年，我们有了实体店，并将业务扩展成为提供销售和技术服务一体化的形式。 我们大约是从1998年起才开始招收学徒的。因为公司成立的时候，主营业务集中在计算机技术服务方面，公司合伙人等同时也是业务员，当时的精力主要集中在公司业务拓展方面。而且1990年恰逢柏林墙倒塌、东西德合并，对于我们而言，一切也都是新的，需要适应。公司发展几年后，我们的业务从计算机技术服务也逐渐拓展至计算机安装及销售。在公司每年也经常会收到IHK关于职业教育培训的宣传页、电话以及来自IHK的相关人员的拜访，他们会介绍申请成为培训企业的流程、手续等鼓励当时的企业去从事这件事情。这样的话，一定程度上免去我们作为企业的很多麻烦，IHK积极主动的提供信息等帮助，为我们做出这样的决策也起到了促进作用。 企业员工的工作范围包括电脑硬件和软件安装、维护和维修、商品以及货架管理、销售、日常店面运营管理、客户咨询、收银企业、各类机构及行政单位客户咨询、为大客户提供上门咨询及服务、行政管理、日常账务及税务管理、代表律师共同处理如催款等法律争议事务、盘点等。 再者就是我们希望尝试减少支出，而人员的支出往往在企业成本中占有很大的一部分比例，我们也希望通过实习生、学徒减少人员费用的支出。 通过实习生、学徒我们可以按照自己的需求培养最符合我们企业自身需求的员工。 如果没有IHK对培训的推广，我们应该也会参与到学徒培养中来，但是因为IHK的关系，使得这件事更加加速完成了，因为他们是对整个流程以及需要办理的相关手续非常了解的，包括协议的制定、学徒工资等，这样一来对于我们而言，也省去很多去进行相关咨询的麻烦。 而且我们也知道，企业有参与培训的这种传统，所以也会考虑参与到学徒培训中。 在招收学徒的过程中，刚刚开始接收学徒的时候，成本在增加，但是学徒随着学习时间的增加，能为企业带来的生产或者服务价值也在增加。如果企业的工作需要更多的人来完成的话，学徒或者实习生会比普通员工花费低一	K3 企业的业务范围分为技术类和销售类 K4 企业的发展过程 K5 企业成立初期主要工作集中在业务拓展方面 K6 企业成立的社会环境 K7 逐步拓展企业发展的业务范围 K8 IHK对双元制培训的宣传 K9 IHK在信息、手续等方面的积极帮助 K10 企业员工的技术性工作 K11 企业员工的销售类工作 K12 人员支出是企业成本中的重要方面 K13 通过学徒降低人事成本 K14 培养符合自身需求的员工 K15 IHK的帮助使流程更为顺畅 K16 德国企业参与培训的传统 K17 培训初期学徒增加企业成本 K18 随着学习时间的延长学徒带来的价值在增加 K19 学徒比普通员工费用低廉

续表

访谈片段	初始编码
些，当然他们的创造价值能力也会弱一些，他们还同时需要去职业学校上课等。 　　三年的培训学习期结束后，企业由于各种原因不希望毕业的学徒继续留下来工作的话，从道德的角度来讲也是不太好的。 　　对于我们公司而言，我有几条战略方针。第一是针对半年的实习生，有一些人他们是在某些理论学习的教育场所进行进修学习，例如劳动局的就业辅助计划等，他们必须要完成 6 个月的实习，这些实习生是不需要我们付工资的。如果这些实习生中有特别优秀的，我们也会让他留任继续工作。对于这部分员工，劳动局等部门还会提供一定程度的促进经费，例如提供工资补贴，当然也是有条件的，我们作为企业需要至少为他们提供三年的工作职位，否则政府会收回经费。 　　第二是把学徒纳入企业长期发展计划中。对于学徒培养，国家是没有经费或税收等任何形式的补偿的。对于学徒工资，IHK 会根据行业的不同有一个大致的额度，从多少到多少，我们公司是采用了中间的额度，不是最低的也不是最高的。学徒工资也是从第一年到第三年不等的，是逐渐增加的。另外还根据员工的工资有相应比例的圣诞节津贴等。 　　第三是我们也会在比较忙的时候，临时雇用一些大学生，作为学生工帮忙，比如帮忙安装电脑。 　　公司的员工流动率属于正常水平，培训合同在学徒完成专业技工考试的时候也就自动终止了。 　　如果说参与培训对企业造成经济负担的话，那也就是说学徒在培训期间表现很差，那么对于企业而言肯定是一种损失。如果这个学徒表现很好，但是毕业之后不愿意留下来，那么对于企业而言，成本和收益抵销为零也没有什么额外的损失。	K20 道德的约束 K21 不同途径的人事用工战略 K22 把学徒纳入企业的长远规划 K23 国家对于双元制没有经费或税收等补偿 K24 学徒工资是同类培训行业的中等水平 K25 学徒工资逐年增加 K26 学徒作为企业员工的组成部分 K27 企业流动率属于正常水平 K28 如果学徒在培训期间表现很差那么对于企业而言是损失，包括经济损失 K29 企业培训成本在培训期间抵销

　　德国传统的职业路径是专业技工、技师、技术员、工程师。通常意义上需要首先达到技师及以上级别，才可能成为企业的独立法人。而在专业技工层面没有进一步的细分。因此，可以说，通常具备专业性的中小型企业主都是接受过相关职业的双元制职业教育培训的，本身就具备该专业资格，这一点在德国中小企业负责人的访谈中非常明显。而且，德国所有企业必须在所归属的管辖

部门登记注册，管辖部门通常情况下是工商会（IHK）或手工业协会（HWK），而双元制职业教育培训的相关事务是这些管辖部门的一项重要任务。例如，全德国的工商会大约有500名职业教育培训咨询师在当地为企业、学徒和寻找学徒岗位的人提供咨询服务。企业可以咨询诸如，企业需要具备哪些条件才能招收学徒、可以招收多少名学徒，以及关于青少年保护法中对于学徒需要注意的事项等问题。同时，管辖部门也为学徒提供咨询，回答相关问题，例如，学徒的权利和义务有哪些、申请学徒岗位的条件等。对于一些尚未进入双元制职业教育培训，而又对双元制感兴趣的企业而言，这样的管辖部门提供了极大的支持和便利。

从表3-2中也可以清晰看到，在企业决策过程中，上级管辖部门发挥了积极的推动作用，为企业主提供必要的指导和帮助。在德国各种规章制度约束下的行政官僚主义一直是被经济界诟病的，如企业参与双元制职业教育培训的资质认证、在培训过程中接受《青少年保护法》等各项法律的约束等一系列规范要求，以及相关手续往往让企业对双元制望而却步。在这样的情况下，上级管辖部门提供积极主动的咨询服务可以推动企业参与双元制职业教育培训决策的形成。另外，如同大企业一样，中小企业将双元制职业教育培训看作是企业发展规划的一部分，而优秀的学徒培训被企业主看作节省人力资本开销的途径之一。

经过对原始材料的初始编码，笔者在尽量使用访谈对象语言的基础上，更加加深了对访谈内容的理解。完成初始编码后，笔者需要进行开放式编码的下一步即概念化，所谓概念化就是定义出现的现象（见表3-3、表3-4）。

表3-3 初始编码资料概念化示例——产品及工作任务的特殊性

初始编码资料	概念化
A26 产品特殊 A27 产品价值高 I7 技术产品设计工作的专业性很强 J3 员工需要不断设计新产品、不断更新设计，不断有新的想法设计实施 E16 企业产品是大型零部件，由于其复杂性，大型设备需要很多经验积累 ……	产品及工作任务的特殊性

表 3-4　初始编码资料概念化示例——手工业传统

初始编码资料	概念化
H4 德国手工业的培训具有悠久的历史和它的先进性 A6 源于手工业的历史文化传统 ……	手工业传统

在对初始编码资料概念化后，获得的概念现象如表 3-5 所示。

表 3-5　初始编码的概念化结果

概念名称	频次	概念名称	频次
培训车间投入巨大	7	学徒的职业和企业认同	9
培训车间也同样用于企业生产价值创造	3	学徒实现个人价值	8
企业支付学徒培训学习成本	8	企业需要稳定的年龄结构	10
学徒培训是企业对未来的投资成本	6	人口出生率的影响	4
企业培训规模大，需要独立的培训车间	4	升学的社会导向	5
培训职业不同成本收益不同	4	企业员工流动率低	10
成本不是决定性因素	6	社会网络和家庭因素影响流动率	3
学徒参与创造生产价值可以降低/抵销成本	9	双元制面向本地区的学生	4
企业培训的成本与收益相抵	13	产品及工作任务的特殊性	10
学徒培训节省外部招聘的适应期成本	11	产品及工作任务的不确定性	9
企业用于跨企业培训中心的支出可以获得国家补贴	2	产品或设备的技术水平要求	9
学徒制培训使企业不受外部劳动力市场牵制	8	职业工作性质的要求	4
学徒工资低于专业技术人员工资	8	跨企业培训中心的协助	3
学徒是生产车间的额外劳动力	6	培训条例保障培训内容	5
学徒完成培训后继续留任企业工作	15	工作过程中学习适应企业的特殊需求	10
学徒需要进入每个生产/工作部门学习	10	双元制职业教育提高学习效率	5
职业培训需要一定周期	10	学徒在真实工作中学习	6
双元制学徒具备灵活工作能力	18	培训车间和真实生产工作的差异	5
员工能胜任该职业的所有工作岗位	16	双元制培养学徒的质量意识	6
学徒培训使企业人事安排更加灵活	9	培训车间更适用于应试的教育	4

续表

概念名称	频次	概念名称	频次
企业员工工作范围宽泛	10	管辖机构的支持和推动	2
员工职业活动范围广泛	9	员工需要承担工作的质量责任	7
企业服务/产品的非标准化特征	6	一线员工独立自主工作	10
双元制职业教育内容宽泛	10	企业内学徒制的实施方式不同	3
学徒具备生产全过程的全面思维	10	大型企业的社会责任意识	5
劳动力市场招不到合格专业技术人员	9	双元制国家青少年失业率低	7
不经过双元制培训很难找到工作	4	双元制为青少年提供就业/职业前景	4
企业为自身利益参与双元制	7	手工业传统	4
企业的质量品牌意识传达给学徒	6	企业/培训负责人或师傅本身完成了双元制职业教育培训	8
企业根据不同职业要求设定不同的招生条件	2	企业的专业技术人员都是自己培养的	6
企业根据人力资源计划制订招生计划	11	双元制是创新的来源	4
企业培养符合自身质量需求的员工	8	企业重视产品品质和技术创新	8
年轻人可塑性强	7		

这些开放式编码所获得的概念是轴心编码的基础,将在本章的第二节进行详细阐释。

第二节 访谈资料的轴心编码

在资料分析过程中,研究者需要对访谈资料反复阅读并仔细琢磨,且不仅停留在获得描述性信息的层面上,而是要对其中意义和相关关系进行思考。研究者必须对原始材料几乎倒背如流,以形成和文字、印象的互动。通过对访谈资料的反复阅读和仔细琢磨,体会其中文字、印象以及其中的意义和相关关系。在对所有原始材料进行多次反复阅读后,这些原始资料被掰开、被重组、被比较、被概念化,在开放式编码的基础上形成类属、属性和维度,并找出它们之间的联系,这是研究中轴心编码的阶段。在对资料进行登录编码后需要将资料按照一定的标准进行归类和进一步分析。在分析过程中,对材料的描述内容进行不同层次的分类,可以看到培训企业的所作所为和所思所想中存在的共同之处和规律。在选择分类类别的来源时,笔者起初试图运用文献中的研究结果,从中抽取一些类别来对原始材料进行分析,把收集的材料分为:培训企业参与双元制的模式;培训企业参与双元制的动力;双元制职业教育培训的成本收益关系。在每个大类中又分别列出子类别。但是,这些类别并不能覆盖笔者所获得的原始材料范围,也无法解释笔者所看到和所听到的全部现象。因此,笔者又通过多次对原始资料的访谈记录及观察笔记的反复阅读,对被访谈者不断重复提到的词语进行了记录,发现培训企业参与职业教育培训的决策都是围绕需求展开的。

例如,企业根据自身对于技术工人的需求确定招收工人的职业和数量:

"其中工艺机械工并不是每年都招收,要根据企业的需求情况进行安排……数量也是根据企业需求……"

但是,企业对于"需求"的标准是不同的。当一个企业认为学校中最重要的任务是管教好学生的行为习惯,把听话作为选拔学生的唯一标准时,那么该企业与对学生提出知识、技能和态度各方面要求的其他企业相比,它们的核心诉求是不同的,关于这一现象可以从理论中得到解释。图 3-1 是工作技能和劳动力市场优势之间的关系模型,该模型将从事一个职业所需要的重要基础技能分为职业道德、基本的学术技能和特定职业技能以及高级识读能力三个层次。

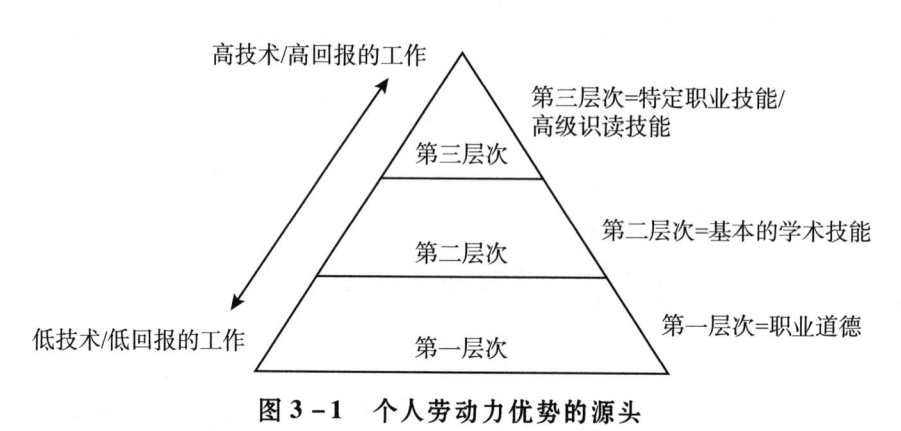

图 3-1 个人劳动力优势的源头

资料来源:Gray, K. C. and Herr, E. L. *Workforce Education - The Basics.* Allyn & Bacon, 1998:74.

图 3-1 显示的层级结构可以用来解释企业用工需求是否容易满足的原因。如果企业用工需求更看重诸如服从指令、认真工作、诚实可靠等各种工作习惯的职业道德类要求,这样的企业中,其工作很可能是低技术性和低收入的工作。而当企业需求是希望招收具有可迁移特征的基础学术能力、能快速学习新工作技能的员工,那么该企业中的工作处于第二层次。当企业用人需求更看重

特定职业技能时，也就是说，企业更看重专业技能的时候，企业所提供的是高技术、高回报的工作。而且已有研究显示，20世纪末市场全球化带来商业、工业和贸易领域的快速发展，产品、服务和资本市场的全球化，对企业的经营理念和生产组织方式产生冲击，从而使企业对人力资本的定位发生变化而更加关注职业教育。① 消费市场中供给和需求的变化是企业生产和投资的外部影响因素。消费市场在很多领域已经显现出买方市场的趋势，在买方市场中，不管是个人还是国有机构或企业作为消费者时，都能掌握更多的选择权。当基础需求和基本消费得到了量的满足，个人或公共领域中的消费需求就会逐渐向追求高质量迈进，从而形成差别化的需求。② 因此，消费市场的需求变化也影响着企业的用工需求变化。

在这些已有认识的基础上，笔者用更加开放的态度面对原始资料，将资料的类别分为：首先，企业有什么样的需求？其次，哪些因素影响企业的需求？最后，企业的需求如何满足？而双元制职业教育培训正是德国企业，特别是大型企业，保证自身对技术工人的数量和质量需求的手段：

"企业如果不自己培训，那么很难找到足够数量和质量的专业技工。每年招聘150个专业技工是很困难的……"

结合双元制职业教育培训的各方面因素和原始资料中的类别关系，图3-2更加直观地展示了双元制的运行方式。

"需求"是本阶段编码的依据，围绕这个核心可以继续深入分析。企业对技术工人的需求首先是数量的需求，同时，更重要的是质量的需求。这种需求是德国企业，无论是大型企业还是中小型企业都愿意投入双元制职业教育的原因。而且，在德国不管是企业还是公共事业单位，都是根据自身实际需求参与双元制职业教育培训的。公共事业单位是指联邦或州以及市县等国家行政单位，以及高校或研究机构等单位。例如，我们所熟知的联邦职业教育研究所（BIBB）本身也是双元制职业教育培训的提供者。2017年，BIBB共有五个培训职业，共32名学徒，培训职业包括市场和社会研究助理、媒体和信息服务（信息文献方向和图书馆方向）助理、信息技术员（系统集成方向）、办公室文员、活动管理文员。其中，7名市场和社会研究助理、信息技术员（系统集成方向）和活动管理文员完成双元制职业教育培训的学习，并获得一年半的有限期合同继续在研究所工作。

---

① Gray, K. C. and Herr, E. L. Workforce Education – The Basics. Allyn & Bacon 1998：286 – 288.
② Browa, H., Jacobs, T., Walker, P. and Wolff, H. Der Bundesminister für Forschung und Technologie. Technischer Fortschritt – Auswirkungen auf Wirtschaft und Arbwitsmarkt. Düsseldorf und Wien：Econ Verlag, 1980：62 – 63.

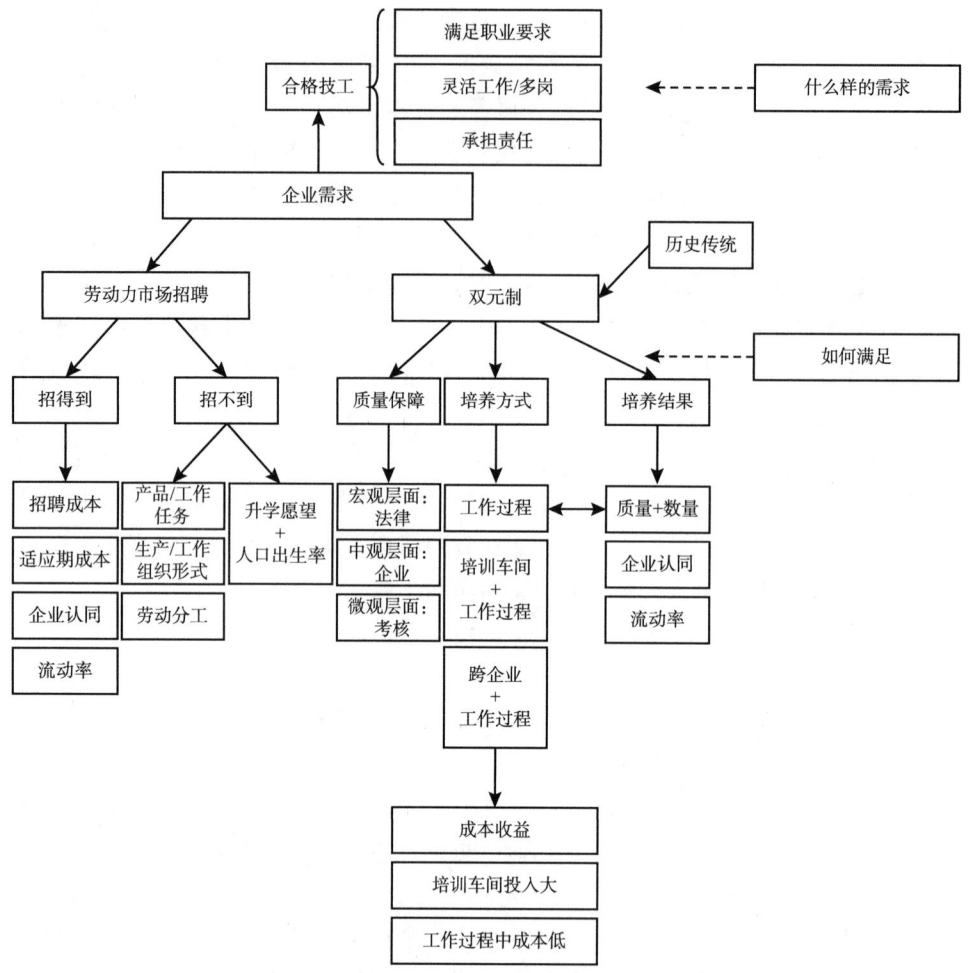

图 3-2 德国双元制以需求为核心的运行方式

资料来源：笔者根据访谈资料自行绘制。

截至 2017 年底，BIBB 的员工中约有 70 名员工是自己培养并留任的。[①] 而且，德国大学等研究机构的招聘也不是仅以学历为界限划分的，而是按照岗位性质的需要，招收不同学历或职业资格的人。如果是科研岗位，类似于科学研究人员，那么一般招收具有硕士及以上学位的人；而对于一般的工作，则是和企业一样，招收自己培养的双元制专业人员。所以说，双元制职业教育是真正为了"职业"而进行的教育，这种职业的概念是融入整个社会而不是仅存于经济界。本书重点关注的是经济界中的企业，暂时不过多涉及其他类型的培训企业。

---

① BIBB. Das BIBB als Ausbildungsbetrieb. https：//www.bibb.de/de/40173.php.，aufgerufen am 06-09-2017.

而且，如图 3-2 所示，德国职业教育培训的质量保障可以分为宏观、中观和微观三个层面。首先，宏观层面指双元制体系运行的框架。主要是通过法律条例、规定等保障双元制体系运行。德国双元制职业教育培训成为成功模式的重要基础是联邦政府、联邦州政府、企业和社会相关机构对青年人培训责任的承担，他们之间相互协调，共同促进和保障双元体系的运行。1969 年联邦政府颁布的《联邦职业教育法》，被认为是德国双元制职业教育培训最基本的法律条文。2005 年，联邦政府将 1969 年的《联邦职业教育法》和 1981 年的《联邦职业教育促进法》进行整合修订。2020 年 1 月 1 日，新的《联邦职业教育法》正式生效。《联邦职业教育法》包括七部分共 106 条，从宏观层面确立职业教育的整体性框架。由于双元制的特性，《联邦职业教育法》适用于职业学校之外进行的所有职业教育，职业学校受各州学校法约束。同时，由于手工业行业的特性，部分相关职业受《手工业条例》约束。

其次，中观层面指双元制教育培训中的企业及其内部主管培训部门、跨企业培训中心。关于职业教育培训中企业参与部分的质量并没有明确的定义，主要依靠最终技工考试的通过率来评定。当学徒经过招聘流程后，在双方认可和同意的前提下，学徒和培训企业签订职业教育培训合同，根据《联邦职业教育法》的规定，合同至少包括教育形式、内容、时间安排、教育目标、起止时间、试用期限、培训工资、假期等内容，该职业的职业培训条例作为合同不可分割的附件。培训合同一式三份，除企业和学徒外，其中一份交至该企业所属管理部门进行审核及存档。在企业职业教育培训的具体实施过程中，企业中负责教育培训的部门或培训师需要根据企业情况，按照教育培训框架计划制订企业培训计划。该计划必须保证完成框架教学计划中要求的所有内容，同时，培训企业及培训师负有监督学徒去职业学校读书的责任。中小型企业培训师对于质量的理解通常是以客户为导向的，客户满意度就是衡量质量的刻度。企业主管或人力资源主管通常认为所谓满意的、合格的职业教育培训是学徒毕业后可以独立胜任自己所学职业的工作，他们更关注毕业生是否能独立完成其工作、所需职业适应期是否很长、是否具备创新能力等。对于学徒而言，职业教育培训本身的乐趣和吸引力、学习过程中师生和同事间融洽气氛、赖以生存的职业资格和未来职业生涯的开放性是优秀职业教育培训所应该提供的。

最后，质量保障的微观层面指具体课程、教和学的过程，换言之，指与学徒、培训师相关的具体活动。微观层面的质量保障以专业技工资格考试来呈现。从职业教育培训的具体实施来看，如同前文所述，无论是职业学校还是企业都有需要遵守的法律文件，按照培训职业所限定的框架范围，实施工作过程及行动导向的教学理念。专业技工考试是结果质量的衡量指标，虽然，每个个体的成绩不一定能明确衡量企业中职业教育培训的过程性质量，但是，学徒的通过率能在一定程度上反映企业的整体职业教育培训质量。关于专业技工资格考试的要求在各培训职业的职业条例中均有说明。在 2005 年《职业教育法》颁布之前，德国双元制职业教育培训的技工资格考试都是采用中期考试和毕业考试的模式。2005 年该法案生效后，有一些培训职业的考试模式更改为"分期考试"（gestreckte abschlussprüfung）。这两种模式最根本的区别是，中期考试的成绩不计入毕业考试成绩，而分期考试模式将毕业考试分为第一部分和第二部分，根据职业的不同，第一部分的考试成绩以 20% ~ 40% 的比重计入毕业考试成绩，而第二部分成绩的比重则不少于 60% 且不大于 80%。①

《联邦职业教育法》规定企业所属管辖机构必须成立考试委员会，考试委员会至少拥有三名熟悉该职业的委员，雇主和雇员代表人数需相同并且至少包括一名职业学校教师。雇主和雇员代表需要占总数的 2/3。考试委员会委员由所属管辖机构任命，任期最长为五年。② 专业技工的"分期考试"模式中③，两部分考试都分别包括实际操作和笔试部分，第一部分考试通常是在进入双元制职业教育培训 18 个月之后进行。企业可以选择在第二部分考试中采用经过允许的企业真实订单来进行，但是，实际操作中大部分企业选择直接用斯图加特工商会的试题和教学工具开发处（PAL – Prüfungsaufgaben-und Lehrmittelentwicklungsstelle der IHK Region Stuttgart）提供的试题。德国多层面的质量保障体系为双元制顺利实施奠定基础。一定程度上消除了企业和学徒双方的顾虑，为达成可信承诺提供了条件。

因此，如果把职业教育培训看作一条生产线，那么对于职业教育质量的评价主要集中在劳动力市场，以及企业对于完成职业教育培训的技工质量是否认可等生产终端环节。在德国双元制职业教育完善的质量保障体系下，企业的需求是满足特定职业要求、灵活工作且能够独立承担责任的合格技术工人。按照前文中提到的需求层次来看，德国企业的需求处于需要特定职业技能的第三层次。企业需求可以通过外部劳动力市场或者内部双元制职业教育培训来满足，对于培训企业而言，双元制职业教育培训属于企业人力资源规划的组成部分，相较于外部劳动力市场的不确定性，这些培训企业更加倾向于自己培训最符合自身要求的后备人员。以需求为核心的类别之间的关系及组合方式以类属形式表达出来，即技能密

---

① Empfehlung für die Regelung von Prüfungsanforderungen in Ausbildungsordnungen auf der Seite des BiBB, https：//www. bibb. de/dokumente/pdf/pressemitteilung_2_2007_anlage_empfehlung_ha. pdf. , aufgerufen am 15 – 08 – 2017.

② Berufsbildungsgesetz vom 23. März 2005（BGBl. I S. 931），das zuletzt durch Artikel 149 des Gesetzes vom 29. März 2017（BGBl. I S. 626）geändert worden ist.

③ 详见附录三——"专业技工考试——以培训职业机电一体化工为例"。

度、分工精细度、组织扁平度、多岗胜任、技能满足、培养效益、文化传统,并用这些概念来对研究结果进行分类(见表3-6)。

表3-6　　　　　　　　　　　轴心编码示例

项目	轴心编码		
	类属	属性	维度
产品及工作任务的特殊性	技能密度	产品类型	多样化—标准化
产品及工作任务的不确定性		生产工艺	复杂—简单
产品或设备的技术水平要求		技术含量	高—低
职业培训需要一定周期		培养周期	长—短
职业活动的范围广泛	分工精细度	生产组织内部分工	细致—宽泛
企业员工的工作范围宽泛			
企业服务/产品具有非标准化特征	组织扁平度	福特主义	大规模批量
一线员工独立自主工作			
员工需要承担工作的质量责任		精益生产	小规模定制
双元制学徒具备灵活工作能力	多岗胜任	岗位设置	定岗—轮岗
员工能胜任该职业的所有工作岗位			
企业需要稳定的年龄结构	技能满足	年龄结构老龄化	严重—不严重
人口出生率的影响		员工流动率	稳定—频繁
升学的社会导向		市场供给	不足—充足
学徒培训是企业对未来的投资成本	培养效益	比较优势	成本—收益
学徒参与创造生产价值可以降低/抵销成本			
学徒是生产车间的额外劳动力		质量优势	高质高效—低质低效
学徒工资低于专业技术人员工资			
学徒的职业和企业认同		认同优势	高—低
双元制培养学徒的质量意识			
手工业传统	文化传统	历史传承	延续—中断
企业的专业技术人员都是自己培养的			
大企业承担社会责任的意识		社会责任	承担—推却

(1)技能密度。由于企业技能密度的要求,培养需要一定周期,而且由于产品具有特殊性、结构复杂等特点,产品本身或者是由于生产工艺等技术含量高,或者是工作性质有特殊要求,在人才培养中对学徒及未来员工的技能水平要求

高。（2）分工精细度。主要指劳动过程中分工细致的程度，本书研究中较少涉及的是社会分工。（3）组织扁平度。侧重员工在组织中的角色。随着工业化进程的推进，机器大工业替代了手工业生产劳动和协作，大批量生产和精益生产是生产和工作的组织形式变革的代表。（4）多岗胜任。企业员工灵活胜任该职业的不同工作岗位。（5）技能满足。一方面是企业现有年龄结构现状，在未来是否将会出现劳动力不足的情况；另一方面是企业用工现状中员工流动率是否稳定。同时，企业在满足自身用工需求时受到劳动力市场人员数量供给制约，例如，人口出生率和毕业生升学愿望的影响。（6）培养效益。在双元制职业教育培训中，企业比较参与培训和外部招聘的生产经济优势、培训质量优势和员工认同优势。在工作过程中的学习是最经济且质量最高的学习方式，当然这需要满足一定的条件。（7）文化传统。学徒制本身的历史传统及民族文化中企业的社会责任意识等是不可忽略的因素。

在轴心编码的基础上笔者建立了推动研究继续深入的初步假设：（1）当企业在外部劳动力市场无法满足用工的数量和质量需求时，企业会倾向于自己培养。（2）当企业技能密度、分工精细度以及组织扁平度对企业用工提出要求时，企业进入高层次用工需求。（3）职业和岗位的概念范围不同，学校到职业的过渡是双元制教育性的体现，这种教育性需要国家的宏观约束。（4）企业的逐利性质和职业教育的教育性质可以在特定条件下通过工作过程中学习的形式达到共生。（5）除了技能契合外，学徒制的发展中也需要实现文化契合。

第三节 访谈资料的选择编码

轴心编码的下一步是选择编码阶段，在这个阶段中需要经过系统分析找到研究中的"核心类属"，在研究中起到提纲挈领作用的是计划行为理论。外部劳动力市场无法高效满足企业用工需求的核心原因是企业对人力资源的要求，而企业组织内部劳动分工的精细程度、生产组织方式等因素一定程度上影响着企业的人力资源要求，德国社会及企业体现出很强的同质化性质。

一、作为选择编码基础的计划行为理论

通过不断比较的方法将所收集的原始资料和理论、已有文献、研究者个人经验等进行反复轮回比较，将概念扎根于原始资料之中，用比较清晰明了的方式再

现所研究现象,再将初步结果和文献进行不断的分析和比较,补充和改进已有的概念及类属,进一步完善结果。在这样的循环往复过程中,最终本书的选择编码是以计划行为理论为基础构成这些类属之间的复杂关系。

美国学者伊凯克·阿杰恩（Icek Ajzen）在理性行为理论的基础上提出计划行为理论,该理论增加了"感知行为控制"这一新概念从而扩充了理性行为理论。计划行为理论认为行为意向受到行为态度（behavioral attitude）、主观规范（subject norm）和感知行为控制（perceived behavior control）三个主要变量的影响。[1] 计划行为理论是在微观层面和社会关联层面解释行为,微观层面包括态度和感受到的行为控制,主观规范是社会环境因素,即行为主体在社会关联层面所感受到的来自社会的压力等。计划行为理论的基本假设可以表述为:行为主体对于某项行为的态度愈正向时,则行为意向愈强;行为主体对于某项行为的主观规范愈正向时,行为意向会愈强;而当态度与主观规范愈正向且感知行为控制愈强时,则行为意向愈强。计划行为理论综合了行为主体做出行为决策的各种因素,其中,行为态度是行为主体的内在反映及关联,例如对行为积极或消极的评价;主观规范是外部环境对行为主体的作用,例如来自外部的压力等;感知行为控制是行为主体对实际控制条件（如能力、机会及资源等）包括难易程度的感知。[2]

行为态度、主观规范和感知行为控制三个变量又都受到信念的影响。行为性信念指行为主体对实施行为后可能产生结果的信念,它决定着行为主体的态度。规范性信念指行为主体相关的其他主体对于实施该行为所附加的期望,它决定着主观规范。控制性信念指行为主体感知到可能阻碍或促进实施行为的因素,它决定着感知行为控制。[3] 计划行为理论的具体结构如图3-3所示。

从企业主体的内在反映和关联以及企业外部经济运行环境产生的影响和企业在参与职业教育培训中的实质控制条件等方面可以为研究拓宽视野。本书应用计划行为理论的前提在于认为企业是理性的,在做出某些行为决策时会综合考虑行为的意义和后果。职业教育的意义在于它为企业参与职业教育培训的行为决策提供了理论性解释依据。

---

[1] Icek Ajzen. Perceived Behavioral Control, Self-efficacy, Locus of Control, and the Theory of Planned Behavior. *Journal of Applied Social Psychology*, 2002, 32 (4): 665–683.

[2] 冉云芳:《企业参与职业教育办学的成本收益分析》,华东师范大学博士学位论文,2016年,第68页。

[3] 苏洋、赵文华:《我国研究型大学教师学术创业影响因素模型构建——基于扎根理论的探索性研究》,载于《中国高教研究》2017年第9期,第36~43页。

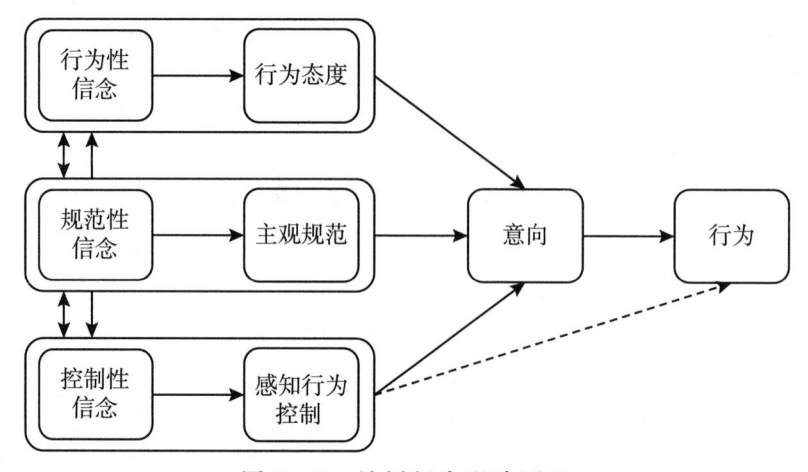

图 3-3 计划行为理论图示

资料来源：Schank, C. Die Betriebswahl im dualen System der Berufsausbildung. Eine empirische Analyse aus mittelstandsökonomischer Perspektive. VS Verlag für Sozialwissenschften / Springer Fachmedien Wiesbaden GmbH 2011：83.

二、企业参与职业教育现代学徒制动力因素模型

本书以德国双元制职业教育培训企业作为标杆分析参与职业教育现代学徒制企业的动力因素。正如前文所述，德国企业对合格技术工人的需求是企业参与双元制职业教育培训的直接原因。在研究过程中产生的类属能够解释产生这样特定企业需求的原因。技能密度、分工精细度、组织扁平度是企业组织内部客观存在的事实性因素，多岗胜任尤其显示出德国企业对于合格专业技术工人的要求，同培养效益共同组成企业参与职业教育培训的预期目标。技能满足是外部供给条件，而文化传统是外部推动力。这些类属之间不是互相孤立的，相反是相互影响的，可以按照事件发展的各种关系顺序联结起来。

企业参与职业教育现代学徒制动力因素模型构建的过程实质上也是本书研究中选择编码（又被称作理论性编码）的过程。将开放式编码及轴心编码的结果进一步用计划行为理论的框架模型进行理论性编码的归类整合，可以得到企业参与职业教育现代学徒制的动力因素模型（见图 3-4）。

（一）行为结果性动力：企业参与职业教育现代学徒制的预期结果

多岗胜任和获得培养效益是企业参与职业教育现代学徒制希望达到的预期结果，即企业参与职业教育现代学徒制希望达到的预期目的，这些目的决定着企业的参与态度。多岗胜任和培养效益是企业参与职业教育学徒制的结果信念，也就

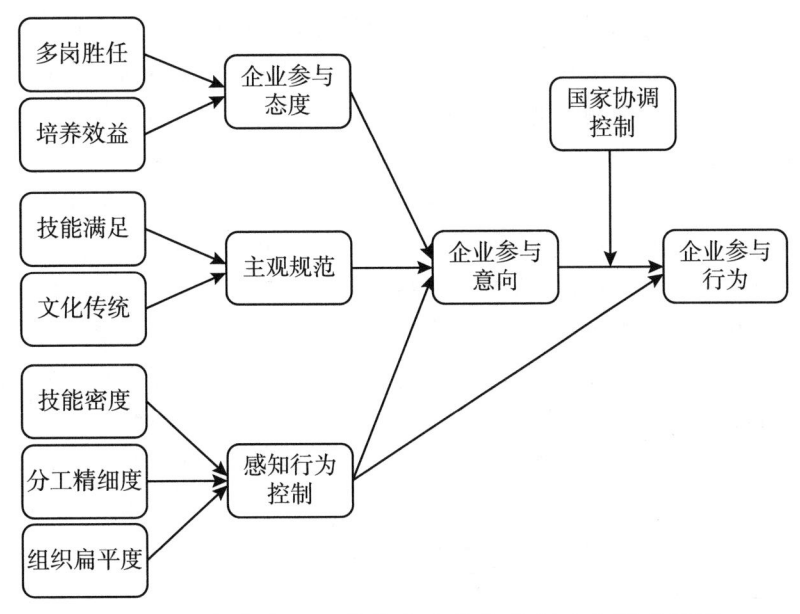

图 3-4　企业参与职业教育现代学徒制动力因素模型

是说，当企业希望通过参与职业教育现代学徒制培训获得灵活胜任工作岗位的合格技术工人以及包括成本收益、质量和认同在内各类收益的结果时，这些态度就会成为企业参与的动力，进而提高企业参与意向以及推动企业参与行为。因此，多岗胜任和培养效益是企业参与职业教育现代学徒制的行为结果性动力。

（二）社会性动力：企业参与职业教育现代学徒制的外部环境影响

技能满足和文化传统是企业参与职业教育现代学徒制的外部环境因素，即外部环境对企业参与职业教育现代学徒制产生的作用，例如来自外部的压力、期望等。当劳动力市场无法满足企业对用工数量和质量的需求时，当历史文化中以及社会对企业参与职业教育现代学徒制的期望越大时，企业感受到的外部压力越大，则代表企业的参与动力越强。

（三）内部控制性动力：企业自身感知到的参与现代学徒制促进或阻碍因素

技能密度、分工精细度和组织扁平度是企业感知到的参与职业教育现代学徒制的促进或阻碍因素，即企业感知到自身条件和能力对于参与职业教育现代学徒制可能造成的阻碍或促进因素。当技能密度越大，即产品或工作性质的结构越复杂、技术水平要求越高时，当劳动分工精细程度越不明显，而反之越强调整体性时，以及组织形式越扁平化，越趋向于扩大直接创造生产价值的部分时，则企业参与职业教育现代学徒制的动力越强。综合而言，企业自身内部因素对企业参与职业教育学徒制的动力起到促进或阻碍作用。

然而，不能忽略的是，欧洲各个国家间有足够的体制和文化相似性，为什么会产生不同的职业教育培训体制？原因是各国发展中不同的制度匹配。在各国技能形成与演化过程中，各种政治力量的联合或是博弈，各种制度的安排和匹配可以解释不同国家职业教育培训的形成原因[1]，所以，制度环境等背景因素是一直存在的。结合选择编码的关键词、在德国的访谈过程以及文献研究和笔者对于德国双元制的已有认识基础，在企业参与职业教育双元制的参与意向到参与行为的决策过程中，作为管辖机构的商会产生了积极的推动作用。如某位企业负责人所言：

"那个时候在公司每年经常会收到 IHK 关于职业教育培训的宣传页、电话以及来自 IHK 的相关人员的拜访，他们会介绍申请成为培训企业的流程、手续……鼓励当时的企业去从事这件事情。这样的话，一定程度上免去我们作为企业的很多麻烦，IHK 积极主动的提供信息等帮助，为我做出这样的决策也起到了促进作用。"

同时，德国制度化的质量保障体系，一方面保证企业参与职业教育双元制能培养出合格的技术后备人员，另一方面也避免了学徒沦为"廉价劳动力"的顾虑。强调法律和体制框架的重要性是因为这些框架能够使企业在参与职业教育学徒制培训中作出更强有力的承诺[2]。因此，制度环境是企业参与职业教育现代学徒制的参与意向和企业参与行为之间的制约因素。也就是说，职业教育现代学徒制需要国家的协调控制。德国的国家宏观调控体现在《联邦职业教育法》对培训企业资格和培训师资格的限定，以法律的权威保证了双元制职业教育进行的质量基础。总之，企业参与职业教育现代学徒制的动力因素是由多方面构成的，而且，各方面因素之间也相互关联，它们共同作用于企业参与职业教育现代学徒制的意向及决策。而且，国家制度框架下的宏观调控对促进企业的参与动力发挥了积极的作用。

---

[1] Hall, P. A. and Gingerich, D. W. Spielarten des Kaptalismus und institutionelle Komplementaritäten in der Makroökonomie – Eine emprische Analyse. Berliner Journal Für Soziologie, 2004（1）：5 – 32.

[2] Dustmann, C. and Schönberg, U. Apprenticeship training and commitment to training provision. Leading House Working Paper No. 32. University of Zurich, 2007：36 – 37.

第四节 本章小结

本书采用了扎根理论中成熟的数据采集和分析方式,即通过开放式编码、轴心编码和选择编码的三级编码方式对访谈资料进行系统化整理和分析。开放式编码是与原始资料最为接近的第一次处理,轴心编码是找出概念间的联系以及能分别概括所有概念的主要类属,而选择编码则是要找出具有提纲挈领作用的核心类属。在本书的研究中,选择编码以计划行为理论为基础,最终获得企业参与职业教育现代学徒制的动力因素模型,其动力因素具体构成详见表3-7。

表3-7　　　企业参与职业教育现代学徒制动力因素列表

行为结果性动力	多岗胜任	企业参与职业教育现代学徒制的预期结果
	培养效益	
社会性动力	技能满足	企业参与职业教育现代学徒制的外部环境影响
	文化传统	
内部控制性动力	技能密度	企业自身感知到的参与职业教育现代学徒制促进或阻碍因素
	分工精细度	
	组织扁平度	

第四章

企业参与职业教育现代学徒制的行为结果性动力

本书构建了企业参与职业教育现代学徒制的动力模型,而对于模型中动力因素的详细阐释和分析是本书的重要内容,包括企业参与职业教育现代学徒制的行为结果性动力、社会性动力和内部控制性动力三个章节。在解释这些动力因素代表的不同内涵的基础上,论述其在中德两国的表现形式并挖掘这些动力因素形成的原因及对比其异同是这部分内容的关键。在运用文献进行分析时,笔者对文献进行了个人解释,将自身经验、知识和资料中生成的理论进行不断比较和碰撞整合。在研究和分析过程中,力图理解培训企业的视角,对具体的时空情境以及其对培训企业所产生的影响进行深入细致的描述。

第一节 行为结果性动力内涵及其在德国企业的表现形式

企业参与职业教育现代学徒制的行为结果性动力包括多岗胜任和培养效益,它们是企业参与职业教育现代学徒制希望达到的预期结果。对多岗胜任的阐释围绕职业以及职业所要求的工作范围展开。培养效益则分别从参与职业教育现代学徒制的成本收益比较优势、工作过程中学习的质量优势和全程参与的认同优势进行论述。

一、多岗胜任：员工能够灵活胜任多个岗位职责的要求

多岗胜任、灵活工作是德国企业对员工的基本要求，也是职业教育要达到的重要培养目标。德国保留了手工业职业的历史传统，在双元制职业教育培训过程中没有固化工作岗位，而强调灵活胜任不同岗位的重要性。在德国，一个职业具有既定的标准，这是源于德国文化中对"职业"的理解。因此，在职业教育培训过程中学徒必须学习该培训职业所有的内容并最终达到相应的要求。宽泛的职业活动内容为多岗胜任提供条件的同时也提出了灵活胜任各岗位职责的需求，所以，德国职业教育培训的核心是工作过程中的学习而不仅是工作岗位上的学习。现代科技的进步使工作更加多样化，因此也就需要从业者具备灵活胜任岗位的能力。

（一）多岗胜任是德国职业教育培训条例的内在要求

多岗胜任、灵活工作是双元制职业教育培训的培养目标。德国职业教育培训的特点是按职业进行分类，而且和很多国家不同，在德国，专业人员的工作是以"职业"形式组织的。这种职业属性有其自身的特征，首先，它是外行人员无法进入的体系，同时，随着职业资格的获得，报酬水平会提高。而且，从职业教育的角度来看，德国各州文化自治，职业学校教育分属于各联邦州的管辖范围，一定程度上是德国分权协作思想的体现。联邦州层面的各州文化部长联席会议所制定的框架教学计划，是和培训条例相匹配的职业教育纲领性文件。关于职业教育的内容则分别由学习领域和培训框架计划进行约束，这两者相辅相成，共同保证了双元制职业教育中每个职业的学习内容。

职业培训条例等标准的颁布，一方面保护学徒不会从事某种单一的重复性劳动，以及被企业作为廉价劳动力使用。另一方面，也保证了双元制职业教育培训所具备的教育性。国家的统一标准是以最终结果为导向的，也就是说，不管是对于企业而言还是职业学校而言，国家划定了一定的范围，对专业人员的资格提出要求，但是，并不限制企业或职业学校在这期间用哪些方法和手段去使学徒或学生达到这些要求。换句话说，企业的培训师和职业学校的老师都享有很高的自主权，可以自行决定采用哪些辅助教学的材料以及具体教学方法。本书将以培训职业汽车贸易员为例，概括介绍双元制职业教育培训的学习范围。

《联邦职业教育法》规定，国家认可的培训职业需根据此职业的职业培训条例实施职业教育培训，德国约有 320 种国家认可的培训职业，即约有 320 个职业培训条例。每个职业培训条例中包含该职业的框架教学计划，该计划中规定企业教学的职业技能、知识和能力的内容以及时间安排。与该计划相呼应的是州文化联席会议颁布的框架教学计划，规定职业学校的教学内容。另外，和职业培训教育相关的另外一个重要法律是《青少年保护法》。

培训条例以法律的形式保障德国职业教育的培训质量。培训条例中规定了该职业在企业职业教育培训中的目标、内容和考试要求。根据职业的不同，培训条例由该职业所属管辖范围的联邦部委（通常是联邦经济和能源部）以及联邦教育和研究部协商一致后颁布。培训条例是不需要进入联邦议会程序的、全德范围有效的法律条例，其中规定了企业部分的职业教育培训需要达到的最低标准。每个国家认可的培训职业都有其相应的约束，企业职业教育部分的内容由该职业的培训条例约束，职业学校学习内容则由框架教学计划约束，两者相互补充，构成了完整的双元制职业教育框架。

"企业根据什么要求组织职业教育培训？"

"培训条例中就对这个职业（楼宇电子技术工）需要完成哪些内容进行了规定。多少课时的理论，多少次的跨企业学习，这些都是必须完成的。"

职业培训条例由三大部分共 18 条内容构成，第一部分是职业教育培训的对象、年限和目录。职业培训条例中首先明确说明该培训职业的职业描述，所谓职业描述，代表这个职业所要求的全部工作范围和工作职责。第二部分关于毕业考试，第三部分属于最后条款。职业培训条例不可分割的部分还包括其附件中该职业的培训框架计划。职业培训条例以法律的形式对双元制中的企业学习部分进行了详尽的规范。规范内容包括职业名称、学习年限、学习过程的实施、考试形式及内容框架，而作为附件的培训框架计划也规范了这个职业所需要学习的内容，一方面保证了职业教育的质量，另一方面规范了企业的培养过程，从制度上避免了将学徒作为单一廉价劳动力使用的可能性。

培训职业汽车贸易员的培训条例经过修订，并于 2017 年 8 月 1 日起正式实施，是最新修订的培训条例之一，可以反映出德国培训条例制定及修订的最新进展。汽车贸易员作为国家认可的培训职业，它的培训框架计划由 A 部分职业相关技能、知识和能力以及 B 部分综合技能、知识和能力组成（见表 4-1 及表 4-2）。

表 4-1　　汽车贸易员培训条例 A 部分职业相关技能、知识和能力

序号	培训职业的职业描述中的所属部分	需要传授的技能、知识和能力	以月为单位的时间比	
			第 1～15 个月	第 16～36 个月
1	组织安排和销售零部件及配件	（1）使用法律和技术要求、企业操作章程、数据处理程序和外文技术术语； （2）和其他业务单位协商制定采购计划并完成订单； （3）核算预计费用率并制定价格； （4）接收货物，检查货物类型、数量以及是否有明显缺陷，如发现问题，按照企业流程提出退货投诉等； （5）完成入库记录，并在入库保存时注意环保规则的前提要求； （6）检查账单的准确性，如有需要，妥善解决争议； （7）按照各种类仓储方案及储存指标组织零部件的仓储； （8）沟通和监控送货时间，处理延迟送货的情况； （9）根据订单将材料归类并发出； （10）识别客户需求，为客户提供产品信息的使用咨询，销售零部件，制账单； （11）规划和介绍配件； （12）反思和评估自己的做法，并提出优化方案	5	
2	参与车间的工作，积极衔接商业贸易和车间的联系	（1）协助车间工人的工作，同时注意生产过程和车辆技术，并保证技术标准和符合法律要求； （2）执行车辆的交通和运行安全的目视检查； （3）区分车辆的机械系统、液压系统、气动系统以及电子和电气系统并能说明它们的功能； （4）参与诊断、维护、保养和修理工作； （5）参与建立投诉及损失赔偿的成本估算； （6）组织车辆及其部件和发动机原料的环保处理和回收利用，兼顾生产商和供应商的要求； （7）对已经完成的维修和服务工作进行说明； （8）通过反思车间工作过程推导商业贸易过程	2	

续表

序号	培训职业的职业描述中的所属部分	需要传授的技能、知识和能力	以月为单位的时间比 第1~15个月	第16~36个月
3	组织客户服务并协助服务领域工作	（1）在客户服务中应用相应的质量标准； （2）在遵守数据保护的前提下使用信息系统； （3）确定客户需求，在可能需要使用外语的情况下，协调进一步的处理； （4）提供车间服务及高性价比的维修服务； （5）参与制定报价； （6）客户和车辆信息采集及维护； （7）在考虑到技术数据和车辆信息的情况下制定车间任务单； （8）安排计划，并协调相关部门； （9）安排需求相关的其他服务； （10）在给出客户确切交付时间前确认零部件的供给； （11）保证客户的灵活性； （12）出具和解释账单并收银	6	
		（13）入账和结账； （14）正确进行投诉交谈并协调下一步工作； （15）处理保修和优惠等申请； （16）在考虑到信息流、决策途径和连接点的情况下归类及参与企业流程； （17）反思自己的行为对客户满意度和忠诚度的影响并改进		3
4	计划和实施业务营销计划	（1）按照数据保护的要求对待客户信息； （2）探知并评价客户满意度，关注区域竞争对手情况； （3）获得客户联系方式； （4）有针对性地准备客户信息并用适当的方法处理和维护这些信息； （5）使用合适的广告媒体和运营商进行销售推广并参与效果控制	2	

续表

序号	培训职业的职业描述中的所属部分	需要传授的技能、知识和能力	以月为单位的时间比	
			第1~15个月	第16~36个月
4	计划和实施业务营销计划	（6）支持市场营销方案的开发，并在方案中纳入企业竞争情况，遵守竞争法； （7）计划、内部协调、组织和实施特价促销活动； （8）编辑捐赠和赞助申请，准备和监控赞助及合作协议； （9）使用数字媒体进行营销； （10）促进企业业务领域间的信息交流并使用信息是成功市场营销的前提； （11）根据既定目标反思市场营销措施，并提出改进建议		1
5	协助车辆贸易和销售	（1）协助车辆贸易，在销售时遵守法律条例、企业规章和技术标准； （2）采购不同类型的车辆时注意符合采购合同和遵守产销合同法并考虑到财务能力范围； （3）监督送货时间； （4）采购和销售条件要充分履行现行销售合同并监督其执行； （5）掌握记录车辆采购、购入折价（二手）情况； （6）安排和检查车辆销售完成情况； （7）区分车辆贸易的销售体系，并使用创新的途径，特别是网络贸易； （8）组织安排试驾； （9）客户订单记录； （10）准备及执行车辆的注册或注销； （11）准备车辆交接； （12）登记和存档车辆交付后的客户满意度信息； （13）反思、评价整个过程，特别是需要注意运营质量标准，并提出优化措施		7

续表

序号	培训职业的职业描述中的所属部分	需要传授的技能、知识和能力	以月为单位的时间比 第1~15个月	以月为单位的时间比 第16~36个月
6	准备汽车贸易中的金融服务产品	（1）在准备汽车贸易中的金融服务产品时，注意金融市场及竞争态势以及合同相关的法律条例； （2）比较金融模式，为客户提供和制定符合其需求的金融方案； （3）比较租赁模式，为客户提供和制定符合其需求的租赁方案； （4）比较保险产品，为客户提供和制定符合其需求的保险方案； （5）根据需求提供额外的保修； （6）准备以及记录合同； （7）检查合同有效期并主动跟进； （8）反思、评价整个过程，特别是需要注意运营质量标准，并提出优化措施		3
7	完成和人事相关的任务	（1）在完成人事相关任务时，遵守数据保护规则以及确保数据安全； （2）在完成人事相关任务时，遵守工作的、社会的共同决定以及工资协议的规定； （3）协助人事部门提出新进人员需求，并能协助人事部门提出招聘人员的要求； （4）参与人员的招聘过程，特别是招聘启事、选择及录用过程； （5）在录用及人事变动时发出通知，准备合同，创建文本； （6）完成和评价范围内相关人事统计； （7）根据企业要求规划人员部署，保证工作时间的安排； （8）完成差旅报销； （9）根据预定方案确定奖金额度和佣金额度，准备核算工资； （10）按时准备月度和年度结算必备资料； （11）从人力资源计划和利用的角度评价、反思工作流程并提出优化措施		2

续表

序号	培训职业的职业描述中的所属部分	需要传授的技能、知识和能力	以月为单位的时间比 第1~15个月	以月为单位的时间比 第16~36个月
8	协助商业类调控和检查	（1）协助商业类调控和检查时，注意法律和企业的规定； （2）考虑到对企业业绩的经济性影响； （3）准备记账程序； （4）完成现金出纳账； （5）完成账户损益记录； （6）检查入账和出账记录，登记未完成账目，发生延迟支付情况时采取措施； （7）安排和实施盘点，将其结果用于年度结算准备； （8）参与账目的年度报表； （9）监督和检查订单相关的支出； （10）核算销售价格； （11）使用完全成本账目和部分成本账目核算和评估运营指标，为企业决策做准备； （12）为企业预算决策准备数据； （13）对自己方法过程的准确性和正确性进行评价，提出改进措施		5

表4-2　　汽车贸易员培训条例 B 部分综合技能、知识和能力

序号	培训职业的职业描述中的所属部分	需要传授的技能、知识和能力	以月为单位的时间比 第1~15个月	以月为单位的时间比 第16~36个月
1	职业教育法以及劳动法和劳资合同法	（1）讲解培训合同的含义，特别是证书、年限和毕业考试； （2）说出培训合同中双方的权利和义务； （3）说出职业进修的可能性； （4）说出培训合同的主要内容； （5）说出适用于培训企业的劳资合同的基本情况	贯穿于整个培训期间	

续表

序号	培训职业的职业描述中的所属部分	需要传授的技能、知识和能力	以月为单位的时间比	
			第 1 ~ 15 个月	第 16 ~ 36 个月
2	培训企业的组织和结构	(1) 讲解培训公司的组织结构、职责和责任以及供应链的相互作用； (2) 说出培训企业和工作人员的经济组织、专业协会和工会的关系； (3) 描述培训企业劳资法机构的基础、任务和工作方式	贯穿于整个培训期间	
3	劳动的安全和健康保护	(1) 确定工作岗位对于安全和健康的危害，采取措施避免危害； (2) 应用职业相关的劳动保护和事故预防条例； (3) 描述事故情况并采取初步应对措施； (4) 应用防火保护条例并描述火灾情况，采取灭火措施	贯穿于整个培训期间	
4	环境保护	在职业发展领域避免操作原因造成的环境污染，特别是： (1) 讲解培训企业应对工作中有可能发生的环境污染所制定的环保方案； (2) 应用适用于培训企业的环保条例； (3) 使用经济、环保的能源材料； (4) 避免垃圾，环保处理材料和物料	贯穿于整个培训期间	

除了职业培训条例中的培训框架计划以法律的形式规定了企业部分的学习内容外，学徒在三年的职业教育培训过程中有1/3的时间在职业学校，职业学校的学习内容是通过州文化部长联席会议出台的框架教学计划来约束的，框架教学计划中关于教学内容是根据学习领域来实施的。虽然，德国职业学校主要承担理论性教学的任务，但是，学习领域课程的设置又具备跨学科和问题导向的意识。同时，学校教育中承担了大部分的公民教育的责任，如社会课、经济课等是职业学校学生的必修课。培训职业企业贸易员共分为12个学习领域，为了和企业的培训框架计划相协调，学习领域1~5是第一部分考试前的学习内容（见表4-3）。

表 4 – 3　　　　　　　　汽车贸易员学习领域概览　　　　　　单位：学时

培训职业汽车贸易员的学习领域概览

	学习领域	以课时为单位的时间比		
		第一年	第二年	第三年
1	介绍企业并参与企业内的业务合作	80		
2	记录库存和成交信息，执行年终决算	80		
3	采购和存放零件及配件	80		
4	零件配件销售	80		
5	接收车间订单并组织安排商业业务流程		120	
6	安排新车并启动销售流程		40	
7	安排并准备好二手车		40	
8	提供金融服务		80	
9	参与人事管理任务			60
10	以成功为导向控制工作过程			80
11	评估业务决策的经济影响并采取行动			80
12	沟通策略设计			60
合计：总计 880 学时		320	280	280

本书将以学习领域 5 为例，具体解释学习领域包括的内容。和培训框架计划一样，学习领域并没有对具体的授课内容、教材、教学方法等给出具体要求，而是列出了学习领域最终需要达到的目标。每个学习领域的名称描述的是该领域中职业行动的核心能力，在学习领域中，首先描述出在这个学习领域的学习过程结束时要达到的核心能力。紧接着是这个学习领域包括的内容，这些内容采用了开放性的描述方法，给具体教学方法等留下自主空间。在整个学习领域的描述中体现了专业能力、个人能力和社会能力这三个行动能力的维度，同时也体现了方法能力、交流能力和学习能力，因为这三个能力是专业能力、个人能力和社会能力的内在组成部分（见表 4 – 4）。

表 4 – 4　　　　　　　　　汽车贸易员学习领域 5

学习领域 5：接收车间订单并组织安排商业业务流程	第二年 时间比：120 课时

学生具备处理客户需求、参与协助车间工作流程以及确保恰当地把车辆交给客户的能力。学生分析客户需求，即使是在需要使用外语的情况下，也能按照企业业务流程协调进一步处

续表

学习领域5：接收车间订单并组织安排商业业务流程	第二年 时间比：120课时

理。同时，区分哪些是只能专业认证的人员（电子技术、安全技术、替代驱动装置、检验服务）来完成的工作，哪些是不需要特殊资格的日常工作。
学生基于客户车辆记录、技术资料数据和车辆证件中机械的、液压的、气动的以及电子的电气系统和功能单元来了解客户车辆信息并考虑它们的相互作用。
为客户做出合适的选择（交通和运行安全、召回产品、检查、索赔处理、修理、有价值的修理、货物不足的担保订单、优惠价）。在这期间了解客户情况，尊重客户兴趣（以客户为导向、客户满意度、客户关系）。
学生制定报价和订单。准备账单内容（部件和工作情况），计算各部分金额（净价、营业税、旧零件税、总价）。在记录和维护客户及车辆信息时注意数据保护。
和客户沟通，向客户解释合同（生产合同）和维修条件。根据客户需求提供临时交通方式。
协调客户订单在企业内部的流程（时间、人机对话、零件供应、第三方服务、保险处理），告知客户维修进展。以客户为导向从商业（工作价值、时间）和技术角度（制造规格、政府条例）解释账单，办理支付流程以及移交车辆。
为车间的内部和外部订单入账。
与车间合作，参与以环保的方式处理车辆和有害物质，注意法律、运输和制造的相关条例。
树立工作岗位安全的责任意识并谨慎利用资源。
按照企业运营规则反馈结果，反思自己的工作过程对客户满意度和客户关系的影响。
开发和讨论人文工作条件、环保和企业运营成功等几方面企业工作流程的改进建议

从这个职业的培训框架计划和学习领域来看，汽车贸易员的职责不仅是卖出车辆，他还必须参与企业的人事以及财务等部门的一些工作。为了保证职业教育培训能适用于当前甚至未来的经济发展需求，必须及时且不断检测《职业培训条例》和《框架教学计划》等纲领性重要文件的有效性，并根据社会经济转型的要求对这些重要文件进行修订，取消已经没有社会需求的培训职业，开发新兴职业并编制《职业培训条例》和《框架教学计划》，或根据现实需求，修订已有培训职业的《职业培训条例》和《框架教学计划》。

在实际调研中，企业培训负责人或企业负责人的访谈也充分证实了德国培训职业的要求及职业工作范围的广度：

"在很多国家，职业教育的设置非常窄，而在德国是一个非常宽泛的职业教育。比如在我们这里学徒从高炉到镀锌生产线都是需要学习的……"

甚至就有轨电车驾驶员而言，他的职业学习范围不仅局限于驾驶，而且还包括市场营销及销售方面的内容，也就是说，与本岗位直接相关岗位的内容：

"有轨电车驾驶员职业范围还包括市场营销、销售部门的内容，他们要

同时去商科类学校和驾驶技术类的职业学校。"

因此，岗位和职业的不同含义对本书的研究非常重要。"岗位是介于职业和职位之间的概念，指不同组织共同设置的工作范围较为接近的职位。"① 在德国，职业和岗位的概念区别明显，职业活动范围远远大于岗位活动范围。对于培训职业活动范围的描述，德语中直译为"职业轮廓"，它的重要性在于决定着课程开发中的学习内容。因此，德国职业教育培训是超越仅针对某个特定岗位的技能培训，双元制学徒是学习一个职业的内容，并且成为胜任这个职业的合格工作人员。虽然，在学徒完成学业进入工作岗位时，工作岗位的范围会远远小于培训职业范围，但是，在学徒期间经历的培训塑造了员工完整的职业思维并且使他们具备了灵活工作的能力。以技术性职业为例，德国职业教育培训不仅关注让学生理解和掌握自然科学及技术理论层面的内容，而且，在此基础上更要使学生明白在工作和生活中，遵循社会以及经济的各种客观规律的重要意义。

（二） 多岗胜任是技术变迁发展对员工素质的必然要求

专业人员解决对社会有意义的问题，并且，能通过专业工作把这种服务的专业性和重要性传达给外界。职业的所有者拥有复杂的、外界难以领会的特殊知识，因此，对于其客户甚至是外部管辖者，他们都享有相对广泛的决策权和代表权。通过这样的专业性，专业人员的职业传达了获得社会声誉和认可的机会。② 简单来说，从职业属性的特征来看，职业具有很强的专业性，从外部很难学习并掌握，并且需要获得职业资格。而获得职业资格的同时，也意味着获得社会声誉和认可，最直接地体现在报酬方面。这样来看的话，德国专业人员作为某种社会阶层在历史的进程中逐渐稳固下来，其工作的专业化要求其成为区别于其他职能部门以及非专业帮工的阶层，从这个意义上而言，专业人员实现了垄断。而且，在德国的职业劳动分工中，员工需要完成职业范围内的所有内容，并且需要整体理解和把握所从事的职业，包括对于整个生产体系的理解和把握，而恰恰是这样的整体性思维，才是企业继续创新发展的基础。因为，制造和生成复杂产品和系统的技术能力与运作能力决定了一个企业甚至一个国家能否从创新中创造并获取价值的能力。③

---

① 徐国庆：《职业教育项目课程原理与开发》，华东师范大学出版社 2016 年版，第 36 页。

② Clement, U. and Lacher, M. Standardisierung von Arbeitsprozessen – Standardisierung der Kompetenzen? In: Clement, U. and Lacher, M. （Hg.）. Produktionssysteme und Kompetenzerwerb – Zu den Veränderungen moderner Arbeitsorganisation und ihren Auswirkungen auf die berufliche Bildung. Stuttgart: Franz Steiner Verlag, 2006: 11.

③ ［美］加里·皮萨诺等：《制造繁荣：美国为什么需要制造业复兴》，机械工业信息研究院战略与规划研究所译，机械工业出版社 2014 年版，第 24 页。

>"现如今该职业的职业领域已经不是仅埋线装开关了,一方面它保留了原先的传统装置设备,另一方面加入现代技术,这两者都在发展,电线联网、数据联网、报警系统等都属于该职业范围,除去电路还包括电路保险系统及楼宇用电量控制等也属于该职业范围……"

如同被访谈企业负责人的描述,在他们企业的工作范围中加入现代技术,数据、报警系统、用电控制等远远超出原来安装开关等范围,工作范围的扩大使得职业领域不断扩大,企业需要能够满足职业领域要求的员工,从而使灵活工作的能力变得更为重要。而且,高科技和自动化的工作方式使得生产和服务之间的界限变得模糊。在一项关于金属加工领域的研究中,员工需要完成的工作包括生产线规划和控制、精准控制准时交货、达到成本目标、车刀进给、反馈和分析错误信号、保证达到目标、确定和控制工作时间、控制劳动力投入、制定和实施持续改进措施、实施工资协议、制订休假计划。① 这些工作任务中包括了实际加工前以及加工后的工作,实际上是在生产过程中引入了与工作过程及客户相关的工作内容。因此,很多德国学者也提出类似的观点,认为这种综合了工作准备、计划和检查的小组型工作任务,对专业人员提出更多样化的要求,促使专业人员的工作逐步转变为更高价值的、更全面的工作转变。②

同时,在全球化、新技术和高生产率的作用下,原有工作岗位数量大量减少,而工作压力不断增加,雇佣关系不稳定性增加。而且随着技术的进一步发展,机械化时代进入自动化时代,在直接劳动过程中劳动分工被进一步分割,劳动过程可以被彻底分成体力劳动和脑力劳动,对操作工人的技术技能水平要求不断降低。当从自动化进入智能化,机器正在逐步取代操作工人,相较于机器,人员的灵活工作能力就更加重要了。然而,去阶级化和权力下放以及通过全面参与性的工作形式改善工作条件,使员工的工作范围扩大且更加多样化,具有更高的自由度和更大的发挥空间。当然,不同行业间、不同企业间的具体情况不同。例如,在车床制造和 IT 行业依旧是很高程度的整体性任务整合,而在汽车行业中则显示出标准化和新泰勒化(新泰勒化是指泰勒制的重新回归)。③ 但是,"即使是非泰勒制的企业结构也并非需要所有的员工都达到很高

---

① Spöttl, G., Hecker, O., Holm, C. and Windelband, L. Dienstleistungsaufgaben sind Facharbeit: Qualifikationsanforderungen für Dienstleistungen des produzierenden Gewerbes. Bielefeld: Bertelsmann, 2003: 95.
② Lacher, M. Ganzheitliche Produktionssystem, Kompetenzerwerb und berufliche Bildung. In: Clement, U. and Lacher, M. (Hg.). Produktionssystene und Kompetenzerwerb – Zu den Veränderungen moderner Arbeitsorganisation und ihren Auswirkungen auf die berufliche Bildung. Stuttgart: Franz Steiner Verlag, 2006: 73 – 91. / Rauner, F. & Heinemann, L. Messen beruflicher Kompetenzen. Münster: LIT Verlag, 2015: 34 – 40.
③ Dörre, K., Pickshaus, K. and Salm, R. Re – Taylorisierung: Arbeitspolitk contra Marktsteuerung. Supplement der Zeitschrift Sozialismus 9/2001. Hamburg: VSA – Verlag, 2001: 2 – 4.

的资格水平,而是需要和泰勒制的组织结构中完全不同的水平要求……诀窍、灵活性和合作能力以及相关背景知识是有必要的,是为了能够使与高度自动化制造结构相关的工程师、技术员和专业技术工人能够适应其日益扩大的工作行动范围"①。

工作要求愈加多样化,对于职业教育培训而言,需要不断对培训职业进行更新以适应新的工作要求,而且,这项工作是持续不断发生的。例如,在20世纪80年代末期,在金属和电气领域,由于技术和工作组织的改变,很多旧的专门化职业被合并成新职业,当已有职业不能覆盖新的资格要求的时候也会有新职业加入。索泰(Sauter)提出未来的职业教育培训应该具备以下特征:职业教育为在培训条例中记录的资格标准相接轨的一系列相关活动做准备,培养以职业行动能力为目标的专业和跨专业能力,并且在此基础上使青少年能独立自主的继续学习,为其融入社会以及未来的社会稳定贡献力量。②

技术的快速发展对德国职业教育双元制培训职业的灵活适应性提出更高的要求。德国联邦劳动署劳动力市场和职业研究所的一项关于数字化对工作世界的影响的研究中,特别关注了在技术背景下德国职业的被替代率。研究结果显示最突出的是,电脑可以替代的是某些活动而不是整个职业。不仅是帮工类职业,专业技工的职业也显示出很高的被替代率。只有进入技师、技术员或工程师等级别,被替代率才相对较低(见图4-1)。将技术发展水平和职业教育培训联系起来的桥梁是对职业教育培训要求的提高,正是因为这样的原因,教育和继续教育才会有更重要的意义。因此,对于职业教育而言,必须让学徒在学习期间能够掌握工作中所需要的新技术,也就是说,如果双元制职业教育培训想要继续保持其在经济发展中的地位,必须尽快将职业培训条例和技术发展水平相对应。

而且,企业需要积极为员工提供针对性培训,综合不同领域中对人员资格的需求来看,企业需要的是高要求且能灵活胜任不同岗位的员工。类似清洁活动、手动组装、机器操作、信息传达等不需要特殊专业培训的工作领域以及在专业领域中的一些不需要继续学习的岗位将面临减少的趋势,这些岗位包括办公室活动、铁路交通运输、道路及船舶运输、金属加工特殊作业、建筑领域特殊作业、

---

① Ganguin, D. Die Struktur offener Informationssysteme in der Fertigungsindustrie und ihre Voraussetzungen. In: Dybowski, G., Haase, P. and Rauner, F. Berufliche Bildung und Betriebliche Organisationsentwicklung. Bremen: Donat. 1993: 29.

② Sauter, E. Strukturen und Interessen. Auf dem weg zu einem Kohärenten Berufbildungssystem. Bielefeld Bertelsmann 2003: 74.

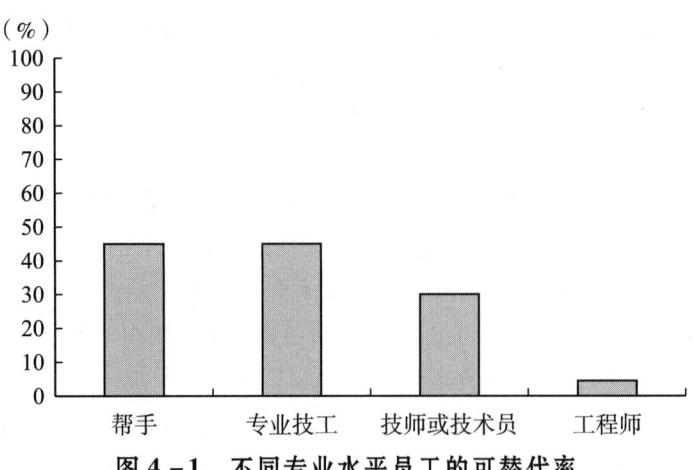

图 4-1 不同专业水平员工的可替代率

资料来源：Dengler, K. and Matthes, B. Folgen der Digitalisierung für die Arbeitswelt – Substituierbarkeitspotenziale von Berufen in Deutschland. IAB – Forschungsbericht 2015 (11): 13.

农业、采矿业、服装业、印刷业、技术测量等。职业专业教育中，需要在基础性职业教育的基础上不断进修的领域包括安装及维修、销售和安保等。[①]

类似的研究结果还包括在工业技术生产中，电脑及数字化发挥了很大的潜力，在加工类职业中超过 70% 的职业活动可以被电脑替代，加工技术类职业和活动中被替代的比例也达到 65%。从图 4-2 中可以发现，几乎所有类型的职业可替代率的最小值均为 0，而加工类职业等六种职业类型的职业可替代率最大值为 100%，这两个比例代表着这些职业类型中至少有一个单独的职业是不能或完全能被电脑所取代的。[②]

因此，随着社会各方面越来越快的进步和发展，人们从事的劳动和他们的职业也在发生变化，只有接受过良好职业教育培训的人，才能跟上时代的步伐，没有人可以在全部的职业生涯中仅仅依靠从前所学的专业知识和技能完成职业工作。在职业教育培训期间培养学徒不断学习的兴趣，以适应工作岗位的不断变化和越来越灵活的工作要求显得尤为重要。而且，职业教育培训中，在传授专业知识和技能的同时，不能忽视培养学徒的社会能力和独立自主性。

---

① Browa, H., Jacobs, T., Walker, P. and Wolff, H. Der Bundesminister für Forschung und Technologie. Technischer Fortschritt – Auswirkungen auf Wirtschaft und Arbwitsmarkt. Düsseldorf und Wien: Econ Verlag, 1980: 145.

② Dengler, K. and Matthes, B. Folgen der Digitalisierung für die Arbeitswelt – Substituierbarkeitspotenziale von Berufen in Deutschland. IAB – Forschungsbericht 2015 (11): 15.

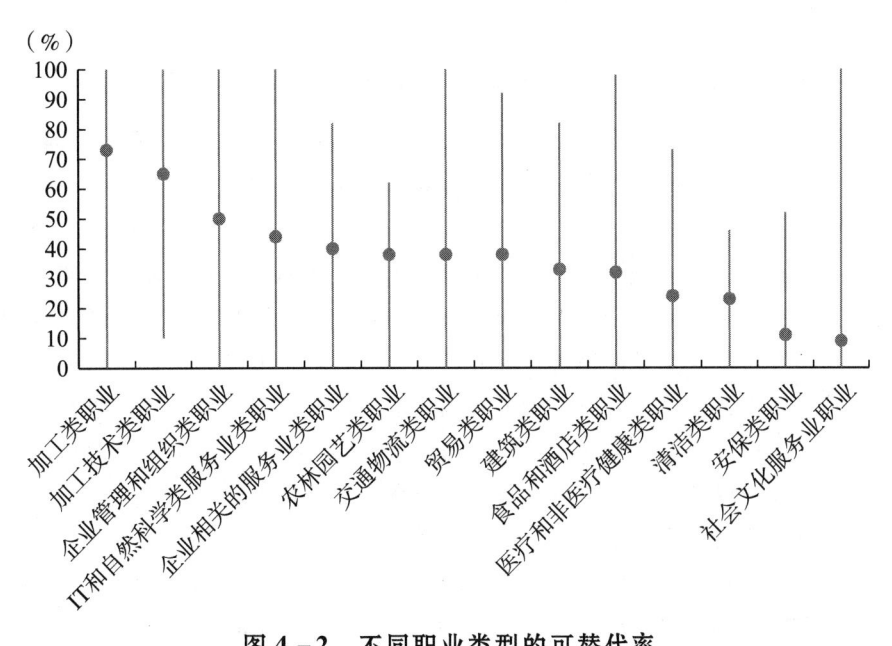

图 4-2　不同职业类型的可替代率

资料来源：Dengler, K. and Matthes, B. Folgen der Digitalisierung für die Arbeitswelt – Substituierbarkeitspotenziale von Berufen in Deutschland. IAB – Forschungsbericht 2015（11）：14.

二、培养效益：相较于外部技能获得途径的内生性优势

德国企业在参与职业教育培训过程中获得的培养效益为我国提供了可借鉴的依据。在传统双元制职业教育培训国家中，即使职业教育培训是经济界、国家和社会合作伙伴以及学徒共同作用的体系，以企业为代表的经济界的积极参与仍然是基础要素。而且，对于国家公共财政而言，双元制职业教育培训是非常经济实惠的，这一点在所有实施双元制的国家中都是无可争议的，因为相较于普通教育，双元制职业教育培训的大部分费用是由企业承担的。也就是说，企业对于这种形式是否认同是非常重要的，行业企业对于双元制的认同以及学徒对于所学习职业前景的认同是双元制职业教育培训持续发展所不可忽视的。双元制职业教育培训追求的是高效率和高质量的培训。不管国际社会中存在何种形式的职业教育学徒制，对于企业而言，参与职业教育学徒培训的成本和收益都是不可回避的核心问题。获得国际社会高度认可的德国双元制职业教育培训，其企业的参与和投入是双元制赖以存在和发展的最重要部分。德国对于企业内教育培训成本核算已经有很长的历史，在工作过程中学习是职业教育最为高效和高质量的方式，而培训过程中产生的认同感是培训企业稳定发展的决定性因素。

(一) 比较优势：企业参与职业教育现代学徒制的理性基础

成本收益比较是最容易理解的理性选择机制，人们通常以此解释内部技能形成机制瓦解的原因。但是，由于成本收益的测算中存在需要理清的争议，因此在一定程度上使人们误解了企业参与培训的成本。事实上，企业参与职业教育现代学徒制获得收益较高的比较优势是被多项研究所证明的，也是企业参与职业教育现代学徒制最直接的动力。因为企业是以追逐利益为目标的，这是市场经济的特性，企业的投入是需要以回报为基础的。企业所有者今天投资生产设备期望的是下个月看到回报，而投资人力资源可能是期望明年能看到回报。成本收益的核算是理性主义视角下企业参与双元制职业教育培训的动力，企业通过比较付出和回报的关系而加强或是减弱参与双元制职业教育培训的积极性。

1. 成本收益比较的理论基础：人力资本理论

人力资本是个人或群体所拥有的知识、技能、能力、教育和培训的总体。[1] 同时，人力资本是国家经济增长的引擎。[2] 企业获得更高的生产率是人力资本投资的目的。而且在国际竞争中，关系着企业竞争力的一方面是成本，即员工每小时的工资数；另一方面是产出，即每小时所创造的价值。也就是说，劳动生产率是企业在国际竞争中的重要因素，当劳动生产率很高的时候，可以在保证高工资的同时兼顾低劳动力成本，而劳动生产率又和一个国家的职业教育培训密切相关。瑞士就是一个非常典型的例子，从世界范围来看瑞士劳动力成本很高，但是它却属于全球最富有且最具国际竞争力的国家之一。因为企业的劳动生产率取决于两个因素：第一是劳动者从通用教育和培训中获得的技能，第二是劳动者可获得的资金和技术。[3] 在技术和经济因素变化不定的市场中，职业技能成为构成企业竞争优势的关键因素。[4]

而对人力资本的论述可以追溯到亚当·斯密，他认为对于人本身的投资是最有价值的。李斯特则认为亚当·斯密通过强调市场为基础的交换，即创造纯物质性的和货币性[5]的交换价值，就会贬低其他形式的人文知识以及非生产性劳动。

---

[1] ［美］托马斯·海克拉克、杰兰特·约翰斯、罗伯特·桑顿：《劳动经济学基础》（第二版），来庆彬等译，中国人民大学出版社2016年版，第101页。

[2] Acemoglu, D. and Pischke, J. Beyond Becker: training in imperfect labour markets. *The Economic Journal*, 1999, 453 (109): 112-142.

[3] ［美］加里·皮萨诺等：《制造繁荣：美国为什么需要制造业复兴》，机械工业信息研究院战略与规划研究所译，机械工业出版社2014年版，第42页。

[4] Streeck, W. Social Institutions and Economic Performance. Studies of Industrial Relations in Advanced Capitalist Economies. London Sage, 1992: 166.

[5] 指报酬和生产率。

"二战"后,1961年舒尔茨(Schultz)第一次提出人力资本理论,他主张将教育当作对人的投资、将教育的成果当作资本而提出人力资本的理论体系。而且,当经济总量增加,要求人们增强流动性以适应变化中的就业市场,这种迁移所需的费用同样是人力资本投资的一种类型,年轻人有更多的年限以获得这种投资的更多收益,对于教育和培训也是一样的道理。① 舒尔茨提出人口数量、投身于有用工作的人口比例及实际劳动量是人力资源中"量"的特征;而技术、知识以及影响人的生产能力的属性是"质"的成分。将教育看作对人力资本的投入这一观点往往被质疑的是教育的文化性和经济性的关系。本书的研究中所持的观点是坚决肯定教育的文化性及其培养合格公民的巨大贡献,在此基础上再去探讨教育对自身及社会的经济效益。

之后,贝克尔(Becker)等人进一步发展了人力资本理论。贝克尔将培训区分为一般培训和特殊培训,一般培训指企业提供给员工的培训所获得的知识、技能不仅适用于企业本身也适用于其他企业;特殊培训指能极大提高企业自身生产率的培训,这些知识、技能对其他企业的生产率没有很大的作用或完全没有影响。由于特殊培训对于企业而言,可以作为人力资本为企业创造更多的生产效益以提高劳动生产率,所以企业更愿意为这部分培训支付费用。贝克尔虽然明确提出,人力资本理论并不是仅局限于货币性激励结构,甚至强调将非货币性激励作为条件,但是贝克尔本人并没有在微观经济学的投资过程中提出货币性以外的其他因素。按照贝克尔的理论,一般培训对于企业而言是无法获得收益的,收益方是受培训者。如果一个企业支付了特殊培训的费用,或由受培训者支付特殊培训的费用,那么在企业或受培训者付出成本的情况下,流动率成为影响因素之一,因为如果接受过特殊培训的受训者离开,对于付费方而言就是损失。② 我国现在采用的学校职业教育模式包括去企业实习等,本质上就是在提供一般培训。而德国培训企业则是将企业的特殊培训融入双元制过程中:

"我们企业自然有区别于其他企业的特殊性,否则我们在竞争市场中就会有问题……"

而相较于单方面以报酬或生产率为标准的人力资本理论,布迪厄认为资本可以以非物质化的形式存在,例如他将资本分为经济资本、文化资本和社会资本,这些不同的资本之间具有可转化性。③ 其中,文化资本的内涵与人力资本理论有

---

① [美]西奥多·W. 舒尔茨:《论人力资本投资》,吴珠华等译,北京经济学院出版社1990年版,第4~5页。
② [美]加里·S. 贝克尔:《人力资本——特别是关于教育的理论与经验分析》,梁小民译,北京大学出版社1987年版,第10~33页。
③ Bourdieu, P. Ökonomisches Kapital, kultrelles Kapital, soziales Kapital. In: Kreckel, R. (Hrsg.): Soziale Ungleichheiten. Soziale Welt. Sonderbd. 2. Göttingen, 1983: 186.

相近之处，因为在文化资本中涉及家庭背景、教育环境等对人们人生轨迹有影响的因素。文化资本理论是从社会学的视角出发，希望突破人力资本理论中单一的经济性因素。可以说，布迪厄提出的非物质化形式存在的资本在一定程度上补充了贝克尔提到的非货币性激励。

另外，人力资本理论认为通用技能可以提升工人的生产力，而如果企业不支付相应的工资，工人就可能会跳槽到其他企业，所以通用技能带来的收益在工人身上，因而企业不愿意投资通用技能而更愿意投资企业特殊技能。但是随着人力资本理论的修正，有学者认为，通用技能是特殊技能的补充且能够促进工人对特殊技能的使用①，而且，提供技能培训的雇主更容易判断工人的生产力水平。雇主对培训的投资是不可逆转的，所以雇主也要承担这种投资的不确定性风险。阿赛莫格卢（Acemoglu）及匹史克（Pischke）指出，双元制国家企业培训的关键是选择和招募学徒的可能性，雇主选择从事未来工作的最佳候选人，并支付低于其学徒期间生产力的学徒工资。② 同时，不完全信息是雇主仅支付一般培训费用而学徒工却不会跳槽其他企业的原因。③ 由此看来，劳动力市场"挖人"的外部性使得投资培训的企业与工人之间无法达成可信承诺而挫伤企业培训积极性。英国就是因为"搭便车"问题而导致技能培训长期供给不足，由于技能短缺而使企业采用低技能的生产模式，使得技能培训进入不良循环中。④ 在各国工业化进程的历史中，也是由于技工短缺而使企业不得不选择"挖人"这一手段来进行技能补给。

对于人力资本理论而言"投资"是核心，即通过有计划的费用支出而产生和扩大人力资本，并实现生产率以及价值的提高。因此是否投资教育实质上是成本收益考量的过程，因为劳动力资本是维持国际竞争优势中可以调节的变量。⑤ 所以，人力资本理论对职业教育培训的意义在于，通过职业教育培训提高员工的个人生产率，即员工在生产和服务过程中的附加值，通过劳动力资本的投入提高劳动者个人生产率和质量而形成竞争优势。人力资本理论对于本研究的意义在于，帮助研究者去理解企业如何看待和处理因人力资本投入而产生的成本和收益的问题，以及其对于企业参与职业教育现代学徒制积极性有何影响。

---

① Greenhalgh, C. Does an employer training levy work? The incidence of and returns to adult vocational training in France and Britain. *Fiscal Studies*, 2002, 23 (2): 223 – 263.

② Acemoglu, D. and Pischke, J. Why do firms train? Theory and evidence. *The Quarterly Journal of Economics*, 1998, 113 (1): 79 – 119.

③ Acemoglu, D. and Pischke, J. Beyond Becker: training in imperfect labour markets. *The Economic Journal*, 1999, 453 (109): 112 – 142.

④ ［美］凯瑟琳·希伦:《制度是如何演化的——德国、英国、美国和日本的技能政治经济学》，王星译，上海人民出版社 2010 年版，第 9 页。

⑤ Gray, K. C. and Herr, E. L. *Workforce Education – The Basics*. Allyn & Bacon, 1998: 66.

2. 学徒在培训过程中创造的价值是收益的来源

通常在人们的意识中教育意味着投入,且职业教育培训更加需要投入成本,特别是在大型企业中,培训车间的投资是双元制成本中的重要构成:

"比如我们这里有一个培训车间,面积达 2 800 平方米,仅仅为了双元制职业教育培训,这需要企业花费巨大成本……"

因此,在关于职业教育成本收益问题的讨论中,不乏有研究者认为职业教育培训是一种相对昂贵的教育形式。例如,在 2006 年的德国教育报告中,关于 2003 年各类型教育的单人经费支出显示,双元制职业教育培训的支出中,职业学校支出为 2 200 欧元以及企业支出为 8 600 欧元,也就是说,双元制学徒每人每年的支出是 10 800 欧元,远远超出其他教育类型(见图 4-3)。[1] 2008 年同样的年度报告[2]中各类型教育的单人经费支出中,双元制职业教育培训费用以 10 900 欧元再次居于首位。但是,这份教育报告中忽略了双元制职业教育培训所带来的收益:

"学徒从第一天起就进入生产过程中,他所做的事情如果不是他做,也需要别的员工做……是需要花钱的,但是没有那么多,主要还是看怎样培养他们。第一年肯定是要花钱的,第二年、第三年慢慢开始参与工作,就会带来收益……在我们这里,他们做的任何事都是之后会有收益的。"

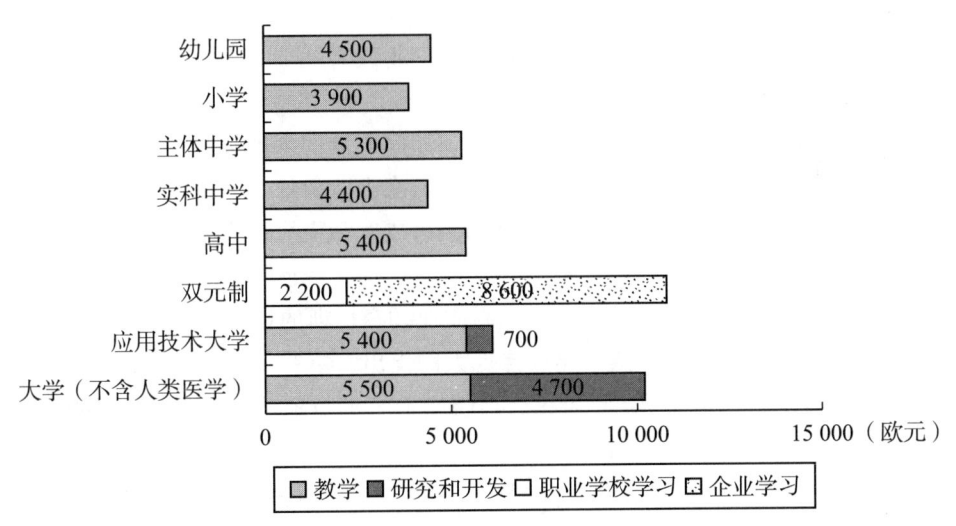

教育类型	教学	研究和开发	职业学校学习	企业学习
幼儿园	4 500			
小学	3 900			
主体中学	5 300			
实科中学	4 400			
高中	5 400			
双元制			2 200	8 600
应用技术大学	5 400	700		
大学(不含人类医学)	5 500	4 700		

图 4-3 2003 年度德国不同教育类型的人均支出

资料来源:笔者根据德国联邦统计署公布的数据整理。

---

[1] Konsortium Bildungsberichterstattung. Bildung in Deutschland: Ein indikatorengestützter Bericht mit einer Analyse zu Bildung und Migration. Bielefeld: W. Bertelsmann Verlag, 2006: 23.

[2] 每两年出版一次,即 2006 年、2008 年、2010 年,以此类推。

那么，双元制职业教育培训的成本如何计算呢？联邦职业教育研究所的研究中，企业职业教育培训的总支出由培训师及学徒的人员费用、设备材料费用以及其他支出构成（见表4-5）。[①]

表4-5　　　　　企业职业教育培训总支出构成

学徒的人员费用 = 学徒津贴 + 法律规定的社会保险 + 企业自愿负担的社会保险等
培训师的人员费用 = 专职培训师费用 + 兼职培训师费用 + 外聘培训师费用
设备、材料费用 = 工作岗位（工具及练习材料等）费用 + 培训车间费用 + 企业内课程费用
其他支出 = 教学材料及媒体 + 主管部门费用（如考试等）+ 劳动保护服装等费用 + 外部培训费用 + 培训管理费用等

资料来源：Beicht, U., Walden, G. Wirtschaftlichere Durchführung der Berufsausbildung - Untersuchungsergebnisse zu den Ausbildungskosten der Betriebe. *Berufsbildung in Wissenschaft und Praxis*, 2002, 6: 38-43.

联邦职业教育研究所开发的双元制职业教育培训企业部分的总支出列表得到国际学术界的认可，很多其他关于企业成本收益分析的研究都沿用了这个总支出列表。和普通教育不同的是，职业教育培训对企业而言不是仅仅只有投入，学徒随着培训时间的增加能够逐渐参与企业的生产过程并创造生产价值，从而降低企业的成本甚至转化为收益。

德国联邦职业教育研究所将企业参与职业教育培训的收益分为以下几个维度[②]：

（1）通过学徒获得的收益：学徒在培训期间创造的生产价值。

（2）通过毕业生获得的收益：学徒毕业后在企业留任。

（3）通过培训获得的收益：节省外部招聘成本和入职适应期成本，降低外部招聘风险和人员流动成本以及岗位空缺成本。

而如果采用外部招聘替代内部双元制职业教育培训的话，一项研究指出，在德国每名新员工的平均招聘成本是相当庞大的支出，填补一个熟练合格的劳动力成本需要4 000~6 000欧元。[③] 可见，招聘成本昂贵是企业积极参与双元制的重要因素之一。正如某企业培训负责人所言：

"企业自己培训我认为是非常好的，虽然总成本需要70 000~75 000欧

[①] Beicht, U. and Walden, G. Wirtschaftlichere Durchführung der Berufsausbildung - Untersuchungsergebnisse zu den Ausbildungskosten der Betriebe. *Berufsbildung in Wissenschaft und Praxis*, 2002, 6: 38-43.

[②] Walden, G. and Herget, H. Nutzen der betrieblichen Ausbildung für Betriebe-erste Ergebnisse einer empirischen Erhebung. *Berufsbildung in Wissenschaft und Praxis*, 2002, 6: 32-37.

[③] Mühlemann, S. and Pfeifer, H. *The Structure of Hiring Costs in Germany: Evidence from Firm-Level Data*. IZA Discussion Paper No. 7656. 2013: 20.

元，但是如果这段时间我们招聘专业人员，成本会更高……"

从企业参与职业教育培训的三个收益维度的划分中可以看出，通过学徒获得的收益是企业的直接收益，而通过毕业生和培训获得的收益都是投资性的间接收益。对企业收益的讨论也恰恰反映了对企业参与职业教育培训动力的探讨，德国企业通过接收毕业学徒获得参与职业教育培训的核心收益，即自身专业技术工人的用工保障，企业人力资源决策及战略部署中将双元制职业教育培训作为长远规划发挥了重要作用。

"学徒在第二学年进入生产流程，也就是说全部培训时间中，60%的时间学徒在创造生产价值……"

学徒在培训过程中创造的生产价值是培训企业的收益，学徒越早参与真实生产，企业获得的收益越大。而且，对于收益而言，不仅局限于企业也包括行业内。在对德国企业的访谈中多家被访谈企业提到，通过企业自身参与职业教育学徒制培训，除了可以优先选择最适合自己企业的员工外，即使有些学徒不留在自己的企业，但是，最终都会留在企业所属的行业中。

同样，2006年加拿大学徒论坛上有研究表明，学徒实际上为雇主带来了净收益，"工薪和培训时间上每支出1美元能获得0.38美元的净收益。尽管雇佣学徒的雇主们在投资回报（ROI）方面需要做更多的工作，但结果表明，雇主可能对学徒培训费用有错误的理解"[①]。早在1974年，职业教育成本和经费专家委员会就已经开发出企业调查方案对双元制职业教育培训的成本进行调查。同时，瑞士也以德国调查方案为基础对相关企业开展了调查。当然，这些调查在设计过程中，均对职业教育成本和经费专家委员会提出的方案进行了不同程度的修订。本书对国际上关于双元制成本收益分析的研究进行了系统梳理，目的是理清成本收益测算的思路，从人力资本投资等方面解释企业参与职业教育现代学徒制的动力因素。但是，如果忽略其他收益，单纯从支出和生产价值的角度来看，不同机构所测算的成本收益结果略有不同。

第一，企业参与职业教育培训成本大于收益。

德国联邦职业教育研究所共完成6次双元制职业教育培训企业成本和收益调查。[②] 2020年6月30日公开发布的调查报告中，显示的是2017/2018学年企业投入培训及非教育培训企业直接向劳动力市场购买专业技工的成本收益数据，联邦职业教育研究所委托应用社会研究所（Institut für angewandte Sozialwissenschaft GmbH）具体实施完成此次调查的数据收集工作。调查于2018年9月至2019年6

---

① Stewart, G. *Apprenticeship Training in Ontario: Literature Review and Options for Further Research*. Oronto: Higher Education Quality Council of Ontario, 2009: 7-8.

② 分别是1980年、1991年、2000年、2007年、2012/2013学年和2017/2018学年。

月间进行，样本来自 2017 年 9 月 30 日前在联邦劳动局登记在册的企业。应用社会研究所对 3 049 家教育培训企业和 996 家非教育培训企业通过计算机辅助个人访谈（CAPI）进行调查，访谈对象包括企业中教育培训以及人事管理的负责人。成本核算结果以专家委员会于 1974 年开发的基本模式为基础进行计算，总成本包括学徒开支、培训师开支、设备材料开支及其他支出。企业教育培训的实际支出（净支出）等于总支出减去学徒在教育培训期间所创造的生产价值收益。2017/2018 学年每位学徒平均总支出 20 855 欧元，教育培训期间所创造生产价值收益 14 377 欧元，因此，培训一位学徒所需总支出是 6 478 欧元。[①] 也就是说，仅从数据来看，就经济学角度而言，企业参与双元制职业教育培训成本大于收益。

学徒在接受职业教育培训过程中，每学年不同程度地在生产岗位或教学车间中为企业创造的生产价值，以及企业由于教育培训而获得的各种补贴是企业参与职业教育培训的收入组成部分。学徒在生产岗位获得的生产价值是根据等值原理来计算，即收益等于此项工作如果由普通员工来完成需要的成本花费。联邦职业教育研究所的成本收益核算中区分了简易劳动，即没有经过职业教育培训的人也可完成的劳动和需要由专业技工完成的劳动。学徒代替专业技工完成的劳动中，特别强调了学徒完成劳动的比例，如果学徒完成比例占 50%，费用将会按照普通员工时薪的一半来统计。代替普通员工所创造的生产价值中（总计 14 377 欧元），6 852 欧元是通过简易劳动获得的，7 207 欧元通过专业劳动获得，118 欧元来自教学车间以及 199 欧元来自其他补贴。[②]

从行业来看，总成本最高的是工商业和公共事业领域，均超过 22 000 欧元，总支出最低的是手工业，约 18 000 欧元。创造生产价值较高的是工商业、农业和自由职业，约为 15 000 欧元。公共事业领域为 14 175 欧元，手工业创造的生产价值最少，为 12 414 欧元。净支出中公共事业领域最高为 10 870 欧元，其次是工商业，为 7 039 欧元。手工业为 5 578 欧元以及自由职业为 4 700 欧元，净支出最少的是农业（3 898 欧元）。MINT 职业[③]拥有最高的总成本和最低的收益。商业文员类职业虽然总成本高，但是通过生产价值创造的收益（16 179 欧元）

[①] Pfeifer, H. and Wenzelmann, F. Kosten und Nutzen der betrieblichen Ausbildung 2017/18. Bundesinstitut für Berufsbildung, 2020：13.

[②] Pfeifer, H. and Wenzelmann, F. Kosten und Nutzen der betrieblichen Ausbildung 2017/18. Bundesinstitut für Berufsbildung, 2020：15.

[③] 自 2018 年起，MINT 职业取代技术类职业，联邦劳动局将其定义为需要数学、信息技术、自然科学和/或技术知识及技能的活动。

高出其他两类职业，而加工生产类职业的净支出最低[1]，如表4-6所示。

表4-6　　　不同分类的培训总成本、生产价值和净支出

项目	总成本（欧元）	生产价值（欧元）	净支出（欧元）
企业规模			
1~9人	19 425	13 256	6 168
10~49人	18 937	14 563	4 374
50~499人	20 834	15 331	5 503
500人及以上	24 817	13 188	11 629
行业			
工商业	22 217	15 178	7 039
手工业	17 992	12 414	5 578
农业	18 854	14 956	3 898
自由职业	19 815	15 115	4 700
公共事业	25 045	14 175	10 870
职业大类*			
商业文员类职业	21 230	16 179	5 051
加工生产类职业	19 047	14 664	4 384
MINT职业	21 336	12 169	9 167

注：*其中技术类职业的分类是按照联邦职业教育研究所的双元制职业教育技术类培训职业进行划分的，技术类职业通常包含大部分技术性活动，如监控、机器控制、技术过程等。具体详情请见：https://www2.bibb.de/bibbtools/dokumente/pdf/a21_dazubi_berufsliste-t_2012.pdf, Stand：29.10.2014。

资料来源：Pfeifer, H. and Wenzelmann, F. Kosten und Nutzen der betrieblichen Ausbildung 2017/18. Bundesinstitut für Berufsbildung, 2020：17.

而德国联邦职业教育研究所对其研究结果的分析表明，虽然数据显示企业参与职业教育培训成本额大于收益额，但是，也表明德国企业对于职业教育培训是投资导向的，也就是说，获得合格技术人员及其他收益是德国企业看重的。

第二，企业参与职业教育培训收益大于成本。

然而，同样作为双元制国家，瑞士联邦职业教育和技术部于2000~2003年间，委托伯尔尼大学教育经济研究处进行了关于学徒培训对培训企业经济影响的

---

[1] Pfeifer, H. and Wenzelmann, F. Kosten und Nutzen der betrieblichen Ausbildung 2017/18. Bundesinstitut für Berufsbildung, 2020：15-16.

大规模调查。这项调查中使用的是德国联邦职业教育研究所开发的成本收益问卷,调查数据来自 2 352 家瑞士培训企业。结果显示 2/3 的企业在学徒培训过程中可以通过生产价值抵销高额培训成本甚至获得盈利。所有企业的学徒培训总成本约为 48 亿瑞士法郎,学徒创造的总生产价值近 52 亿瑞士法郎,也就是说,学徒培训的净收益将近 4 亿瑞士法郎(见表 4-7)。① 当然,研究者也提出不同的培训职业、企业规模和行业的具体成本收益有很大差别。

表 4-7　　　　　2000 年度企业学徒培训成本和收益　　　　单位:瑞士法郎

项目	每人每年	全部(百万)
总成本	26 052	4 800.2
生产价值	28 144	5 185.8
净收益	2 093	385.6

资料来源:Wolter, S. C. and Schweri, J. Kosten und Nutzen der Lehrlingsausbildung aus der Sicht Schweizer Betriebe. BBT/BFS. Bern 2003:6.

在 2006 年瑞士的第二次关于成本收益的测评中,调研对象包括了约 2 400 家培训企业和 1 800 家非培训企业。研究结果显示,即使是在经济环境相对较弱的条件下,学徒培训的收益依然可以覆盖成本。培训的总成本每年约为 47 亿瑞士法郎,而学徒学习期间所创造的生产价值为 52 亿瑞士法郎。② 数据和第一次调查的结果几乎没有出入。也就是说,即使是在外部经济环境较弱的情况下,学徒培训的成本收益依然保持稳定,原因在于瑞士企业结构中创造了学徒在生产过程中学习的条件。同时,在瑞士的此次调查中研究者第一次关注了学徒的资格能力。

在瑞士的成本收益测评中,我们看到不同职业的成本收益是不同的。例如,商业文员(见图 4-4)在 2006 年教育经费统计中显示,第一学年用于学徒津贴、其他相关人员及材料的支出为 27 100 瑞士法郎,而学徒学习期间创造的平均生产价值为 26 600 瑞士法郎,因此,企业第一年的培训成本约为 500 瑞士法郎。第二学年和第三学年企业的收益为 1 500 及 5 000 瑞士法郎。综合三年的成本收益来看,企业共获得 6 000 瑞士法郎的收益。而培训职业机械工(见图 4-5)的成本收益结果中,企业在四年的培训过程中共付出 259 000 瑞士法郎的成本。

---

① Wolter, S. C. and Schweri, J. Kosten und Nutzen der Lehrlingsausbildung aus der Sicht Schweizer Betriebe. BBT/BFS. Bern 2003:6.
② Mühlemann, S., Fuhrer, M., Wüest, A. and Wolter, S. C. Lehrlingsausbildung-ökonomisch betrachtet: Ergebnisse der zweiten Kosten – Nutzen – Studie. Schweiz Koordinationsstelle für Bildungsforschung SKBF. Zürich und Chur:Rüegger Verlag, 2007:49.

因此也可以说，企业并不看重培训的经济收入而更看重由此产生的人力资源竞争力。① 图4-4和图4-5中，正向值代表企业总成本减去学徒创造的生产价值后为正数，也就是指总成本大于生产价值，企业需要花费成本，而负向值则代表总成本小于生产价值，即企业通过培训获得的经济收益。

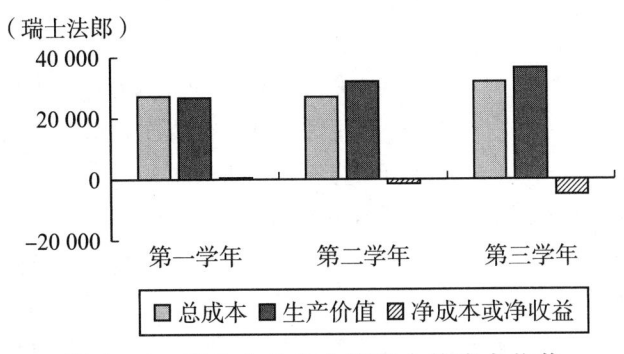

图4-4 商业文员企业培训中的成本收益

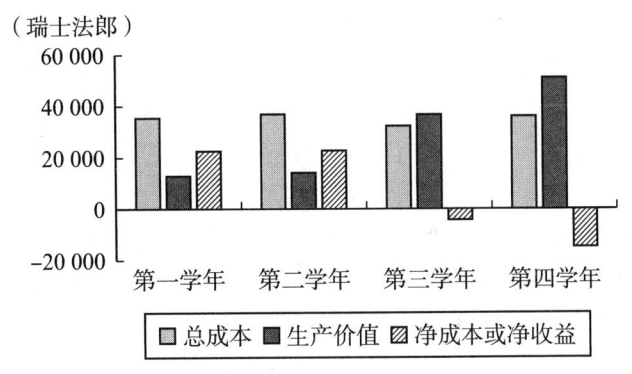

图4-5 机械工企业培训中的成本收益

资料来源：Strahm, R. H. Warum wir so reich sind. 2. erweiterte und aktualisierte Auflage. Bern：hep verlag ag, 2010：111.

2019年，瑞士第四次成本收益调查依旧得出大部分企业参与职业教育培训收益大于成本的结论。② 另外，和德国联邦职业教育研究所以及瑞士伯尼尔大学不同的是德国不来梅大学职业教育研究团队（I：BB）于2006年开发企业职业

---

① Strahm, R. H. Warum wir so reich sind. 2. erweiterte und aktualisierte Auflage. Bern：hep verlag ag, 2010：97-111.
② Gehret, A. Aepli, M. Kuhn, A. and Schweri, J. Lohnt sich dei Lehrlingsausbildung für die Betriebe? Resultate der vierten Kosten-Nutzen-Erhebung. Zollikofen, Eidgenössisches Hochschulinstitut für Berufsbildung, 2019：41.

教育培训质量和盈利能力工具 QEK，在成本和收益测算时加入了质量概念。企业可以通过使用 QEK 工具对职业教育培训的成本收益及质量进行自我测评。也就是说，这是一个可以在企业内部使用的测量工具，能在一定程度上保证数据的真实性。在不同领域及不同职业中使用 QEK 工具的计算结果显示，双元制职业教育培训中企业获得的收益平均为 1 000 欧元左右。[1] 而且在 QEK 工具中，职业教育培训的成本、收益和质量是相互关联的。

在总支出的统计中，QEK 工具沿用德国联邦职业教育研究所的模式，但是在研究过程中特别强调，关于培训师费用的统计中需要注意培训师是否仅仅在非生产性培训过程中工作，还是会带领学徒参与真实的生产业务过程。同样，在设备和材料费用统计中需要区分是否仅仅用于培训还是也会完成生产业务的部分工作，这些区别影响着成本收益的测算细节，这也是不来梅大学和联邦职业教育研究所得出不同研究结果的原因之一。QEK 是一个以企业生产导向为基础的自我测量工具，所以在收益的统计中主要是对生产率的换算，并没有加入诸如提高企业声誉之类的不可测量的收益因素。

职业教育成本收益和质量研究在德国不来梅、北莱茵-威斯特法伦州、萨克森州以及南非等多个地方进行，QEK 的数据库中累积了超过 1 500 份测量数据。这些数据显示，德国双元制职业教育培训中，一个学徒平均每年给企业创造的净收益为 12 339 欧元。[2] 以具体某个企业为例，学徒在进入双元制职业教育培训的第一天起就进入企业的真实生产工作过程中，根据学徒个人的能力融入生产工作环境，在整体 42 个月（即 3.5 年）的职业教育培训过程中，在工作过程中的时间占 64.48%，其中 27.5% 的时间处于不熟练或半熟练工人状态，72.5% 处于专业技术工人水平。其他培训时间还包括企业内部和外部学习、职业学校、考前准备等。该企业经过 QEK 工具的计算结果如表 4-8 所示。[3]

表 4-8　　　　　　　　　QEK 成本收益　　　　　　　　　单位：欧元

成本和收益	一个学徒的培训成本	一个学徒的生产价值	一个学徒的培训收益
每年的平均值	13 157.93	15 162.51	2 004.57
培训期间总数	46 052.78	53 068.80	7 016.02

---

[1] Piening, D. and Rauner, F. Rentabilität und Qualität der betrieblichen Berufsausbildung：Ergebnisse des Einsatzes des Instruments QEK in Sachsen. Universität Bremen, Forschungsgruppe I：BB. Bremen/Dresden 2014：5.

[2] Rauner, F. Grundlagen beruflicher Bildung：Mitgestalten der Arbeitswelt. Bertelsmann Verlag, 2017：963.

[3] Rauner, F. Betriebs-und berufsbezogene Analysen. In：Piening, D. and Rauner, F. Kosten, Nutzen und Qualität der Berufsausbildung. Berlin：LIT Verlag, 2014：65 - 68.

续表

成本和收益	一个学徒的培训成本	一个学徒的生产价值	一个学徒的培训收益
第一学年	12 107.16	10 649.60	-1 457.56
第二学年	14 878.89	15 078.40	199.51
第三学年	11 952.34	19 148.80	7 196.46
第四学年	7 114.39	8 192	1 077.61

资料来源：Rauner, F. Betriebs-und berufsbezogene Analysen. In: Piening, D. and Rauner, F. Kosten, Nutzen und Qualität der Berufsausbildung. Berlin: LIT Verlag, 2014: 68.

从表4-8中可以看出，企业平均每年的收益约为15 163欧元。从第一学年起学徒创造的生产价值就已经超过10 000欧元。第二学年培训成本增加的其中一个原因是学徒工资上涨，但是学徒随着对企业工作的熟悉，创造的生产和工作价值也在增长，第二学年的成本和收益基本可以抵销。第三学年学徒在生产工作中创造的价值大大超过了企业投入的成本。通常情况下一个3.5年的职业培训，学徒在进入最后半年的学习时，已经基本具备了专业技术工人的能力，而第四学年成本较高的原因之一是这个时候学徒需要进行15个工作日的考前准备，而无法为企业生产等创造价值。同样的情况也曾出现在第二学年，即为第一次考试而进行的考前准备。

从以上不同机构对于企业参与职业教育培训的成本收益分析的不同结果来看，不同的成本收益测算方法和测算结果的背后，是对双元制职业教育培训、工作过程中学习以及职业教育质量和效益的不同理解。当然，也正是因为有不同的意见和建议，才能促使职业教育成本收益研究的不断完善和发展，如何让企业真正认识其投入职业教育现代学徒制培训的成本收益也是研究者需要进一步挖掘的。而且从另一方面来看，可以说比较优势不是孤立的因素，在职业教育培训过程中所产生的其他优势和比较优势共同作用于企业参与职业教育培训的动力。

3. 企业培养方式对比较优势的影响

职业教育培训的组织方式影响企业进行培训的质量以及成本收益和积极性。德国参与职业教育培训的企业在教育培训实施时的情况也不统一，各行业间差距较大。在德国的培训企业中，大型企业通常有自己的培训部门和培训车间，学徒在培训车间完成基础培训，通常是1.5年后的第一次考试之后，再进入真正的生产车间继续学习。即使是这种模式，各企业的实施情况也不尽相同。例如，有些企业的培训车间仅仅具备学习功能，而有些企业的培训车间也会根据实际情况完成一些企业生产中需要的真实订单。

德国中小型企业的实施情况就更加不同。一些企业采用类似大企业的模式，第一次考试前的基础培训以及考试准备等内容由跨企业培训中心来完成。而另外一部分企业则是学徒从入学起就在企业的真实工作环境中学习，学徒通常情况下会直接和成熟的专业技工一起，直接在生产或工作过程中进行"做中学"。在一共3.5年的培训实践中，有大约10~12周的时间，企业将学徒送到跨企业培训中心学习，以补充企业内无法完成的而又是职业培训条例中必需的内容。此类企业的负责人强调，这样的学习更能紧贴实际。这种情况下，中小型企业就不太可能根据预设的企业职业培训计划进行培训，多数情况下要照顾企业现阶段的生产情况。当然这不仅和企业大小有关系，也和企业的培训职业有关，根据不同的职业，实施过程中又各不相同。

在职业教育培训中不同培训方式对工作过程中的学习产生影响。如本书中所提到的，即使是在培训车间的实际操作也只是模拟实践中的培训而不是真实的工作环境，真正的工作过程中学习的含义是有计划地在真实工作环境中学习。现如今比较现代化的做法是把企业真实生产中需要的一些零部件或订单，放在培训中心的培训过程中完成，只是要给学徒更充分的时间。当然这样的学习对于培训组织者提出了更高的要求。不同的培训方式对企业的成本收益也会产生影响。培训车间或者跨企业培训中心需要企业另外投入支出，而且这些支出仅仅用于培训的练习而不产生生产价值，自然大大提高了培训的成本，而把职业教育培训变成相对普通教育而言更贵的教育。

可以说，不同的测算细节以及培养方式是企业参与双元制成本收益测算结果不同的重要原因，而且同时企业规模对双元制职业教育培训实施方式的影响不言而喻。这其中也包含了理想方式与现实操作方式的差别和妥协，但是，核心都是让学徒在实践中学习，只是区分了真实生产环境的实践学习和模拟生产环境的实践学习。

（二）质量优势：工作过程中学习的品质效益

提高培训效率及培训质量更高的专业人员是培养效益的体现。学徒在职业教育培训期间，无论是在学校还是在企业都还是学习者的身份。德国不来梅大学技术和职业教育研究所（ITB）在不同领域的多次大规模调研中，在对所获取的大量数据分析的基础上得出结论：当学徒在职业工作过程中的学习时间减少，而增加类似如学习车间等模拟学习的课程形式，会减弱对学徒职业能力的培训效果。同时，还会减弱职业认同以及与之密切相关的职业质量意识和职业价值创造。① 反之，如果将职业学习融入企业的工作过程中，则对于职业能力的开发能够起到很大的促进作用。② 发挥质量优势的条件是需要有质量的职业工作任务，以及在企业完整工作过程中学习，才能实现培养学生职业行动能力的目标。

因此，通过双元制职业教育培训获得符合自身质量要求的员工是德国企业的参与培训的动力：

"我需要他们能够达到'质量'，这是最重要的……"

1. 职业工作任务的优质性

工业化和泰勒模式的生产组织方式是不适合实际岗位学习的。岗位学习的标准包括该岗位工作本身经验的复杂性和思考过程的深度、工作岗位的自由程度以及工作行动的权限范围，即能够在不同实施条件下，完成基本结构相同的岗位任务；在学习过程中按照完整的职业行动模式完成完整的工作任务，包括在工作中和同事沟通交流建议，同事和上级之间要能相互支持，按照以新手到专家的发展逻辑合理划分适合不同学习者在不同发展阶段的工作任务。③ 而且，岗位特征模式理论也提出技能的多样化、工作任务的认同感、工作任务的重要性、自治性和工作反馈等岗位特征影响着员工的动机和绩效。④

而工作任务的质量是影响工作过程中学习的重要因素。如何鉴别工作过程中学习时所接受的工作任务质量？早在1922年海帕赫就已经提出"小组生产"方案，包括独立的计划、方案和对不同可能性的自主选择，能够从中择优做出一个决定并为之负责。在实施过程中要了解概况、分工实施、预测结果的成功性。⑤ 而更为完整的关于工作任务设计的特征是乌利希所归纳及阐释的，乌利希以表格的形式呈现的工作任务设计的特征更为直观（见表4-9）。

---

① Bremer, R. and Haasler, B. Analyse der Entwicklung fachlicher Kompetenz und beruflicher Identität in der beruflichen Erstausbildung. Bildung im Medium beruflicher Arbeit. Sonderdruck. ZfPäd 2004, 50 (2): 162-181.

② Haasler, B. and Meyer, K. Kompetenzentwicklung von gewerblich-technischen Berufsanfängern in Großindustrie und in kleinen und mittleren Unternehmen im Vergleich. In: Jenewein, K., Knauth, P., Röben, P. and Zülch, G. (Hg.). Kometenzentwicklung in Arbeitsprozessen. Beiträge zur Konferenz der Arbeitsgemeinschaft gewerblich-technische Wissenschaften und ihre Didaktiken in der Gesellschaft für Arbeitswissenschft am 23./24. September 2002 in Karlsruhe. Baden-Baden Nomos, 2004: 137-146.

③ Franke, G. Erfahrung-und Kompetenzentwicklung. In: Dehnbostel, P., Markert, P. and Novak, H. Eds. Erfahrungslernen in der beruflichen Bildung. Neusäß, Kieser, 1999: 61.

④ Karlheinz Sonntag, Ralf Stegmaier. 工作设计与工作组织. [德] 菲利克斯·劳耐尔、[澳] 鲁珀特·麦克林. 《国际职业教育科学研究手册（下册）》, 赵志群等译, 北京大学出版社2017年版, 第99页.

⑤ Hellpach, W. Sozialpsychologische Analyse des betriebstechnischen Tatbestandes "Gruppenfabrikation". In: Lang, R. and Hellpach, W. (Hg.). Gruppenfabrikation. Berlin: Springer, 1922: 27.

表 4-9　　　　　　　　　任务设计的特征

特征	假定的影响	通过……实现
全面性	员工认识到他的工作的意义和价值；员工通过自己的工作进度获得反馈	有计划的、可执行的、可控制的任务，根据要求检测自己的工作
多样的要求	不同的能力、知识和技能的要求；避免单方面的要求	对于身体和感官不同要求的任务
社会相互作用的可能性	共同解决困难；相互支持更容易承受压力	需要合作的任务
自主性	强烈的自我价值感和承担责任的意愿；传递经验而不是事不关己、漠不关心	具有计划和抉择可能性的任务
学习和发展的可能性	保持思维灵活；获得并提高职业资格能力	以目前能力可以完成的并能拓展的，或获得新能力的任务
时间弹性和无压力的可实现性	面对不恰当的工作密度；无压力的思考环境，自己选择相互作用	能在给定的时间中找到缓冲时间
合理性	传递参与社会有益生产的正能量；个体利益和社会利益的统一感	产品的社会效益无异议；能检查和保证产品和生产线对生态的无害性

资料来源：Piening, D. and Rauner, F. （Hg.） Kosten, Nutzen und Qualität der Berufsausbildung. Berlin: LIT Verlag, 2014: 43. Merkmale der Aufgabengestaltung in Anlehnung an Emery & Emery (1974), Hackman und Oldham (1976) und Ulich (1994, 161).

也就是说，获得质量优势的其中一个条件是运用有质量的工作任务，而所谓有质量的工作任务是可以帮助学徒发展职业能力的任务。学徒在职业教育培训期间需完成的工作任务如果低于他的发展水平或者该职业工作的专业水平，将会对职业教育培训产生消极影响，即如果在该职业的技能形成过程中，学徒的职业工作任务不能使学徒持续获得新的知识、技能，或达不到学徒的胜任力水平，那么对于年轻人而言，会降低对该职业的新鲜感和成就感，学徒的积极性会因此而挫伤。反之，过分超出学徒能力范围的工作任务会使学徒的内心产生挫败感而降低学习的积极性。职业学习作为循序渐进的工作经验积累需要将新的工作情境置于已有经验的背景下，以获得新的工作经验。在这个学习过程中，如果新的经验能够符合已有的知识结构，那么优先积累工作经验，之后在已有经验的基础上补充知识，当然在这些职业知识中也包括默会知识。

在工作过程中，工作任务和学习任务相结合的学习形式是职业教育中企业职业教育获得职业能力的特别形式。在现代的、对技术要求高的工作过程中，将工作任务和学习任务结合的形式是必要且可行的,即将工作过程中分散的、即时的、非正式的经验学习形式,和有组织的学习形式系统地联系在一起。也就是说,这种形式将有目标的、有组织的正式学习和工作中的经验学习相结合,将工作岗位和工作过程加以系统化学习,对工作教育学的元素进行补充和拓展,并且通过组织的、人事的和方法论及教学论的方面支持促进这样的学习。①

但是,学校的教育过程和企业的教育过程还是具有原则性差别的,即使教育的要求是相同的,两者之间的理论依据也是不同的,相比学校教育,企业教育更具有特殊性。学校教育可以将组织发展作为职业教育培训的对象,从而概括职业和专业工作。而在企业中,专业工作的工作组织以及技术和方法是企业理解职业教育的媒介。因此,在对企业教育过程全面理解的基础上,想要形成更有活力的企业组织形式则需要学校教育进行补充。学校教育和企业教育两者的基础构成现代专业工作的内容和组织形式。在职业教育培训过程中,企业和学校通过工作任务以及学习领域的配合完成相同的职业工作任务。企业的培训师和学校教师通过紧密合作共同制定职业工作任务,职业学校教师也需要放弃以往专业学科导向的课程而进入工作过程导向的课程。只有这样,学生才能获得有质量的职业工作任务,从而促进工作过程中的学习和职业行动能力的获得。

2. 职业工作过程的完整性

在 20 世纪 90 年代,德国工业特别是以出口为导向的汽车工业在世界市场竞争中受到考验。针对当时德国面临的问题,90 年代初联邦职业教育研究所发起一系列关于"分散学习"的尝试,被认为是职业学习融入工作过程的开端。让学徒熟悉完整的工作过程有利于学徒形成完整的职业能力。徐国庆的著作《职业教育项目课程——原理与开发》中提出当工作任务被割裂时,学生能够"做事"而不能"做成事"。"例如,在传统的计算机教学中,教师围绕着一个个命令展开教学,结果是学生能完成局部命令的操作。但是,如果给他一份手写稿,一台没有开机的电脑、一台打印机,要他拿出符合要求的最终打印稿,却很可能不能完成任务。"② 因为这样的学生职业能力不完整,仅仅适合对工作过程进行细致而严格分工的工作。而反之,例如对生产线整体全面的认识则有助于保证产品质量和帮助生产性研发工作:

"从外部招聘的员工可能过 20 年都无法了解,因为他只在自己的工作岗位上工作。而学徒知道,他现在生产的产品,这个产品在前一条生产线是怎样的,在接下来的生产线上又是怎样的……形成整体的概念……对于保证产

---

① Piening, D. and Rauner, F.(Hg.). Kosten, Nutzen und Qualität der Berufsausbildung. Berlin: LIT Verlag, 2014: 37 – 51.

② 徐国庆:《职业教育项目课程——原理与开发》,华东师范大学出版社 2016 年版,第 12 页。

品质量和生产性研发有很大的意义……更能认识自身的重要性及形成对工作的整体思维……"

因此,能否在职业教育培训中获得与该职业相应的、足够的工作过程知识是职业教育培训成功的关键。工作过程中需要注意职业工作任务的特殊性,包括职业工作中客观存在的和客户的主观使用价值、可持续性、外观质量以及员工的工作条件等。而工作过程中的全面性则要求学徒在解决职业工作任务的时候所有方面都不能缺失。例如,在工作任务订单中如果过高估计方案的技术性,而过低考虑或忘记考虑财务或客户接受度则会造成订单损失;如果忽视安全或环境保护因素那么可能会带来法律后果。而且,让学生掌握完整的工作流程有利于学徒或员工从整体上理解每一个工作任务以及每一个工作任务的重要性,从而保证其生产及工作的质量。① 工作过程本身是一个组织严密的完整系统,通过每一道工作任务环节以及和同事的相互配合,形成最终的企业产品或是企业服务,而每一道工作任务环节也只有置身于整个工作过程中才能被理解。

在学徒学习过程中,如果将工作过程人为地割裂,并根据组织安排简便化的原则进行重组,那么可能造成学徒的知识和技能是割裂的,他们不了解整个生产或工作过程,无法将已有知识和技能与解决实际生产或工作问题相结合,进而也无法独立完成和解决工作中的问题,职业能力也得不到提高。一项职业教育能力测评案例研究的数据很好地证明了这个观点。该案例中,机电一体化学徒在3年的学习过程中的能力轮廓图呈现出令研究者震惊的结果,如图4-6所示。

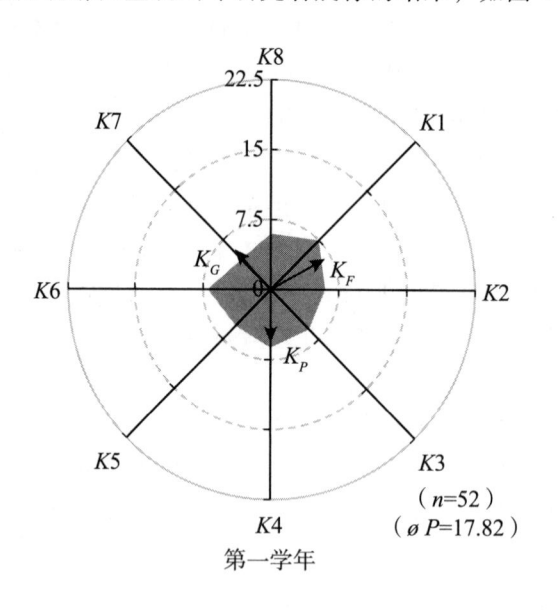

第一学年
($n=52$)
($\emptyset P=17.82$)

---

① 徐国庆:《学科课程、任务本位课程与项目课程》,载于《职教论坛》2008年第10期,第4~16页。

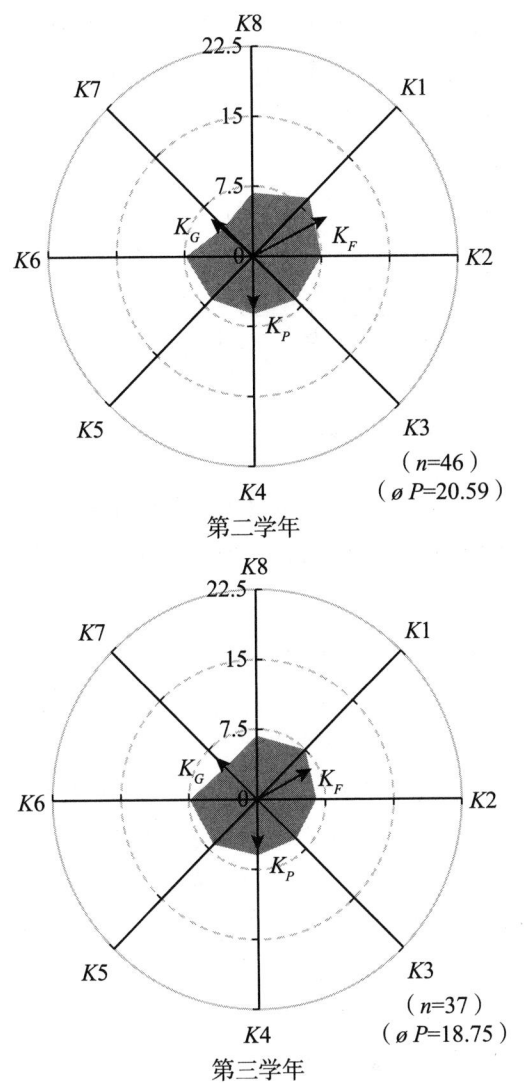

图 4-6 机电一体化学徒能力轮廓图

资料来源：Rauner, F. Stagnation of competence development during the course of training. In: The competence challenge: COMET as a method for quality assurance and development in VET. KOMET 2014. Vortrag in der East China Normal University 2017.

如图 4-6 所示，学徒在第二学年到第三学年之间的能力发展几乎处于停滞甚至退化的状态，研究者认为这样的结果归因于高度模块化的职业教育形式（见图 4-7）。[1] 案例中的学徒学习的是这样看似灵活的模块化课程，每次引入一个

---

[1] I：BB Bremen. FG Berufsbildungsforschung Jahresbericht 2013-2014 [R]. I：BB-Universität Bremen, 2014：25.

新的学习模块，无论该学徒是处于哪一年级都将再次成为"初学者"，和以往模块中的工作失去关联，这种割裂工作过程的模式是导致学生职业能力停滞的直接原因。因此，在职业教育培训过程中要避免仅仅获得表面的知识而应更倾向于融合工作过程中的知识。

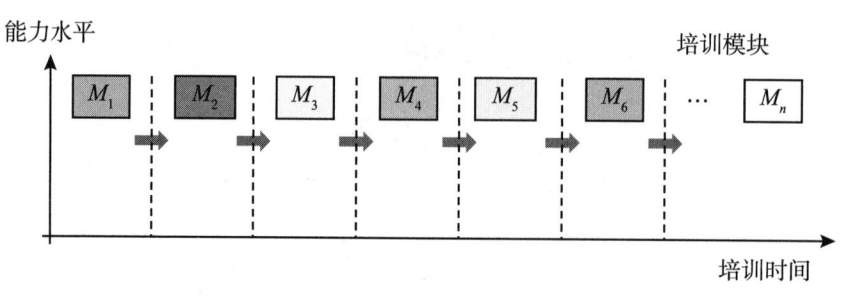

图4-7 高度模块化职业教育课程

资料来源：I：BB Bremen. FG Berufsbildungsforschung Jahresbericht 2013-2014. I：BB-Universität Bremen，2014：25.

割裂工作过程的职业学习所带来的影响是不分国界的。例如，美国的现代企业中就更倾向于对蓝领工人进行针对性专业化培训而非职业的系统性培训。多年来，众多一线工人仅仅从事某项固定工作，随着自动化技术的应用及发展和企业内部组织模式的改革，工人的工作随之被取代而造成大规模失业，即使当时克林顿政府主张通过增加培训时间来减少失业，然而收效也甚微。正如美国劳工部1993年的一项研究发现，参与重新培训的工人中只有20%找到工作，而工资也仅是以前工资的80%，并没有一项重新培训计划能使失业人员完成高技术的专业工作。[1] 因为，这些失业人员原先只是从事被机械取代的简单劳动，这些人的基础性文化甚至识字阅读能力都令人担忧，在这样的过度劳动分工和工作固化模式中，工人不了解完整的工作过程，也丧失了完整的学习能力。

同时，工作过程中的学习是和工作环境相关的、在工作期间的经验学习，其学习内容以及这种形式下获得的知识是在开放的行动情境下可以利用的。当然，这种学习也不是随意的或者毫无关联的，更多的是应用建构主义的学习观。学徒在工作过程中自主学习，那么自主学习的内容范围就必须有严格的要求，因此需要专业的培训师或有经验的培训管理人员对整个工作过程中的学习进行引导和控制。

针对工作过程中的可学习性，即工作过程中的学习机会和学习潜力，学者们

---

[1] [美]杰里米·里夫金：《工作的终结——后市场时代的来临》，王寅通等译，上海译文出版社1998年版，第44~45页。

也通过大量的实证研究进行检验，综合来看，学者们认为可学习性的维度包括行动的回旋余地、问题性经验和复杂性经验、完整的行动、社会支持、个人发展和反思。[1] 这些维度中不难看出自主控制是核心，但是在实际运行过程中，这些维度是否能促进学习或阻碍学习，还和工作组织形式以及产品或服务有关。例如，一个单品制造的机床厂和汽车供应商提供的是不一样的学习潜力，但是，在实际教学中并没有统一和确定的路径去创造促进学习的工作条件和学习环境，而需要培训师或组织者具备足够的经验。工作过程中学习的质量保障对职业工作任务、职业工作过程提出相应的要求以促进形成职业行动能力。

那么，在自动化技术高速发展的今天，学徒是否仍然需要熟悉职业工作流程呢？关于这个问题，不来梅大学技术与教育研究所自20世纪90年代起就发表了大量关于技术进步、自动化改变工作过程的实证研究成果，这些研究涉及电子专业技术工人在制造和工艺技术生产中的维修工作[2]、在广泛的维修领域以及汽修服务中的计算机辅助维护工具的设计[3]、楼宇系统技术和化学实验室领域的专业工作转变[4]、汽车生产核心职业专业工作的转变、计算机集成生产和职业教育等。研究结论包括：第一，自动化的推进使人的工作被替代，在职业的专业工作中与工作过程相关的能力具有更加重要的意义。第二，专业技术工人在生产和维修中需要掌握的知识增加使得职业结构的特殊性减弱，从而也使职业的数目减少。第三，在自动化生产和服务的工作实践中不可预知的情况在增加，需要个体或团队

---

[1] Bergmann, B. Lernen im Prozess der Arbeit. In：AG QUEM（Hg.）. Kompetenzentwicklung'86. Strukturwandel und Trends in der betrieblichen Weiterbildung. Münster, 1996：153 – 262. / Franke, G. Erfahung und Kompetenzentwicklung. In：Dehnbostel, P., Markert, W. and Npvak, H. （Hg.）. Workshop: Erfahrungslernen in der beruflichen Bildung – Beiträge zu einem kontroversen Konzept. Neusäß, 1999：61ff. / Reinamnn – Rothmeier, G. and Mandl, H. Lernen in Unternehmen：Von einer gemeinsamen Vision zu einer effektiven Förderung des Lernens. In：Dehnbostel, P., Erbe, H. and Novak, H. （Hg.）. Berufliche Bildung im Lernenden Unternehmen. Berlin, 2001：195ff.

[2] Drescher, E. Was Facharbeiter können müssen：Elektroinstandhaltung in der vernetzten Produktion. Bremen：Donat. 1996. Zitiert von：Rauner, F. Grundlagen beruflicher Bildung：Mitgestalten der Arbeitswelt. Bertelsmann Verlag, 2017：65.

[3] Fischer, B., Girmes – Stein, R., Hagen, K. and Penkert, U. Entwicklungslogische Erziehungsforschung. In：Haft, H. and Kordes, H. （Hg.）. Enzyklopädie Erziehungswissenschaft. Band 2：Methoden der Erziehungß und Bildungsforschung. Stuttgart, Dresden：Klett. 1984：45 – 82. / Rauner, F. and Zeymer, H. Auto und Beruf：technischer Wandel und Berufsbildung im Kfz – Gewerbe. Donat, 1991. Zitiert von：Rauner, F. Grundlagen beruflicher Bildung：Mitgestalten der Arbeitswelt. Bertelsmann Verlag, 2017：65.

[4] Diurich, J. Zum Anspruch des Gestaltungsgedankens zwischen Technik und Bildung – Gestaltungsspielräume um die Prozessleittechnik. In：Rauner, F. and Spöttl, G. Berufliches Arbeits-prozesswissen – Ein Forschungsgenstand der Berufswissenschaften. Baden – Baden Nomos, 2000：159 – 174. / Röben, P. Die Analyse des Arbeitsprozesswissens von Chemiefacharbeitem und die darauf basierende Entwicklung eines computergestützten Erfahrungsdokumentationssystems. In：Pahl, J. – P., Rauner, F. and Sponl, G. Berutliches Arbeitsprozesswisse – Ein Forschungsgegenstand der Berufeldwissenschaften. Baden – Baden Nomos, 2000：239 – 251.

的实践知识。在日益网络化和系统化的体系中必须不断消除系统性的知识盲区。第四,自动化在制造和工艺技术生产中产生自动化技术,对员工而言,特别是在维修方面,越来越多的是几代自动化技术和集成系统并存的情况。[①] 因此,职业教育培训不应该被视为例如仅为了维修自动化问题而存在,更应该通过职业知识成为工作世界中发现和改变自动化的积极参与者,这也就证明了,即使是在自动化技术高速发展的时代,完整的职业工作过程对于职业教育学徒制依然意义重大。

3. 职业行动能力的全面性

双元制职业教育培训以培养职业行动能力为目标。所谓职业行动能力,其实就是在已有经验和知识的基础上,有意识地以批判性并承担责任的态度进行工作。具体而言,就是在工作中脱离工作现象本身,去思考和追问工作过程组织、行动流程及其替代方式,联系自身已有经验形成自己的行动知识。这种类似反思性的行动能力是基于诸如个人特征、价值观和情感的,并且以实际行动能力的质量和主观能动性为目标。同时,职业行动的构成由两个因素决定:一是通过个人的职业行动能力而产生职业行动,二是通过当前的生产、工作和学习条件或结构及情况而产生职业行动。企业的条件不仅影响个人行动能力的培养,同时也作用于职业教育培训。这些条件包括学习、工作和企业文化,工作中可供学习的层面以及个体的发展和晋升路径。[②]

在职业行动能力的产生过程中,知识和行动之间存在怎样的关系?特别是在企业工作过程中,"做中学"是如何发生的?这个问题是解释双元制职业教育培训或职业教育现代学徒制等任何形式的工作场所学习中教育性的关键所在。人们通常认为实践是对理论的应用,如好的理论可以通过简单地逻辑推理而产生实际行动。但是,柯阿普(Krapp)和海兰德(Heiland)提出,严格地说,这样的情况仅仅适用于在自然科学中规律性的、从经验来看没有驳斥的定律,而不适用于统计学中描述可能性关系的情况。[③] 如前文所述,知识需要在工作过程中通过人与环境的相互作用以及在个体已有经验的基础上,不断累积和更新进而产生解决问题的职业行动及职业行动能力。德国职业教育的目的是使年轻人获得全面的职业行动能力,使他们能够自主的、独立的,并且能和他人合作、有效的、具有创

[①] Rauner, F. Grundlagen beruflicher Bildung: Mitgestalten der Arbeitswelt. Berlin: Bertelsmann Verlag, 2017: 65 – 71.

[②] Weinberg, N. Lernkultur – Begriff, Geschichte und Perspektiven. In: AGQUEM (Hg.). Kompetenzentwicklung 99. Münster, 1999: 88.

[③] Krapp, A. and Heiland, A. Wissenschaftstheoretische Grundlagen der Pädagogischen Psychologie. In: Weidenmann, B., Krapp, A., Hofer, M., Huber, G. L. and Mandl, H. (Hrsg.). Pädagogische Psychologie. 3. Auflage. Weinheim 1994: 58.

新精神的、主动参与和完成职业工作。

在非双元制的职业教育中,人们通常认为在学校完成的是一般性、通用性学习阶段,而进入劳动力市场之后,才开始第二阶段中更多特殊的、开放的、更长时间的学习以获得职业技能。第二阶段是工作中的学习,包括从正式组织活动、学徒制等其他形式到非正式的经验中学习。① 但是,无形之中也延长了学习时间而降低了学习效率。而且,德国学术界认为,双元制职业教育培训中相较于职业学校,企业承担了更重要的质量意义,关于这个问题德国学者的意见是一致的。但是,对于企业的培训质量则有不同的看法,如同前文中提到的一部分观点,认为在真实的工作过程中具备全面的职业行动能力是质量的保障。也有学者认为脱离生产的学习,例如,在企业学习车间的学习质量相对更高,但是也是成本较高的选择。② 这两种不同观点代表对质量不同方面的侧重,如真实工作过程中的学习强调的是对工作的全面理解和学习,以获得具备个体主观能动性的职业行动能力,而在学习车间的学习则更强调知识和技能学习过程的系统化,通过这种系统化的学习奠定获得职业行动能力的基础。

(三) 认同优势:企业全程参与的认可效应

职业教育置于经济、社会、教育、技术等发展变化中,不仅承担着适应各方面发展变化的任务,更重要的价值在于参与和创造变化中的生活世界。学徒在双元制职业教育培训中对职业身份认同的发展、对培训企业的认同以及因此而产生的承担责任的意识和质量意识是职业教育培训成功的关键要素。企业员工对于自身职业身份的强烈认同和归属是其投入工作和承担责任的内生源动力,同时,也会建立起与企业的联系和对企业的归属感。15~16岁中学刚刚毕业的青少年第一次进入培训企业,也是他们人生中第一次进入工作和社会,人生观和价值观还没有完全形成,培训企业承担教育责任的同时,也更容易使学徒产生职业身份认同和企业认同,这种认同是企业长久稳定发展的保障。

1. 职业身份认同的形塑

职业和职业活动塑造了个人身份以及社会身份,因为"职业"往往是自我感觉的首要来源。③ 在德国,专业技术工人首先定义自己的职业而不是所在的企业,

---

① Mincer, J. On-the-Job Training: Costs, Returns, and Some Implications. *Journal of Political Economy* 1962, 70 (5): 50–79, https://www.journals.uchicago.edu/doi/pdfplus/10.1086/258725 (accessed 2018-03-22).

② Greinert, W. -D. Das "deutsche System" der Berufsausbildung. Geschichte, Organisation, Perspektive. Baden-Baden 1993: 120.

③ Beck, U., Brater, M. and Daheim, H. Soziologie der Arbeit und der Berufe. Grundlagen, problemfelder, Forschungsergebnisse. Reinbek b. Hamburg: Rowohlt, 1980: 160.

他们在与外界社会沟通时，会首先介绍自己的职业身份。学徒在职业教育培训过程中，不仅获得专业理论知识和实践能力，同时，他们也在熟悉职业和工作世界中所存在的规则、规范和价值观，这就涉及职业身份认同的问题。所谓职业身份认同是指学徒需要在自身要求和工作世界的要求之间寻找到平衡点。职业身份认同是一个不断积累或不断变化的过程，它需要在职业和工作世界积累的经验中生成和发展。

关于职业身份的认同来源及影响因素学术界成果颇丰，虽然各自侧重点不同，但基本上是具有一致性的。如杜牧勒（Duemmler）等人认为职业身份认同建立的影响因素分为三个方面：首先，职业身份认同可以通过工作任务、行动、能力的内化以及所产生的感觉而建立。其次是在工作小组中的归属感，即在职业的小组工作中了解该职业所需要的规则、规范和价值观以及获得小组协作中的支持和认可。再次是企业归属，即在企业中的工作条件和工作环境以及职业生涯的发展路径。最后是该职业的社会价值认可度。[①]

劳耐尔认为职业身份认同源自四个方面：首先是法律规定中的职业形象，这是正式的职业角色的认同，在职业教育培训中体现在专业技工考试条例及培训条例中。其次是代表着社会期待的非正式职业角色，即在社会大众中对各职业有不同的认可和形象，社会对某职业的认知烙印在学徒及专业技工的心中。学徒的过往经历如家庭及学校以及对于职业的未来理想深深影响着学徒的职业认同的形成和发展。再次，不管是正式还是非正式职业角色认同都会受到学徒所在培训企业的领导或培训师的影响，当然这种影响可能是正面的也有可能是负面的。学徒在职业及工作世界中所接触到的同学、同事、客户、培训师、领导等塑造着他们的职业认同，在这个过程中他们的经历如被认可、被拒绝、被忽视等都会对职业认同的形成和发展留下深深的印记。最后，对于职业工作任务内容的兴趣是职业身份认同发展的决定性基础因素，如果这个兴趣足够浓厚，那么其他的因素就会相对丧失在职业身份认同中的意义。[②] 因此，在职业教育过程中，学徒学习岗位的特征也会影响学徒的学习积极性和职业认同，当学徒能够通过努力熟练掌握岗位工作技能，并在工作中认识到岗位的重要性进而产生责任感，能从工作中得到经验性的反馈和认识工作结果，那么在岗位上的学习就能产生积极的效果，由此更容易产生职业身份认同以及企业认同和责任认同。

---

① Duemmler, K., Caprani, I. and Felder, A. Berufliche Identität von Lernenden im Detailhandel: Studienergebnisse und Schlussfolgerungen für die Berufsbildung. Ein Ratgeber für Lehrpersonen und Berufsbildner/-innen. Lausanne: Eidgenössisches Hochschulinstitut für Berufsbildung, 2017: 9.

② Rauner, F. Methodenhandbuch – Messen und Entwickeln beruflicher Kompetenzen (COMET). Bielefeld: W. Bertelsmann Verlag, 2017: 79.

早在 1983 年布兰克尔茨①（Blankertz）就已经提出，职业教育研究忽视的一个重要问题是职业能力和认同之间存在不可分割的关系。德国不来梅大学的职业教育研究团队在积累了多年实证研究数据资料的基础上，证明了职业能力的发展和职业身份认同、企业认同、职业承诺、企业承诺及工作道德之间具有很高的相关性。职业身份认同、企业认同以及相关的职业承诺、企业承诺和职业道德之间存在相互作用的关系。而且，认同以及与之相关的承诺是评价职业能力的重要因素。② 如图 4-8 所示，在 COMET 职业能力测评中，认同和承诺是其中一个职业能力发展的维度。职业承诺基于对职业身份的认同，是个体对职业产生的心理意向。企业承诺基于对企业的认同以及在此基础上的情感联系，例如"我为企业效力"，这样的观念能够体现个体对企业的认同感。职业道德是在抽象层面的工作动机，例如当个体认为"不管得到任何一项工作活动，我都很可靠"③。这是职业道德的具体体现形式。

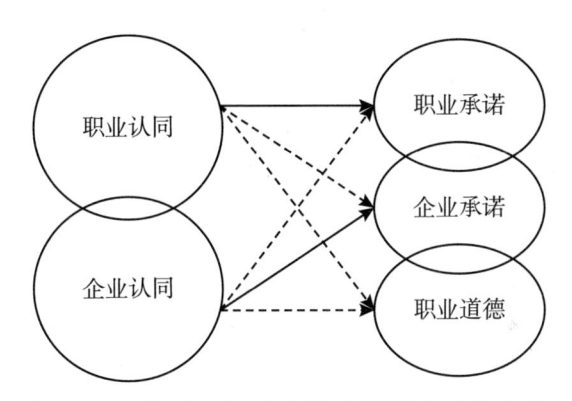

图 4-8　认同、承诺和职业道德之间的关系

资料来源：Rauner, F. Methodenhanbuch – Messen und Entwickeln beruflicher Kompetenzen (COMET). Bielefeld：W. Bertelsmann Verlag, 2017：85.

对于有些学徒来说，所选的培训职业是自己一直以来梦寐以求的，那么他们在职业教育培训初期就已经具备职业身份认同，这种职业身份认同往往来自该职业的职业轮廓描述，或者是学徒在青少年时期所接触到的经历和宣传，又或者是

---

① Blankertz, H. Sekundarstufen II – Didaktik und Identitätsbildung im Jugendalter. Benner, D., Heid, H. and Thiersch, H. (Hg.). Beiträge zum 8. Kongress der Deutschen Gesellschaft für Erziehungswissenschaft. 18. Beiheft der Zeitschrift für Pädagogik. Weinheim：Beltz 1983, (18)：139-142.

② Rauner, F. Methodenhanbuch – Messen und Entwickeln beruflicher Kompetenzen (COMET). Bielefeld：W. Bertelsmann Verlag, 2017：78-85.

③ Rauner, F. Methodenhanbuch – Messen und Entwickeln beruflicher Kompetenzen (COMET). Bielefeld：W. Bertelsmann Verlag, 2017：84-85.

家长职业经历的影响以及曾经职业导向时期的职业实践等。在进入企业之后，学徒通过完成职业工作任务来对比想象中的职业和现实中的职业，他们在经验的基础上首先获得大概的职业轮廓，之后随着职业教育培训的继续，特别是职业工作经验的不断反馈和加深，逐渐形成主观认识中的职业认知。学徒在职业工作情境中学习，置身于企业的业务过程和组织运行中，在从新手到专家的过程中不断层层递进积累工作经验，职业身份认同的形成是以一步一步的经验为基础的。新手到专家的过程实际上是职业能力发展的过程，因此，也就从理论上证明了职业身份认同和职业能力发展的关联性。[1]

建立职业身份认同是职业教育培训的基础，在双元制职业教育培训体系中，职业学校和培训企业这两个学习地点都需要对此发挥促进作用。学徒在学习期间从事的职业活动水平与自身个体期待的对比，也会影响学徒在学习期间对职业身份的认同。德国萨克森州的一项调查研究表明，独立从事职业活动以及自我承担责任的工作最能促进职业身份认同的发展。[2]

2. 企业认同的建构

企业作为载体把员工和社会连接起来，员工的企业认同是指员工对企业所产生的归属意识以及价值认可和情感依赖。安东尼·圣休伯曾说："如果你想带领一批人造一艘船，千万不要想着把他们集合起来，按部就班地分配工作，比如收集木料等。相反，你应该让他们憧憬着驶向那一望无际的大海。"[3] 这段话是说，企业需要具备员工认同的、处于现实与梦想之间的、具有挑战性而又可以通过努力实现的目标。但是，它也意味着要让员工感知整个企业，不仅是企业文化，也包括企业生产相关的全部内容，而不是将员工与企业割裂，让员工仅仅去完成领导所分配的任务。也就是说，企业认同不是一个独立的因素，企业认同、员工积极性都需要整个企业从生产到管理成为一个整体，才能具备实现共同目标的责任感。

"企业认同也是非常重要的。员工认可企业及企业的品牌所代表的质量……必须要融入员工的血液中。员工要有这样的意识——残次品是不可以交出去的，或者说企业品牌和品牌质量不允许员工放过不合格产品。这些在培训的过程中就会传达给学徒……"

---

[1] Rauner, F. Methodenhanbuch – Messen und Entwickeln beruflicher Kompetenzen（COMET）. Bielefeld：W. Bertelsmann Verlag, 2017：81 – 86.

[2] Rauner, F., Frenzel, J., Piening, D. and Bachmann, N. Engagement und Ausbildungsorganisation – Einstellungen sächsischer Auszubildender zu ihrem Beruf und ihrer Ausbildung. FG I：BB, Universität Bremen. Bremen / Dresden im Frühjahr 2016：147.

[3] ［德］赫尔曼·西蒙：《21世纪的隐形冠军——中小企业国际市场领袖的成功策略》，张非冰等译，中信出版社2009年版，第43页。

企业认同是双元制职业教育培训过程中产生的绝对优势之一。学徒的企业认同是学徒在培训企业内进行学习时产生的,"企业氛围""职业教育培训期间的引导""职业活动的范围""工作任务的要求和水平"以及"独立完成任务"是解释企业认同的几个方面。① 如果学徒在学习期间能够认可自己的培训企业,建立起对企业的归属感,和企业共同发展,那么正式入职之后相较于外聘员工会更加具备企业认同因而流动率低。在员工管理的准则中,其中重要的一条就是通过金钱、认同与培训的机会来创立有效的激励机制来激发和留住员工。② 而且,如果和员工的关系是合作关系而不是雇佣关系,将更有助于提高员工的企业认同感。

"如果企业自己进行培训,学徒在学习过程中对企业有认同感,这种认同感将是后期招聘员工所没有的,或者说很难有的,经过3年的培养这种认同感肯定要高于从市场招聘的员工……"

另外,地理位置塑造了企业,企业也影响着自身所在地区的人们的生活。正如西蒙所言,在德国,约2/3的中小型行业领袖企业的总部都设在乡村。在相对小的区域,企业和员工更易互相依赖,能排除大城市对员工的干扰,企业和员工更容易建立长期的关系。地域的近距离带来了本地感,这些因素能够帮助员工建立对企业的认同感。③ 这里不得不提到,在德国,百万以上人口的城市只有4个,其中人口最多的是首都柏林,截至2016年12月31日,柏林人口数约为357万人,其次是汉堡(约181万人),排在第三位的是慕尼黑(146万人),最后是科隆,约100万人。④ 德国和中国对于城市大小概念的理解是不同的,但是值得注意的是,德国的小城市甚至乡村的基础设施建设也早已完成,汽车早已成为家庭的代步工具,在小城市的生活也很方便,并且相对于大城市的拥挤更加自由。德国包括教育在内的各方面区域发展相对平衡,选择留在乡村或小城市生活并不会绝对降低生活质量。这样的地理位置自然有它的优缺点,也不会是绝对完美的,但是,在德国确实有这样一些行业内举足轻重的企业并没有选择留在大城市。因此可以说,地域的近距离优势以及家乡的融合感也为在当地企业员工的企业认同

---

① Rauner, F., Frenzel, J., Piening, D. and Bachmann, N. Engagement und Ausbildungsorganisation – Einstellungen sächsischer Auszubildender zu ihrem Beruf und ihrer Ausbildung. FG I:BB, Universität Bremen. Bremen / Dresden im Frühjahr 2016:150.
② [美]杰克·韦尔奇:《赢》,余江等译,中信出版社2005年版,第88页。
③ [德]赫尔曼·西蒙:《21世纪的隐形冠军——中小企业国际市场领袖的成功策略》,张非冰等译,中信出版社2009年版,第218~220页。
④ Statista. Einwohnerzahl in den deutschen Millionenstädten am 31. Dezember 2016,https://de.statista.com/statistik/daten/studie/164790/umfrage/einwohnerzahl-deutscher-millionenstaedte/,aufgerufen am 30 - 08 - 2017.

感创造了条件。

3. 责任认同的培育

公平的工资以及和谐的劳动关系是企业对员工负责任的体现，而员工在工作中获得的满足感和逐渐培养起来的天职意识是员工对企业的责任和组织承诺。文化对教育的直接作用对象是教育的深层价值取向。[1] 德国企业重视培养学徒成为勇于承担责任的人，在其文化传统中就体现着重视自我责任感以及自我价值的取向。基于天职观念的理性行为是资本主义精神的基本要素之一，而这种理性行为源自基督教禁欲主义。[2] 在1618~1648年的三十年战争后，勃兰登堡－普鲁士国家推行重商主义政策，接受来自法国的技术移民，在经济上得到较大的发展。1701年第一任普鲁士国王弗里德里希一世推行军事化管理，形成特有的以"服从、尽职、守时、节俭、准确，国家利益至上，禁欲和严格的纪律要求，服从命令和理性"为核心的普鲁士精神。这种普鲁士精神在德意志民族中流传了下来，秩序和责任是德国人最看重的品质。因此，对于企业而言，更加需要员工的责任认同。

企业在劳动力市场以低价雇佣剩余劳动力虽然可以在一定情况下扩大企业生产规模，但是却阻碍了其自身质量的提高。例如，当在生产过程中需要熟练工人、昂贵的机器设备时，或者需要集中注意力或具有创新精神时，往往需要高度的责任感和态度以提高劳动生产率[3]，而这正是资本主义职责观念的体现。德国的文化传统在职业教育培训过程中烙上了深深的印记，学徒在中学毕业后进入培训企业，和自己的培训企业一起成长，在人生的青春岁月中就认识企业，对企业的依赖感和归属感是成年后进入企业所不能相比的。在这个成长过程中，学徒身份到员工身份的转化，使他们身上多了一份对企业发展的责任感和使命感。例如：

"学徒成为员工后会对企业有感情，他和企业一起成长，企业的进步中有员工的努力……"

职业教育是与技术、经济、社会等紧密相关的一种"价值有涉"的教育。所谓"价值有涉"，是因为在职业教育中除了技能等专业能力之外，还需要遵循工作世界所给出的标准和要求，需要尊重自然科学或其他科学的规律，需要给学生传达现实工作世界中价值相关的因素。例如，需要考虑所选择工作方案的经济

---

[1] 吴康宁：《教育社会学》，人民教育出版社1997年版，第93页。
[2] ［德］马克斯·韦伯：《新教伦理与资本主义精神》，马奇炎、陈婧译，北京大学出版社2012年版，第182页。
[3] ［德］马克斯·韦伯：《新教伦理与资本主义精神》，马奇炎、陈婧译，北京大学出版社2012年版，第56页。

性、环保性等多方面的综合因素，也可以说是学校职业教育中知识、技能和态度的统一体。正是因为职业教育的"价值有涉"以及和经济界的紧密相关，因此，职业教育培训要按照职业的要求完成其该完成的任务并承担其应该承担的责任。对于职业教育培训而言，在事实层面是没有绝对的自由的。"知道做什么并为之承担责任"是德国教育中想要传达给所有人的一种思想，这个理念契合州文化部长联席会议（KMK）所提出的纲领性要求——"承担社会的、生态的责任并参与创造工作世界"。因此，在职业教育学的讨论中，完整的职业行动概念被认可，并且以此为基础拓展为设计导向的职业教育是德国职业教育培训的指导理念。

第二节 中国企业行为结果性动力的表现形式

从多岗胜任、培养效益来看，我国企业在行为结果性动力方面的表现形式更为突出的是通过定岗工作，达到"熟练"工作的目的以保证产品质量。同时，由于我国更为复杂的企业类型及环境，不同需求类型的企业所追求的结果性目的不同。

一、岗位限定：我国员工仅需胜任个别工作岗位的职责要求

从本书的研究过程中所获得的我国企业访谈资料来看，不管是企业人力资源负责人还是具有多年工作经验的企业带徒师傅，多数都认为企业员工不需要同时胜任多种岗位。而且，在几乎所有的企业中，员工定岗工作可以熟练掌握岗位工作任务，是保证企业正常运行以及产品质量的方式。即使对于酒店服务业而言，员工基本也是完成自己的岗位内工作：

"对于大的酒店，是不太会换岗的，小的酒店的话就需要。大的酒店就是精深，小的酒店的话就是广，员工一个人要完成客房、餐饮，他当班的各个方面。但是像这种，各方面的要求没有那么高。整体来说层次是不一样的，小酒店是简单加多，大酒店就是复杂加少。结果就是不可能要求小酒店和大酒店是一样的。小酒店里面客人也简单，比如对客人的关注度就没有那么高。"

在本书的问卷调查中也显示出和访谈结果的一致性。近一半（46.94%）的企业员工大部分时间只需要完成某个固定岗位的工作，还有36.05%的企业选择

该情况基本符合实际情况。甚至，企业认为"熟能生巧、术业有专攻"，希望员工都能按照质量要求定岗工作，认为定岗工作可以保证质量要求的企业占比约为68.71%，可见，在我国企业中多岗胜任并不是核心要求。

"工人是定岗的，不需要来回换岗位。因为我们要求很严格，每个岗位必须考到上岗证才能上岗。在我们企业的日常工作中，比较多的是重复性的工作，工人对自己定岗的生产工作比较熟悉，所以能够基本完成企业的工作。"

多岗胜任不是我国大部分企业所关心的，而且在分工细化、金字塔式的企业中，工作人员定岗工作以保障产品质量才是企业所追求的。因为，大部分工作人员所从事的是仅仅需要"熟练"就能完成的工作，即使是在特别需要手工技能的企业，熟练也是最好的保证质量的方式，而固定在一个岗位的不断重复就是最好的熟练方式，因此，企业也希望通过工作人员定岗的熟练工作来保证产品质量。而且，在企业日常工作中，工作人员相对重复性的工作比较多，工作人员对自己定岗的生产工作比较熟悉，能够基本完成企业的工作。

"学徒在一个岗位学习结束后进入第二个岗位继续学习。普通员工的工作是定岗的，在本车间范围之内会进行阶段性轮岗。"

而且，以被调研企业中的制造业为例，从厂区车间划分来看，分为钳工、普车、普铣、数控车、数控铣、加工中心等几个独立车间。企业对员工并没有强烈表现出灵活胜任不同岗位的要求，而是类似于美国企业对员工的要求，即车工只需要完成零件中车床部分的加工任务，之后将车削好的零件运送至下一道工序，例如铣削，由铣床工人继续完成铣削部分的加工工作。也就是说，员工并不需要在自己的岗位上将产品所有的工序完成，即使是类似的工序，员工仅需完成岗位的工作即可。每个车间分工很细且工作人员定岗工作，每个岗位需要具备操作证才能进行操作。对于操作车床或铣床等不同的设备，需要获得访谈中师傅所说的"上岗证"。

当然，在我国企业中也不是没有需要高技术技能水平的工作，而是这些企业把生产中的工作区分为多种层次和等级。正如 Prognos AG 公司曾经将职业活动分为五种不同的类型，即辅助性活动、半熟练工从事的简单专业活动、专业的活动、具有领导任务的专业活动、极高专业性的活动。[①] 在我国调研的样本企业中，和我国大部分企业类似，技术工人也被划分为初级工、中级工、高级工等不同的

---

① Clement, U. Arbeit Unterhalb der Facharbeiteraualifikation und ihre Herausforderungen für die Europäische Berufbildungspolitik. In: Clement, U. and Lacher, M. (Hg.). Produktionssysteme und Kompetenzerwerb – Zu den Veränderungen moderner Arbeitsorganisation und ihren Auswirkungen auf die berufliche Bildung. Stuttgart: Franz Steiner Verlag, 2006: 95.

层次和等级。而且，生产车间的大部分工作人员是半熟练工，当工作中遇到不能解决的问题或工件时，由更高级别的技术工作人员或技师来完成。企业工作过程被切割得很细，这样一来，对技术工作人员的要求也需要进行切割及细分，可以降低员工入职门槛和缩短时间，形成快速培养机制，员工进入企业后在未来的工作过程中再不断进行继续学习和培训。

二、效益不彰：多因素制约下企业参与现代学徒制效益低下

在我国，一项关于企业参与职业教育成本收益的系统性研究计算出 2015 年我国企业参与职业教育办学的投资回报率为 18.6%、短期净收益现值为 4 573.2 元/人、短期内部收益率为 12.7%，但是，研究结果显示仍有近 50% 的企业处于亏损状态。而不同企业之间短期成本和收益的差异也很大，短期成本从 12 154 元/人到 70 637 元/人不等，短期收益则是从 9 161 元/人到 118 314 元/人。① 我国以学校为主体的职业教育模式和德国、瑞士等国家的双元制职业教育培训模式是完全不同的，因此，在企业参与职业教育的成本收益计算方面也有自身的特性。在我国职业教育的发展过程中，企业参与的模式也在不断变化，根据教育部对中职和高职学生的要求，顶岗实习是最普遍的企业参与职业教育的模式。因此，在我国企业参与职业教育成本收益分析中，计算的部分通常是以第三学年的数据为主。

从我国企业来看，大部分被调研的企业认为参与职业教育是需要企业付出成本的，而获得收益的是校方和学生。同时，已经参与的企业也认为参与职业教育现代学徒制对企业而言是锦上添花，而通过增加人力资本投入促进企业效益提升是风险较大且收效缓慢的事情。如果单独从企业内部培训来看，在我国大型企业中，尤其是大型国有企业中，通常和德国大型企业一样，具有独立的培训部门负责企业内部培训，而且国家也明文规定，企业需要按照职工工资总额的 1.5% ~ 2.5% 足额提取教育培训经费并列入成本开支，并要求企业保证经费专项用于职工，特别是一线职工的教育和培训。② 同时，企业内部培训针对性强，往往是根据生产中的实际需要，分析企业员工技能在哪些方面欠缺而单独制定计划。特别

---

① 冉云芳:《企业参与职业教育办学的成本收益分析》，华东师范大学博士学位论文，2016 年，第 193~297 页。
② 《国务院关于大力推进职业教育改革与发展的决定》，http://www.gov.cn/gongbao/content/2002/content_61755.htm，2002-08-24/2017-08-30。

是对技术技能比较依赖的企业通常并不会吝啬于内部培训的投入。

"从投入上来说，我们对技能人员的培养也是不惜重金吧，每年投入大量经费给他们搭建竞赛平台，我觉得竞赛也是技能人员成长、快速成长的机制。以赛养学，让技能人员掌握所有技术的理论和参与实操。"

但是同时，企业投入内部培训是希望获得企业需要的技术人员，而由于我国各种其他环境等客观因素的限制，往往无形之中增加了企业投入人力资本的不确定性。如在上海的一家制造企业所言：

"现在上海市，一些技校招了很多外地的学生，因为当地招不来，招不到学生，他就招外地学生，比如安徽、江苏的学生，到上海来读书，但是，整个社会环境没办法改变，这些孩子到上海工作以后，房价太高了，可能干了几年，没办法在上海体面地生活，哪天或者可能过几年就走了，对我们来说，可能就白培养了，培养了半天，结果他又走了。所以就是感觉到，制造业对国家很重要，对于上海的经济发展也是非常重要的。我们这种企业愿意承担社会责任，但是如果培养了学生，最后都走了，我们……"

也就是说，对于我国而言，由于户籍制度的限制等因素，对于上海这样的国际超大规模城市而言，增加了企业投入人才培养而员工又必须离职的风险。而且，特别是对于制造业而言，这些生产性企业除人力成本之外还有大量耗材成本，和德国一样，学徒学习期间的培训成本很高：

"器材、工件啊，要花费大量的钱，尤其是比如焊工，你要花焊丝等，培养一个好的焊工要十几万元钱。但是资源有限啊，不可能每个人都花这么多钱。但是，这些学徒好的基本上都是外地的，所以又面临很多困难，前两年，很可惜，我们的朱师傅的一个徒弟，很好的四川的孩子，在我们这里工作了7年，在上海没办法安家，所以就回四川了。很可惜。我们单位培养出来的员工，出去完全没问题，能力很强，很受欢迎。"

从访谈资料中可以看出，企业对于内部技能的形成方式是非常认可的，而且通过该企业人力资源负责人的描述，如果从企业投入内部技能培训的成本收益的角度来分析的话，企业从数据的角度来看，对于学徒的培养是获得收益的，因为如同该负责人介绍的那样，如果学徒毕业后成为合格技术人员为企业工作，而且即使是包括学徒期在内的7年时间中，理论上说，其所创造的生产价值是远大于企业的培训投入的，当然，企业更加看重的是获得技术人员储备。但是，从另一方面可以看出，我国企业实质上对于企业参与职业教育或职业教育现代学徒制的成本收益分析测算，并没有很强的意识。

再例如，在我国服务类企业中，人力成本是企业员工培训中最大的投入，因此，企业效益成为培训负责人所认为的参与职业教育学徒制培训的重要条件：

"人才培养肯定都是要付出的，带学徒也是所有员工的一个责任，仅仅靠一个人的力量是不够的，而是每个环节的合力，我们企业效益比较好，所以也不在意这个成本，如果效益不好要养几个人，还是困难的。我们这边光是学徒培训最起码有10位专职人员在做。"

如果以服务业为例，企业并不是很在意学徒来自中职学校还是高职院校，因为他们都需要从一线开始做起，只是中职学生主要面向一线岗位，而高职学生有更多向上发展的空间和可能，如进入后备管理人员储备。企业也有外部招聘，外部招聘的人员需要参加岗前培训。在学徒培养中，虽然会涉及经费的问题，但是，事实上一些高薪招聘的新员工，也是需要有一定的适应过程，这期间也无法为企业带来收益。当企业效益比较好的时候，并不会在意参与学徒制培训的成本，而且，企业也认为人才培养肯定都是需要付出的，但是，这种付出必须以企业具有良好的效益为前提。

"我们企业现在经济效益比较好，员工流动率很低，而且目前每年对一线员工的需求量约为几百人，对后备人员的大规模需求量，使得与职业院校合作已经成为企业发展中非常重要的一部分。"

而且在学徒培养过程中，建立的忠诚度等优势也是相较于外部招聘我国企业所同样能感受到的效益：

"酒店行业是一个人员需求量很大的行业，学徒班的招生也需要经过认真选拔，所以，这些学徒经过培养确实能成为企业的骨干员工。这样的话，与其从外部劳动力市场招聘后进行磨合，还不如企业从学生时期开始培养，而且这样培养的员工对企业的忠诚度要高于外聘的人员。"

在学徒培养过程中，例如，酒店员工的岗前培训基本是在工作岗位上的学习，而对于学徒制的学生，企业还是把他们作为学生看待，学生在学校里学到的是老师所讲授的知识，但是到企业之后，他们依然完全不了解企业真正的运作。而学徒制的好处就在于，让学徒知道在企业需要如何工作。企业参与学徒制相当于把教学环境放到企业，单独为这些学徒提供各方面内容的培训，其中也包括基本硬技能的训练，但是不会让学徒真正去服务客人，主要是让学徒认识真实的工作岗位。学徒需要了解企业的文化、制度、流程等，以及岗位上实际开展的工作内容，而这些内容可能会和学校所学的内容有所不同。在实际操作过程中，企业和学校既相互配合又各自独立，所谓配合是指课程内容的匹配，而各自独立是指学生在校期间的学习由学校负责，进入企业后由企业负责。

对于一般公司来说，现代学徒制的开展难度在于要求企业的培训体系很完整，而且要形成自上而下都有专人负责的体系，不能仅仅是领导的意愿，更需要所有员工的配合。因为最终在实施过程中还是需要企业骨干员工去带学徒，如果员工没有这样的意识和认可，那么也不能真正把现代学徒制做好。企业培养的学徒最终留任企业是培养效益最大的体现。

"通过现代学徒制留下来的学生就很多啊，包括我们的高管、中层啊，所以这个事情还是值得去投入的，肯定是好的，只要有人愿意跟我们一起培养，但脱离企业培养的职业教育一点用都没有。现代学徒制培养的学生与本科生的区别就是，你在职业的这条路怎么能更贴近实际，我觉得没有任何更好的途径。"

当然，企业进行内部培训的同时也看重学徒的生产或工作价值，这一点在参与职业教育现代学徒制的企业中也是一样的，如企业培训负责人所言：

"学徒不会去所有的岗位轮岗，因为他们的时间是有限的，不可能刚学会就又离开，毕竟企业是需要你学好了然后发挥出来。大一、大二见习的时候来看一下，知道各个岗位是在干什么，第三年来顶岗的时候，学生可以选择想要在哪个岗位，然后半年以后可以根据情况选择进入管理岗位。"

从以上我国某企业培训负责人的叙述中，我们可以看出，对企业逐利性质的认可是职业教育培训合作的基础，但是，如何产生或提高企业经济效益是国家宏观调控可以引导的。例如，允许学生在制度保障的前提下，在工作中学习的同时也在工作过程中为企业创造生产价值，而企业在按照学徒所创造的生产价值支付学徒津贴以购买学徒劳动力的同时，也积累了企业的人力资本储备，这是德国双元制的经验。

调研过程中，一些参与企业也表示对于和职业院校合作培养技术技能操作人员的付出和收获非常满意，企业强调自己的付出是为了把学生培养成为企业自身需要的技术技能人才。而且对于来自职业院校的学徒，企业甚至愿意为他们做一些妥协，比如放宽学习的时间，以鼓励学徒在企业的学习：

"可能校招的人员因为年纪比较小，学习能力强一些，他的一些基本的知识都是在脑子里的。社招的人入职也是要学习的。实习生只能拿实习津贴。他们由于年纪比较小，思想上会有一些波动，会坚持不下来，想回去了，我们对实习生会比较宽容，会顾忌他们的身体特征和心理特征，原则上是一个月学一个岗位，对于他们会放宽到一个半月。对社招的人就很严格。"

另外，在调研中笔者发现，有些企业认为定向培养模式反而制约了企业的用人选择。正如某企业描述，他们曾经和高职院校合作进行订单模式的学生培养，但是订单模式使招聘变得相对被动，因为对于企业而言，订单模式的压力使招聘时选择面变窄，需要先消化订单模式的毕业生。再者，企业面临受事业单位编制的限制无法大规模解决毕业生就业等一系列问题，所以和职业院校的订单式合作形式未能继续，目前仅保持为职业院校学生提供实习机会的合作关系。职业院校学生在临毕业前一年进入企业实习，实习结束后双方可以进行双向选择。

正如我国的情况，无论是外部招聘一线员工，还是和职业院校合作，对于企业的专业技能培训而言，都需要按照企业的技能考核要求进行培训和认证。即使是在与职业院校的合作中，学徒进入企业也都是按照企业的要求进行学习。企业内部培训和学习已经成为大中型企业运行的一个重要组成部分。而且，有些企业具有人社部认可的独立技工等级考核资格，工作人员进入企业后需要按照企业的考核标准重新考核，根据考生的技能水平决定技能资格等级，如学徒工、初级工、中级工等，技能资格等级是和薪酬挂钩的。

企业所提供的是符合自身需求的特殊技能培训。在职业院校和企业合作过程中，对于学生在企业中学习内容的制定，主要以企业意见为主。通常情况下，大型企业有完善的培训体系甚至培训部门，不管是学生还是外部招聘人员都按照企业内部培训的要求进行学习。也就是说，目前在外部劳动力市场招聘中，绝大部分也是需要培训的人，而不是成熟技工。我国大部分企业主要采用的是企业内部培训的方式来满足企业对技术技能的需求。通常情况下，企业中的学习使得职业教育的实用性和针对性增强，为学生今后进入该企业工作提供了很好的学习过渡。但是，当国家没有对职业教育培训内容进行规定时，类似这样的企业内部学习培训往往使职业教育的教育性被忽视。企业内部学习培训针对性越强，那么其普适性就越弱，学徒对企业的依赖性就越强。

第三节 中德企业行为结果性动力的差异表征及成因

这部分内容将着重对比我国和德国在多岗胜任和培养效益方面的异同并分析成因。在我国，企业对于多岗胜任的理解和德国有所不同，同时，企业对现代学徒制的需求更为明显的是后备人员的数量需求，在此基础上对学徒进行企业内部技术技能培训。

一、职业观差异造成人才培养及使用的不同

多岗胜任是中德企业之间差异较大的动力因素，作为参与职业教育现代学徒制培训的预期结果之一，德国企业尤其看重能获得灵活工作的合格技术人员，但是多岗胜任并不是我国企业所关注和要求的（见表4-10）。

表 4-10　　　　　多岗胜任的中德企业差异对比

企业参与职业教育现代学徒制的行为结果性动力——多岗胜任	
中国	德国
专业和职业的概念不明确； 培训标准化问题尚待解决； 企业工作中不需要轮换很多岗位； 定岗保证工作质量； 定岗更容易熟练掌握工作技能； 定岗更能发挥工作效益； 胜任 2~3 个岗位就具备灵活工作的能力	对职业概念的理解； 职业轮廓中合格技术工作人员的要求； 培训条例的制度化约束； 灵活胜任不同岗位的能力； 灵活参与创造工作世界的重要性； 胜任职业的工作要求

德国企业负责人及培训负责人却尤其强调多岗胜任灵活工作的重要性。正如一位德国培训负责人在交流中所猜测的：

"我想中国是一个人口众多的国家，可以实现一个人只需要完成一个工作活动，另一个人完成另外的活动，但是在德国，一个人需要完成很多的工作，在我们的企业里，没有一个人是只需要完成一个工作活动的，当然，有时候会有一些重复的事情，但是绝不是一个人仅仅重复一件事情。在我们这里一个切削工需要会操作车床、铣床等其他多种金属加工设备……"

首先对比中德两国的职业属性。德国职业概念的实质是具有既定的标准前设，它决定着德国法律规定下的职业教育培训职业中应有的职业轮廓。培训职业的职业轮廓是把德国职业教育和岗位技能培训区别开来的重要依据，而自动化等技术的进步也对工作提出多样化的要求，灵活工作成为德国社会对职业教育培训认可和劳动者自身参与创造工作世界、实现人生价值的重要体现。因此，德国以社会性伙伴关系为基础的双元制职业教育培训制度体系中，对职业的定义是该体系建立的前提条件，职业从一定程度上代表着德国的社会结构。尤其对于职业教育而言，学徒需要掌握培训职业条例中所有与职业相关的内容，才能具备该职业身份，而不仅是掌握某个或某几个岗位的活动，灵活性是德国培训职业所强调的。也正是因为德国特定的职业概念，企业对于学习某个职业的学徒提出灵活胜任工作岗位职责的要求。

而在我国，《中华人民共和国劳动法》第六十九条规定："国家确定职业分类，对规定的职业制定职业技能标准，实行职业资格证书制度，由经备案的考核鉴定机构负责对劳动者实施职业技能考核鉴定。"也就是说，从国家法律框架中来看，职业技能标准、职业资格证书及职业资格考核鉴定等工作和教育体系以及职业教育体系是两个并不密切的系统。而且，我国职业院校是按照专业组织职业教育的，专业和职业的联系并不明确，而学生对于职业没有明确的认知。

如果将我国2010年修订的《中等职业学校专业目录》和德国培训职业进行对比，与本章第一节第一部分中详细介绍的德国汽车贸易员相类似的专业名称是汽车整车与配件营销专业，其专业（技能）方向及所对应的岗位分为汽车整车营销、二手汽车营销、汽车零部件营销和汽车保险代理。仅从字面的理解来看，我国该专业不涉及企业内部流程及内部人事和财务的事项。由此可以推断，在目前汽车贸易销售行业中，营销人员集中负责营销直接相关事务人而其他间接事务人由其他部门负责，而德国汽车贸易员的职业范围则更为广泛。而且，一项大规模诊断研究结果也显示，相较于德国学生，中国学生无法明确职业认同与工作道德之间的差别和关系。[①] 原因就是在于我国学校职业教育中职业的属性表现不明显，而导致学生没有职业身份认同的概念，相较于职业选择，我国学生及家长更看重的是企业选择。而在学校职业教育中也并不存在类似德国的"职业概念的标准前设"这样的制度化约束。

也正因如此，我国企业内部培训和职业教育体系是两个割裂的系统。通常大企业都有相对成熟和完善的内部培训体系，并且在参与职业教育现代学徒制的过程中更容易进入角色。但是，在人们的传统观念中，在学校学习和在社会中工作原本就是两个体系，在这样的认识条件下有些企业也提出，学校的任务就是教好学生的行为习惯，技能可以等学生进入企业之后再学习，但是这种观念却没有认识到职业工作中学习的意义。同时，在很多职业院校对于职业教育的认识中，虽然认为学校是为了培养学生成材，但是仅停留在满足企业需求、贴近企业需求的层面，在和企业协同育人中没有或者少有话语权。而且，一些职业院校的教师对此也是认可的，认为学校本就不应该插手企业对学徒的培养。

"来自职业院校的学徒进入企业后，首先需要接受企业文化等内容的理论培训，之后进入企业生产车间以师带徒的形式在工作岗位现场进行学习。这些学徒在进入工作现场之后基本上是在同一个生产车间学习2~3个岗位的工作内容。每个岗位学习时间为1个月，第二个月更换到第二个岗位，由第二个师傅负责。这样一来，2~3个月之后，企业可以很灵活地根据该车间的生产需要来安排学徒的工作岗位。"

从以上我国企业培训负责人的描述中也可以看出，对于企业而言，最关心的是学徒能否胜任岗位工作任务，通过2~3个月的学习，学徒只要能够胜任2~3个岗位的工作任务，就已经可以被认为是具备多岗胜任的能力。所以，即使是多

---

① Yang, L. and Zhao, Z. Q. Empirical Research on the Vocational Ethics Development of Vocational Institution Students in China. *Journal of Asian Vocational Education and Training*, 2010, 3, (1): 59-74.

岗胜任，其实质内涵在中国和在德国的理解中也是不同的。

再从职业培训条例或国家宏观调控来看。德国职业培训条例是保障职业教育现代学徒制运行的基本约束。在德国双元制职业教育培训的现代化过程中，首先通过培训条例解决了培训内容的标准化问题。这个过程实质上是手工业行业和工业行业之间的力量博弈，以机械制造为代表的工业在发展过程中为满足自身对于技术技能的需要而展开厂内培训，进而发展成为工业部门和手工业部门对技能认证权的斗争。因为自《手工业保护法》颁布以来，技术工人的技能认证权就属于手工业协会，直到纳粹统治时期由于工业领域对军事实力的重要作用，工商业协会才获得和手工业协会同样的技能资格认证权利。[①] 而随着社会环境变化等因素的影响，工业部门逐步转向寻求培训内容标准化的制度框架，在德国机械设备制造业联合会（Verband Deutscher Maschinenbauanstalten）的领导下，德国技术学校委员会（Deutscher Ausschus für Technisches Schulwesen）在20世纪20年代为金属加工业制定行业技术标准目录，以及提供多个基础行业的培训课程设置等材料，积极推动了技能标准化和系统化的发展。

对比我国，2005年《国务院关于大力发展职业教育的决定》中提出大力推行工学结合、校企合作的培养模式。与企业紧密联系，加强学生的生产实习和社会实践，改革以学校和课堂为中心的传统人才培养模式。中等职业学校在校学生最后一年要到企业等用人单位顶岗实习，高等职业院校学生实习实训时间不少于半年。[②] 这份文件的出台是在国家层面对工学结合校企合作的系统性推进，使之成为职业教育不可缺少的部分。经过十几年的发展，校企合作已经成为我国职业教育的基本办学特征，以此为基础的现代学徒制已经具备一定的企业基础。

但是，《国务院关于大力发展职业教育的决定》中并没有明确规定学生顶岗实习的学习内容，而是将该权利交给企业和学校，由其共同组织好相关专业理论和技能实训工作，并且对于学生的实习内容，国家没有统一的监控和衡量标准。随着2003年起沿海地区"用工荒"的出现，企业迫切需要补充劳动力，因此，劳动力能否及时供给是企业所看重的。在当时的情况下，企业盼望能和职业院校合作以获得充足的劳动力，完成机械重复的工作。职业院校和企业合作以达到国家规定中学生顶岗实习的要求，这样一来，有意无意之间产生了一条招聘学生工的产业链。"对工厂而言，最缺的是劳工，最关心的是能输入多少学生工；对学

---

① ［美］凯瑟琳·西伦：《制度是如何演化的：德国、英国、美国和日本的技能政治经济学》，王星译，上海人民出版社2010年版，第197页。
② 《国务院关于大力发展职业教育的决定》，http://old.moe.gn.cn//publicfiles/business/htmlfiles/moe/moe_1778/200710/27730.html，2005 - 10 - 28/20117 - 08 - 30。

校而言，不管学生专业是否对口，首要考虑的是利益；在学校和工厂之间的中介公司，关心的是学生数量、学生忍耐力及自己的利益。三者考虑最多的是人数与利益，而非实习是否与学生专业对口，是否有利于学生技能提高。"[1]

学生在学习期间需要完成一定数量的实习，不管是在普通高校还是职业类院校，原本都是非常正常的事情。通过实习接触实践，更加能够帮助学生的职业学习，有助于实现学生从学校到工作的过渡。其中更重要或者更需要关注的是学生在实习期间做什么样的工作，是否能通过实习达到有助于学生对学习理解的目的。所以，相应的制度环境，如类似德国的培训条例以及框架教学计划、规范在企业和学校学习内容的制度，可以从法律层面保障学生利益和学习质量。而且具有法律效力的约束机制是企业和学校层面实施现代学徒制并保证职业教育质量的保障。因此，建立职业教育现代学徒制企业培训标准是一件重要且紧迫的事情。

二、员工需求差异造成学徒培养收益观的不同

再来看行为结果性动力因素的培养效益维度。无论是德国企业还是中国企业，获得培养效益都是它们参与职业教育现代学徒制的目的。但是，中德企业由于不同的需求差异而造成不同的收益观（见表4-11）。

表4-11　　　　　培养效益的中德企业差异对比

企业参与职业教育现代学徒制的行为结果性动力——培养效益	
中国	德国
企业认为参与职业教育收益方是学生和职业院校；将现代学徒制纳入后备专业技术人员的企业不多；优先获得学校充足的学生数量；获得一定程度的企业认可；企业认同对非国有、非大型企业更为重要；获得企业所需要的技能；获得人才储备	获得最符合企业需求的合格员工；获得学徒学习期间的生产价值；培训质量更好的员工；获得员工的企业认同和责任认同

本章已经提到过的德国企业参与职业教育双元制的成本收益数据中，培训企业能够从不同程度上获得成本收益的比较优势，因为学徒在培训时间内同时可以

---

[1] 马学军：《转型时期中等职业教育的"异化"——对一个县级职业高中历史和现实的考察》，载于《社会发展研究》2014年第1期，第146~171页。

创造生产价值。而且，多项研究也证明了职业教育培训工作过程中的学习以及学徒的全程参与能为企业带来质量优势和认同优势，这些优势可以解释企业参与职业教育学徒制的动力所在。在得到各类培养效益的基础上，员工能够灵活胜任工作岗位是德国企业所看重的。德国企业按照内部人力资源供给情况招聘未来所需要的准员工，企业所关心的是未来发展中所需要的人员数量和质量要求。企业本身置身于技术、经济、社会的发展中，对于这些因素变化的敏感度很高，能在第一时间将企业的需求传达给学徒。企业作为主体对学徒承担培养责任，承担着让学徒未来在生活世界中能够独立生存的责任。当然，由于生产和工作场所本身不是为学习设计的，因此，必须对生产和工作场所中的学习进行设计。所以，职业教育现代学徒制需要调和这两者之间的关系，实现学生进入工作的过渡和企业内部培训更有效的融合。

但是，正如在本书的第三章中已经提到过的，企业对于员工的需求是分层次的。在德国，企业的需求是合格技术工作人员，而我国大部分企业中，真实需求则集中在数量层面，高技能或高层次的用工需求是存在的，但是并没有达到决定性的比例。多数企业并不认为参与职业教育现代学徒制是为企业储备后备技术工作人员，即使是一些国有大型企业，也只是把和职业院校的合作看作是招不到人的时候才会考虑的解决方案。也就是说，部分企业认为职业院校仅仅能提供的是学生的数量，并不能提供质量合格的技术人员。这其中有很多的因素，但是，毋庸置疑的是在多数企业的观念中，职业院校的学生并没有真正的优势，因此不得不说，根本上看，我国职业教育发展中，质量还是重要的制约因素。

而且同时，我国企业的需求层次较德国而言更多样化。2000 年后中国形成劳动密集型企业和国有企业并列的二元产业结构。[1] 各地区经济发展和产业结构发展不平衡，人民生活水平的差异导致需求差异。一方面，大批量生产的产品在国内市场仍然有销路，甚至可以出口进入非洲市场、东南亚部分地区等，使企业并没有动力将人力资本看作继续发展的要素。我国的技术密集型企业和劳动力密集型企业并存，在生产模式方面又受到泰勒制的影响，以机器设备的优化减少对人的依赖，因为人始终是不可控的变量，对企业而言，相较于设备，劳动者属于不可控制的投入。但是另一方面，我国的高铁、焊接等技术已经占领世界技术高地，国家需要更高素质的技术技能人才。因此，如果仅从需求的角度来看，我国在对人才需求的层次方面，呈现出的是更加多元化的趋势，由于我国庞大的市场规模，第一层次到第三层次的绝对需求量都存在，企业更加倾向的是对已入职员

---

[1] Baek, S.-W. "Does China Follow the East Asian Development Model?" *Journal of Contemporary Asia*, 2005, 35 (4): 485–498.

工的内部培训。

所以，理论研究和实践经验都告诉我们，技术工人以及工程师等的培养，需要在生产线的运营过程中进行，现代学徒制的探索要把学校职业教育和企业内部培训这两种原本割裂的体系重新融合在一起，使学生从学校进入工作的衔接更有效率。我国以学校为主体的职业教育体系，在发挥职业教育现代学徒制的积极作用过程中，如果能打通职业教育培训和企业内部培训的壁垒，将企业内部培训体系延伸到学校职业教育培训过程中，实现学生从学校到职业的过渡，一方面既能体现职业教育现代学徒制的教育性，另一方面也能提高学生的学习质量和效率、职业院校的培养质量和效率以及企业的内部培训质量和效率。

另外，在学校职业教育中，职业院校需要寻求产教融合的途径，以校企合作为基础进行职业教育办学。在校企合作或现代学徒制等合作形式中，职业院校及其教师所关心的是合作企业有没有足够的容纳能力，能够至少为一个班级甚至更多的学生提供学习岗位以及未来的就业岗位。因此，合作中大规模企业成为首选，否则当学生分散在过多不同的企业的时候，职业院校的组织管理成本将大大增加。在最初的校企合作、顶岗实习中，职业院校在可能的情况下，会选择大型知名企业合作，一方面因为大型企业相对稳定、企业自身的继续教育培训体系完善；另一方面，大型企业能够接纳的学生数量相对较多，一定程度上便于职业院校在学生实习期间的管理，这也是典型的以学校供给导向为出发点的思路。在学校职业教育的话语体系中，合作企业是需要被选择的，因为职业院校承担着学生的职业学习、安全、职业生涯发展等各方面职责。特别是在我国，大型知名企业或国有企业相对来说对毕业生更加具有吸引力。

同时，国有大型知名企业通常认为获得学徒或员工的认同当然是重要的，但是，由于企业性质的先天优势，往往企业认同成为进入这些企业的条件，而不是在培养过程中需要去建立的。而且，企业也认为因为学校的青少年可塑性比较强，更容易被企业的文化所熏陶。对于学校的青少年而言，某集团人力资源部负责人这样形容他们：

"比较好进行文化熏陶，很容易被我们塑造成我们希望的样子，整体素质比较好，一张白纸一样的孩子，18~19岁，什么都不懂，那谁来教他怎么样去做一个真正的职业人很重要，确实师带徒机制非常好，这样层层的关注，新人来了之后，会觉得他不是盲目的，有人在教他，有人在引领他。而外部招聘来的人可能就会有一些不好的习惯带入企业……"

而对于非国有企业来说，获得学徒及员工的认同对稳定员工的流动率非常重要。例如，某纺织行业类企业，由于自身产品技术含量相对其他行业较低，但是其用工需求量大，和职业院校合作现代学徒制的初衷是解决大规模用工需求以获得短期效益。然而，企业在合作中发现，学生尽早融入企业更能够培养学生的企业主人翁意识，而且能有效抑制员工流动率，实现企业长远发展的长期效益。

但是，在调研过程中笔者也遇到个别技术输出型企业，对于这类企业而言，参与职业教育现代学徒制的培养效益并非仅仅停留于获得学生的数量，而是由于参与学徒制有助于企业借助其他中小型企业解决自身产品售后服务问题。特别是在我国经济和市场发展潜力巨大的情况下，即使企业培养的学徒其自身无法全部容纳，但是，在广阔的市场空间中，由于专业技术人员数量奇缺，这些学徒也可以被推荐到本企业的供应商或销售商中。这样一来，这类企业可以通过培养学徒而将生产的技术规范和要求传递给其他中小型企业，也就可以通过这些中小型企业完成其售后维修等工作，无形之中也降低了企业的生产成本，保证了企业的产品声誉。因此，这类技术输出型企业愿意通过自己的核心技术形成利益链条，把生产和售后服务联系在一起，获得更长久和稳定的效益。

由于售后等服务的不配套而放弃品牌优势或技术领先商品的事件在日常生活中也时有发生。笔者在和我国中部地区某个体营业主的访谈交流中得知，在多年前的该中部城市，完全进口的轿车极少，该个体营业主因为找不到能够维护和维修其相对高档全进口轿车的店面，不得不换成配置低几个档次的同品牌车辆。这里暂且不论该城市的消费能力等因素，单纯来看，对于消费者而言，售后服务和生产质量同样重要，甚至由于消费者对售后服务具有直观的感受，因而显得更加重要。当中小型企业的员工能同时符合大企业的产品规范等要求时，就可以从一定程度上促进企业和行业的发展。而对于企业而言，参与职业教育现代学徒制产生的技术输出，其获得的直接收益和间接收益是远大于成本的。虽然这样类型的企业在此次调研中比例甚少，但是乐观地看，就我国构建职业教育现代学徒制而言，企业基础是具备的。而且在一些企业中，它们虽然形式上并没参与任何现代学徒制试点等活动，但是学徒制却是其行业及企业一直以来的技能传承方式，企业已有基础是我国在职业教育现代学徒制构建过程中可以积极利用的。

第四节 本章小结

本书根据对德国培训企业的质性研究访谈，分析得出企业参与职业教育现代学徒制的行为结果性、社会性和内部控制性动力因素。在本章内容中，多岗胜任、灵活工作是德国企业对合格专业人员的基本要求，也是对职业教育培训的基本要求。在培养效益的维度中，被广泛认可的德国双元制职业教育为我国提供了成本收益、质量以及认同等多方面优势的丰富素材。也就是说，德国企业参与双元制职业教育培训的预期结果就是获得符合企业需求的合格专业人员以及随之带来的各种培养效益。通过对我国企业在多岗胜任和培养效益的表现形式描述及分析，可以发现，由于中德之间职业观的差异，多岗胜任并不是我国企业看重的要求，而且，员工需求的差异造成我国企业学徒培养收益观的不同。

第五章

企业参与职业教育现代学徒制的社会性动力

企业参与职业教育现代学徒制的社会性动力包括技能满足和文化传统。"职业教育与培训体系在迥然不同的邻国之间有着相似的产业基础"[①]，也就意味着企业参与动力还受到产业需求之外，诸如环境等外部条件的制约。除了第六章将要阐释的技能密度、分工精细度、组织扁平度等源自企业内部的动力因素外，技能满足和文化传统是企业参与职业教育现代学徒制的社会性动力。当外部劳动力市场无法满足企业需求的时候，企业内部培训就更加体现出它的必要性。文化传统中的历史传承和社会责任在职业教育培训中起到支持性作用。

第一节 社会性动力内涵及其在德国企业的表现形式

技能满足和文化传统是企业参与职业教育现代学徒制的社会性动力，是指企业参与职业教育现代学徒制的外部环境因素。对技能满足的阐释围绕劳动力年龄结构、流动率及市场供给现状而展开。文化传统则分别从参与职业教育现代学徒制的历史文化传承和社会责任方面进行论述。

---

① ［澳］杰克·基廷、［美］艾略特·梅德奇、［澳］维罗妮卡·沃尔科夫、简·佩里：《变革的影响——九国职业教育与培训体系比较研究》，杨蕊竹译，首都经济贸易大学出版社2016年版，第13页。

一、技能满足：外部供给无法有效满足企业技能需求

德语语境中通常用"fertigkeit"指技能，当用作单数时指能够又快又好地完成特定的事情；在复数情况下则解释为一个职业所需的能力和特殊的知识。[①] 技能满足是指企业所需专业技术技能人员在数量层面的需求是否能够满足，当然，数量层面的需求也和质量要求密不可分，这两者都是企业健康稳定发展不可或缺的要素。年龄结构和企业流动率是企业技能满足的表现形式，而市场供给现状则是企业技能满足背后的原因。

（一）德国企业的劳动力年龄结构和流动率

劳动力年龄结构是指一定时间段内适龄劳动力人口中不同年龄段人口的分布情况，这是影响企业劳动力资源的重要因素，也是企业乃至国家劳动力整体素质的前提条件。根据年龄范围分布以几何图形的形式来划分劳动力年龄结构，可以分为四种类型，即梯形、六边形、倒梯形和鼓形。[②] 在梯形年龄结构中由于青年劳动力比重大，因而属于年轻型年龄结构；六边形年龄结构指中年劳动比重最大的成年型年龄结构；倒梯形是指在企业中，中年以上劳动力人口占比较大，逐渐出现劳动力不足的老年化年龄结构；鼓形年龄结构指各年龄段劳动力人口大致相当，员工平均年龄大于年轻型而同时又不过于老化的成年型年龄结构，属于企业较健康稳定的年龄结构。

"在生产的有些领域已经显示出我们企业员工年龄结构整体偏高，对于这些岗位，我们需要有年青人来补充……长远来看由于人口年龄结构的变化，未来技工荒问题将凸显且越来越严重。"

以此来看，德国的人口年龄结构并不容乐观。"二战"之后的20世纪五六十年代，和欧洲其他国家一样，德国也曾出现过一段时间的人口出生高峰，但是，在那个时候出生的人现在正在逐步进入退休年龄。根据德国联邦统计局的预测，到2030年，20～65岁的人口将由2015年的4 980万下降至4 480万～4 590万[③]，

---

① Götz, D., Haensch, G. and Wellmann, H. Langenscheidt Großwörterbuch Deutsch als Fremdsprache. Langenscheidt Kg. Berlin und München, 2003：349.

② 饶征：《企业劳动力年龄结构的类型及其演变》，载于《中国人力资源开发》1992年第4期，第45～47页。

③ Statistisches Bundesamt. Bevölkerungsvorausberechnung, https：//www.destatis.de/DE/ZahlenFakten/GesellschaftStaat/Bevoelkerung/Bevoelkerungsvorausberechnung/Tabellen/2015_2A_AltersgruppenBis2060_.html, aufgerufen am 06－09－2017.

也就是说，适龄工作人口将减少约 400 万～500 万。企业工作岗位的用人需求仅仅依靠现有后备人员已经无法满足，只能依靠机械设备等技术手段来弥补。随着技工数量的减少，企业间将可能会出现"挖人"现象，技术工作人员由于供给不足而导致价格上涨，这些情况将不利于企业及社会的稳定发展。

企业员工流动包括员工退休的正常流动和员工离职的流失数量，一定时期内员工流动的数量占员工总数的比值是企业的员工流动率。企业的员工流动一方面会给企业带来巨大的成本，如重新招聘的高额成本以及因此而导致的产品或服务质量的下降。当然，一定比例的人才流动能保持企业的活力及注入新鲜血液而避免企业的固化，但是企业如果遭遇员工频繁的跳槽，对于企业而言，尤其是对于德国企业这种技能密度大的企业而言必定是严重的问题，因为短期用工是从根本上破坏制造业创新所需要的技能积累。

> "我们都没有什么不好的经验，培训是企业可以承受的，因为绝大部分的毕业学徒都留在企业工作……而且经过 3 年培训的员工，我们这里的流动率是很低的……我们的经验是自己培养的学徒流动率低……"

而且根据德国联邦统计局数据显示，截至 2015 年，德国 25 岁以上员工中有 45% 的人在当前工作的企业工作至少 10 年。[①] 也就是说，企业中接近一半的员工都是和企业共同成长的老员工。德国企业中表现出相对稳定和健康的员工流动，为企业内部的技能传承和积累奠定了基础。另外，地域也是影响德国企业流动率的原因之一，无论大型企业还是中小型企业，通常而言，这些企业招收的学徒都来自本地区或周边地区，对于家乡的地域眷恋也是流动率低的原因。

> "这些年企业员工人数保持在 140～150 人，企业每年的流动率大概是 3%，所以也需要通过培训覆盖流动率，申请者都是来自本地区或周边的。"

员工进入企业一方面可以说是为了谋生，另一方面也是为了实现人生价值。在谋生的层面，劳动力和劳动报酬等价交换，企业为学徒以及员工提供合理的薪酬。例如，德国的双元制学徒，虽然根据行业企业的不同实习津贴也不同，但是通常而言，学徒津贴足够他们独立生活，甚至能够负担一些诸如汽车之类的消费品。完成双元制职业教育培训后进入企业，根据行业企业的不同，员工能够获得较学徒时期至少 2～3 倍以上的工资，足以负担诸如房租、汽车等家庭生活开销，生活水平处于正常中等阶层，而且，随着在企业中工作年限的增加，工资也会逐年上涨。从培训合同中的学徒工资来看，德国根据行业的不同，收入也有很大的差异。据联邦职业教育研究所的数据统计，2016 年学徒培训工资平均为每

---

① Statistisches Bundesamt. Fast jeder zweite Arbeitnehmer seit über zehn Jahren beim gleichen Arbeitgeber, https://www.destatis.de/Europa/DE/Thema/BevoelkerungSoziales/Arbeitsmarkt/Dauer_Arbeitsvertrag_EUVergleich.html, aufgerufen am 06-09-2017.

月 854 欧。① 德国研究者及企业认为支付给学徒的培训工资是为青年人提供工作生涯开始时所需的基本费用，而不应过多增加雇主压力。②

在实现人生价值的层面，学徒完成双元制职业教育培训后可以自由选择是否继续留在企业工作，或者重新去大学深造。即使留在企业工作，也可以边工作边采用职业生涯路径方式进修技师、技术员、工程师等，根据个人的兴趣可以有多种方式和途径去实现职业生涯的理想。也就是说，合理的劳动报酬和职业生涯的上升通道也能保障员工的稳定性进而使企业保持健康的流动率。

（二）德国劳动力市场供给的现状

本书的研究中市场供给是指劳动力市场的人力资源来源。近年来，德国劳动力市场特别是培训市场受到人口出生率和逐年上升的升学愿望影响。对德国社会而言，这个影响牵一发而动全身。尤其对于产业界和职业教育来说，可供选择的双元制职业教育培训申请者相应减少，企业缺乏后备劳动力。对于职业教育政策来讲，国家需要投入更多公共职业教育资源，以加强双元制培训教育中处于过渡期的青少年融合力。吸引企业人力资源部门在制定计划及做出决策时，能够考虑招聘移民后裔青少年群体。同时加强针对未接受过培训教育青少年的培训，以及单身父母等一切可能性群体的职业教育培训或在职培训。

1. 德国人口出生率

人口是经济发展和劳动力的来源。人口出生率是影响德国职业教育市场供给的重要因素。由于人口出生率等年龄结构原因，约 2011 年起德国中学毕业生人数开始减少，没有招到学徒的空缺岗位较往年大幅增加，2010 年空缺岗位数为 19 802 个，而 2011 年增长到 30 446 个，且呈现逐年递增的趋势，截至 2016 年，有 43 478 个培训岗位空缺。③ 人口出生率低导致双元制职业教育培训的后备生源不足问题已经开始显现。

从图 5-1 中可以清晰看出，从 20 世纪 60 年代开始，德国人口出生率持续下降，并且出生率基本上处于 1.5 以下。④ 2013 年德国人口出生率为 1.41，虽然 2015 年人口出生率达到 1.5，但是，距离德国维持目前总人口数的出生率所需的

---

① Beicht, U. Tarifliche Ausbildungsvergütungen 2016：Geringere Erhöhung im Westen, stärkeres Plus im Osten. BIBB. Bonn 2017：4.
② ［德］Thomas Deißinger：《职业教育体系研究》，引自［德］菲力克斯·劳耐尔、［澳］鲁珀特·麦克林：《国际职业教育科学研究手册》（上册），赵志群等译，北京师范大学出版社 2014 年版，第 157 页。
③ Bundensministerium für Bildung und Forschung. Berufsbildungsbericht 2017. BMBF Bonn，2017：23.
④ Demografieportal. Trendwende bei der Geburtenrate？http：//www.demografie-portal.de/SharedDocs/Informieren/DE/ZahlenFakten/Zusammengefasste_Geburtenziffer.html，aufgerufen am 20-08-2017.

2.1，还是有很大的差距。① 低出生率导致德国社会老龄化，适龄入学儿童减少，相应的中学毕业生数量的减少，双元制职业教育以及普通教育在生源方面的竞争会愈发激烈。

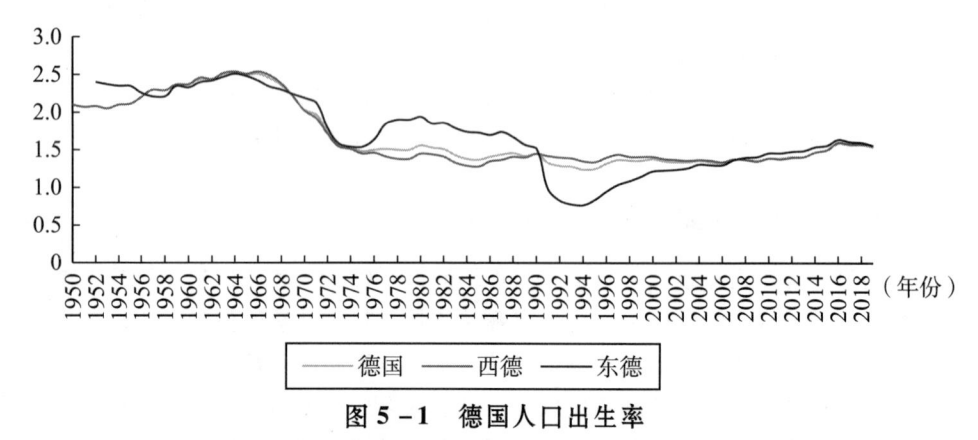

图 5-1 德国人口出生率

注：（1）1989 年前数据是原联邦德国数据；1990 年后数据不包括柏林的数据。
（2）1989 年前的数据是原民主德国数据；1990 年起包括柏林数据。
资料来源：联邦统计署等，由联邦人口研究所整理。

"在德国，现在人口出生率越来越低，有可能进入职业教育培训的毕业生越来越少……"

而且，德国 1/4 的男性和 1/7 的女性做出不生孩子的决定。针对德国人口出生率问题，联邦人口研究所在 2005 年启动了一项研究，调查了 10 000 名德国公民，其中包括 5 500 位年龄在 20~49 岁之间的公民，目的是了解拥有孩子对于他们生活的影响以及他们对于国家家庭政策的期待。该研究结果显示女性由于生育而受到各个方面的限制，不仅是个人自由而且包括财政依赖和职业发展可能性的制约等，德国在家庭政策方面需要提供更多的支持。② 人口出生率的降低已经影响德国的劳动政策、福利政策、养老政策以及家庭政策等。

再者，经济、医疗技术等科技的发展以及社会保障制度的优化，使人们的平均寿命增加，老年人口持续增长而新生儿的出生率降低使德国社会养老负担加重。2001 年在德国劳动力人口中 20% 的人年龄超过 50 岁，2011 年这个比例已增

---

① Demografieportal. Trendwende bei der Geburtenrate? http：//www.demografie-portal.de/SharedDocs/Informieren/DE/ZahlenFakten/Zusammengefasste_Geburtenziffer.html，aufgerufen am 20-08-2017.
② Höhn, C., Ette, A., Ruckdeschel, K. and Grothe, F. Kinderwünsche in Deutschland Konsequenzen für eine nachhaltige Familienpolitik. Robert Bosch Stiftung, 2006：8-13.

加至25%，并呈现持续增加的趋势。① 面对这些问题，德国只能积极鼓励生育或者靠引进国外移民来解决，否则德国现行养老体制也会出现问题。因为，在现行养老体制下将出现未来养老金短缺的情况而危及德国社会保障制度。因此，人口结构问题在未来将会成为德国企业乃至德国社会发展的一个严重障碍。同时，研究显示，人口结构和当地经济、企业等发展的关系密切，生活条件困难、缺乏创新企业和高工资的工作岗位的地区，人口形势也更加严峻。德国经济发达的西南部地区也是人口分布最密集、年龄结构最利于发展的地区。② 德国各州及各城市间没有户籍限制，所以人口流动相对容易，经济发达地区能提供更多工作岗位，因此更容易吸引年轻劳动力。

2. 德国学生的升学愿望

人口出生率等变化会影响劳动力的供给，而教育水平的质量差异以及教育成本也从一定程度上决定着劳动力供给的技术水平，而不断增长的升学愿望给德国企业招收双元制职业教育学徒带来了困难。如图5-2所示，2013年选择进入大学的人数首次超过进入双元制职业教育的人数。双元制申请者人数减少的同时生源质量下降也成为企业提供培训位置的障碍。

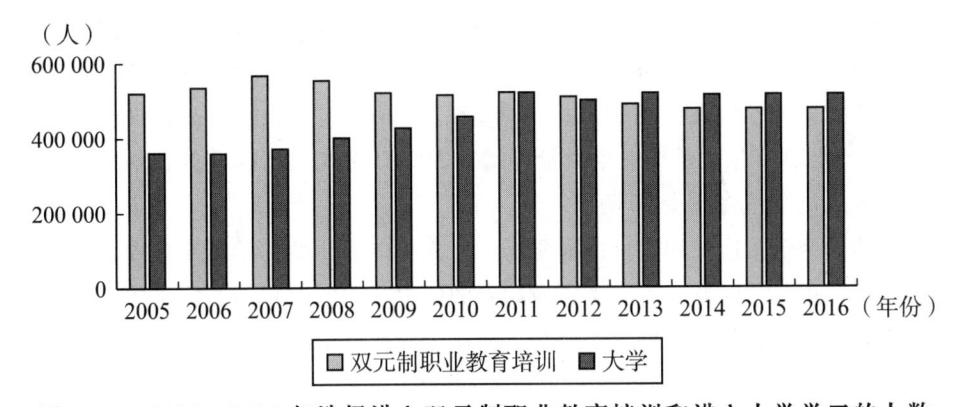

图5-2　2005~2016年选择进入双元制职业教育培训和进入大学学习的人数

资料来源：Bundensministerium für Bildung und Forschung. Berufsbildungsbericht 2017. BMBF Bonn, 2017：52.

1973年丹尼尔·贝尔的著作《后工业社会的来临》问世时，在全世界引起

---

① Kröhnert, S., Klingholz, R., Sievers, F., Großer, T. and Friemel, K. Die demografische Lage der Nation – Was freiwilliges Engagement für die Regionen leistet. Berlin – Institut für Bevölkerung und Entwicklung, 2011：6.

② Kröhnert, S., Klingholz, R., Sievers, F., Großer, T. and Friemel, K. Die demografische Lage der Nation – Was freiwilliges Engagement für die Regionen leistet. Berlin – Institut für Bevölkerung und Entwicklung, 2011：10 – 11.

极大的反响，也在教育界引起轰动，学者们将其奉为知识社会发展的福音。他提出知识社会中，工作和技术、经济、创新和文化等社会领域都将以理论科学知识这一中轴体系为核心。知识社会的兴起，一度让全世界的教育家期望学生变成知识工人，学术教育成为教育中最重要的部分。在贝尔的论述中，后工业社会的经济将从产品生产经济转变为服务性经济，大多数劳动力将从事服务业。① 工业、制造业以及职业教育培训成为过往时代的标志，去工业化成为一种创新。在贝尔所描述的社会发展中是以科学知识为轴心运转的知识社会，而属于中间层的技术工作人员的职业教育培训无足轻重，由此引发了经济合作与发展组织（OECD）以及其成员国的"全民大学"政策。② 该政策掀起舆论使职业教育培训更加边缘化，而导致人们对升入普通高中和大学的热情高涨。

"40年前每个班级只有1~2个人能去读高中，读大学是非常难的，对于大部分人职业教育培训是唯一的选择，而今天却是大部分人都读高中、读大学。"

据统计，德国1948~1953年间出生人口中有20%的人具备申请大学的资格（Hochschulreife），到1978~1983年出生人口中，具备大学申请资格的人数翻倍至41%③，到2010年几乎是每两个学生中就有一个具备申请资格。④ 按照这样的发展情况，即使人口总量减少以至于申请人数的绝对值在减少，到2025年具备大学申请资格的学生人数比例仍将达到2/3。⑤ 联邦工作和社会部预计，相较于2010年，到2030年大学毕业生数量将增加300万而双元制职业教育培训毕业的专业技术人员数量将减少20万。⑥

从德国企业角度，用人标准通常是一个人的能力比他的学历更重要，大多数德国老板雇用人的时候，首先考虑应聘者的能力，而能力是通过简历中以往的工作经历来体现，积累了哪些工作经验，相比于工作经历，其对学历的重视程度并

---

① ［美］丹尼尔·贝尔：《后工业社会的来临——对社会预测的一项探索》，高铦等译，新华出版社1997年版，第14页。

② Rauner, F.. Was tun gegen die Jugendarbeitslosigkeit in Europa? Einführung der dualen Berufsausbildung. *ifo Schnelldienst*, 2013（16）：18-21.

③ Tenorth, H. - E. Statuskonstruktion und Qualifikationsbedarf. Akademisierung in Historischer Sicht. In: Schultz, T. and Hurrelmann, K. （Hrsg.）. Die Akademiker - Gesellschaft - Müssen in Zukunft alle studieren? Beltz Juventa. Weinheim und Basel, 2013：25.

④⑤ Meidinger, H. - P. Auf dem Weg zum Vollkaskoabitur? Ursachen und mögliche Folgen des Akademisierungswahns. In: Schultz, T. and Hurrelmann, K. （Hrsg.）. Die Akademiker - Gesellschaft - Müssen in Zukunft alle studieren? Beltz Juventa. Weinheim und Basel, 2013：126.

⑥ Bundesministerium für Arbeit und Soziales. Arbeitsmarkt-prognose 2030 - Eine strategische Vorausschau auf die Entwicklung von Angebot und Nachfrage in Deutschland. Bundesministerium für Arbeit und Soziales. Bonn, 2013：6.

不如我国。但是，在国家机构工作则需要考虑学历因素，如公务员、军官、警察等会有学历方面的限制。① 而对于企业而言，学徒通过双元制职业教育培训获得的职业资格证书就是能力最重要的体现。

贝尔的理论曾经风靡全球，健康、护理、知识、艺术、咨询、信息等第三产业的快速发展，使人们提出我们进入第三产业为主体的社会，对企业家们也产生一定的影响，纷纷认为未来的发展领域将向服务业延伸或转变。但是，服务业是在有充足的工业产品供给、人们基本生活得以满足的前提下发展的。随着经济形态的发展，企业家们逐渐意识到即使是服务业也区分为生产型服务业和非生产型服务业。在制造业的基础上才有服务业，否则服务业就没有服务载体，尤其是高端服务业更需要依赖于制造业。②

然而，即使是在大学毕业生人数比例高的国家，其在经济危机中的表现也并不尽人意。伴随着全球青少年失业率的上升，2011 年在巴黎和 2012 年在瓜达拉哈拉的 G20 峰会上，双元制职业教育培训被作为对抗青少年失业的有效手段而推荐给全球各个国家。③ 正因如此，双元制职业教育培训才重新回到欧盟及欧盟以外国家的政策中。根据不同社会发展阶段经济结构的总体类型，教育在农业社会、工业社会以及后工业社会分别履行"社会防范职能""社会调适职能"和"社会更新职能"。④ 职业教育在不同生产模式中扮演不同的角色，而如今愈演愈烈的科技竞争，诸如人工智能的发展，让人们开始怀疑职业教育如何继续发展。人工智能在 1956 年达特默斯学院的人工智能大会被提出，目的是创造具有人类智慧功能的机器的艺术。⑤ 但是，作为教育者需要告诉学生的是这些工作到底是建立在什么的基础上。

这些外部条件的变化，使得德国企业为了长期稳定的发展，更愿意将财力、物力和人力资源提早用于培养企业后备技术人员上。为了缓解人口结构和升学愿望对职业教育的负面影响，德国政府积极进行宏观调控。2010～2014 年间，德国政府实施"完善培训教育链"计划，此计划的目标是在初中阶段培养和发掘有潜力就读职业教育的青少年，使他们通过实践认识和了解职业教育，为这些青少年提供职业导向教育，使初中阶段学生进入职业教育的路径更加系统化。项目实施

---

① 党洁：《欧洲一体化形势下德国双元制发展趋势——访教育部职教中心研究所德国顾问君德·瓦格纳博士》，载于《职业技术教育》2002 年第 15 期，第 60～63 页。
② 姚洋：《制造业才是中国经济脊梁》，载于《中国战略新兴产业》2016 年第 9 期。
③ Rauner, F. Was tun gegen die Jugendarbeits losigkeit in Europa? Einführung der dualen Berufsausbildung. ifo Schnelldienst, 2013, (16): 18–21.
④ 吴康宁：《教育社会学》，人民教育出版社 1997 年版，第 57～74 页。
⑤ [美] 杰里米·里夫金：《工作的终结——后市场时代的来临》，王寅通等译，上海译文出版社 1998 年版，第 73 页。

过程中对于需要帮助的青少年提供常年个别辅导和帮助。在此活动中，联邦政府和各州政府合作进行潜力分析和开展开放日活动，为青少年完成初等教育进入职业教育（此时期称为过渡期）做准备。同时，联邦教育研究部发起"帮助"计划，寻找义工帮助学习成绩不佳的青少年，避免此类青少年在职业培训过程中中途辍学。

3. 德国职业教育学习者的基础

除了人口变化以及升学的愿望外，在可选择进入职业教育的学习者中，他们原有的基础影响其接受程度，以及企业对于投入双元制职业教育培训的热情，因为基础好的学习者可以在学习期间为企业创造更多的价值，进而减少了企业对双元制的投资成本。正如某企业负责人所言：

"如果说参与培训对企业造成经济负担的话，那也就是说学徒在培训期间表现很差，那么对于企业而言肯定是损失。如果这个学徒很好，但是毕业之后不愿意留下来，那么对于企业而言，成本和收益抵销为零，也没有什么额外的损失。"

认知学习理论认为个体带着什么样的原有知识进入新的学习情境是学习过程最重要的因素之一。学习者已有的经验是建构未来学习的基础和框架，在很大程度上决定了学习者注意什么、感知什么、记忆什么以及遗忘什么。[①] 学徒会将进入职业教育培训学习之前的知识水平、技能程度、动手能力以及行为习惯等带入学习过程中，学生或学徒"已经知道什么"和"已经会什么"是影响技能形成过程的因素，而学习中的兴趣和行为习惯也是重要的方面。

"很多年轻人不具备接受职业教育的能力，他们一方面基础教育的成绩很差，更严重的是他们的思想，没有积极性……学徒和普通员工一样，每天是八小时工作制，很多年轻人四五个小时之后就想坐在沙发上休息。现在的一些年轻人对任何事情都没有浓厚的兴趣，他们总觉得他们什么都懂，但是事实上他们什么都不懂……"

学徒的学习兴趣缺失是在德国访谈中被多次提及的问题，在培训市场中，企业和准学徒之间是自愿双向选择的过程。很多企业认为想要招收到"合适"的学徒越来越难，长此以往也会挫伤企业的参与积极性。而对于德国企业而言，挑选学徒的标准是不会改变的，如果申请者不符合企业的要求，德国企业并不会因为"技工荒"而放弃标准，通常是保持培训岗位开放状态。这样的情况下，培训企业之间加剧了对于适合的申请者的激烈竞争，而所谓适合的申请者，又涉及基础

[①] ［美］安妮塔·伍尔福克：《伍尔福克教育心理学》（第12版），伍新春等译，中国人民大学出版社2015年版，第264页。

教育的培养结果。在一项关于学生进入职业教育培训前的能力和进入企业职业教育培训后的生产力水平的关系研究中,研究者发现学徒能力和学徒生产率有很大关系,意味着通过提高学徒的能力可以提高企业参与学徒制的积极性。[1]

德国培训企业招收不同职业的学徒时,招聘的要求也是不同的,而通常申请者较多的企业,其申请要求也相应更加苛刻。根据职业内容的要求,一些职业的申请标准是主体中学毕业生即可,一些职业要求实科中学毕业生,而商业文职类职业通常要求具有高中毕业考试成绩的毕业生。虽然企业常常强调成绩不是最重要的,但是一些职业由于职业性质,在招收学徒的过程中还会特别关注数学及物理等科目的学习成绩。例如,电路安装工的职业内容中会涉及很多与数学、物理有关的理论知识,一般来讲,主体中学的毕业生是无法完成这类职业的学习并获得职业资格的。

二、文化传统:文化中作为内隐习惯的学徒制技能传承

文化通过其意义和象征存在于社会的各个领域,由社会角色的具体行动所体现出来,在社会不同行动主体的互动中,文化可以解释其不同社会关系形成或不同行动过程的原因。正如世界上所有国家的教育都是植根于本国的文化环境中,这些扎根于不同文化经脉中的特征影响着教育的特征,同样对于职业教育而言亦不例外。职业教育有其自身存在的文化底蕴,如果我们看当今世界各国职业教育的发展,不管是以学校为主导或以企业为主导的职业教育,背后都是其在这个国家的历史文化背景中形成和发展的特色产物。

(一)德国手工业学徒制的历史文化传承

德国的企业家文化为包括人力资源在内的多种生产性投资奠定了基础。在德国资本主义的经济生活过程中,起到决定性作用的不是胆大包天、肆无忌惮的投机者,也不是投机商和大金融家,而是从艰难生活中成长起来的深谋远虑又勇敢无畏、节制有度、精明能干、专心致志、信奉资产阶级观点和原则,具有禁欲主义特征的企业家。[2] 他们认为财富的获得是履行天职的劳动的结果,追求财富并不是目的本身。资本主义的强制节俭实现了资本积累,而禁欲主义中对消费的限

---

[1] Jansen, A. and Pfeifer, H. U. Pre-training competencies and the productivity of apprentices. Evidence-based HRM: a Global Forum for Empirical Scholarship, Emerald Group Publishing, 2017, 5(1): 59–79.

[2] [德] 马克斯·韦伯:《新教伦理与资本主义精神》,马奇炎、陈婧译,北京大学出版社2012年版,第63~64页。

制使得资本流向生产性投资成为可能。① 所以，从历史的角度，德国是具有学徒制历史传统的国家，这种传统源于手工业学徒制。新教伦理在德国乃至欧洲的职业传统中留下深深的印记，在就业系统中代表着国家的、有序的工作领域，也是专业技工市场的基础。② 德国哲学家韦伯也将劳动看作是履行"天职"，从而肯定了每一个人的劳动和工作都是有意义的，且必须要承担其责任和义务。德国手工业学徒制传统在双元制职业教育培训的发展历程中发挥了很大的作用，这种传统经久不衰，一定程度上使培训成为企业自然而然的选择。

"首先我认为这是从历史传统中而来的，在德国历史上首先是在手工业中，那个时候父母把孩子送到手工业师傅那里去学习手艺，成为手工业工人。"

韦伯认为资本主义文化的根基是"人们履行天职的责任"③。它是资本主义的职责观念和资本主义市场中经济行为的准则。天职则是个人履行其在现实生活中所处的位置所赋予的职责。在这种履行现世职责的生活方式中，每个人完成其所属位置的职责就完成了履行天职的责任，因此，每一种正当的天职都具有同等的价值。所以，在德国，并不是拥有一个职业资格的技术工人的工作更被重视，而是技术工人的工作和其他任何正当的天职具有同等的价值，不存在更高贵或者更被轻视的等级区分。

德国传统手工业中的学徒、工人和工匠师傅的体系可以追溯到中世纪，和整个欧洲一样，学徒、工人和工匠师傅代表的是严格的等级制度，只有工匠师傅的身份才是被认证的资格证明，手工业主、小商业主和小农场主是当时中产阶层的主要代表。18世纪到19世纪初，随着欧洲工业化进程的开始，原来的行会体制在欧洲逐渐丧失了它的地位，因为行会制度是资本主义、自由主义经济中贸易和竞争的障碍。而且在很长一段时间中，快速发展的工业并不需要合格技术工人，在那个年代，决定人们生活和工作的是"自由主义"和"清教主义"。④ 然而，起始于欧洲的工业化并没有带来全欧洲统一的职业教育模式，反而或多或少地瓦解了原本在欧洲传统的且相对统一的手工业职业教育体制，而在欧洲大陆产生和

---

① ［德］马克斯·韦伯:《新教伦理与资本主义精神》，马奇炎、陈婧译，北京大学出版社2012年版，第174页。

② Rauner, F. Offene dynamische Kernberufe als Dreh-und Angelpunkt für eine europäische Berufsbildung. In: Grollmann, P., Kruse, W. and Rauner, F. (Hg.). Europäisierung Beruflicher Bildung. Münster: LIT Verlag, 2005: 21.

③ ［德］马克斯·韦伯:《新教伦理与资本主义精神》，马奇炎、陈婧译，北京大学出版社2012年版，第49页。

④ Wollschläger, N. and Guggenheim, É. – F. Von der Divergenz zur Konvergenz Zur Geschichte der Berufsbildung in Europa. Cedefop 2004: 7–10.

发展了各自不同的职业教育模式。① 例如，在一项关于劳动法文化的比较研究中，研究者提出在英国，生产关系仅仅被看作是一种市场过程，在这个过程中社会的塑造者就是市场的参与者，国家秉承不干预市场运行的原则。在法国，生产关系本身被理解为政治设计，国家是工作生活的中心。而德国将生产关系视为一个共同体，在这个共同体中互相承担不同的责任同时也保持应有的界限。德国作为国家，在整个社会中的角色相比英国更加积极而相比法国又保持一定的自由。② 因此，在这项研究的基础上，德国学者将欧洲职业教育培训分为三种工作文化影响下的不同模式，即以英国为代表的市场优先模式、以法国为代表的政治优先模式和以德国为代表的社会优先模式。在欧洲发展历程中，虽然行会学徒制传统已经在欧洲大陆普及，欧洲各个国家却依然形成不同的工作文化以及技能形成方式，所以文化因素是存在的，但是文化也受到其他诸如国家政策等因素的影响。

从学徒制的发展历史来看，1871 年第一德意志帝国成立时颁布了一系列法案，扫清资本主义经济发展的障碍，同时国家重视教育和科技的发展，在全国范围内建立完善的教育体制，为每个人提供从小学到职业学校，从工艺学校到大学的求学机会，积极学习其他国家的工业化经验，发展电力、化学和光学等产业，用很短的时间完成了工业化的任务。③ 1897 年《手工业保护法》（Handwerkerschutzgesetz）的颁布确立了强制性手工业协会作为公共管理机构行使准公共权利的职能，《手工业保护法》以及 1908 年《工商法》（Gewerberechtsnovelle）的颁布不仅具有稳定经济发展和调整手工业布局的意义，也对双元制的现代化发展发挥了关键性作用，为学徒培训建立了制度性框架。

"德国手工业的培训更是具有悠久的历史和它的先进性……"

在德国发展历史中双元制的产生是对当时社会问题进行分化的一个行为，有学者曾表示当时德国的社会问题以及要求是没有其他形式可以解决的，至少是没有更有效的解决方式。也就是说双元制最初的出现并不是工业国家中技术进步对于能力要求的提升而是社会经济发展的相应政策附属。④ 在德国学徒制发展过程中，即使是两次世界大战期间，学徒制虽然经历兴起和衰落的变化，但是也从来没有完全消失过。如果仅从行业来看，职业教育培训的强度也是不同的。如建筑

---

① Greinert, W. - D. Die europäischen Berufsausbildungs, systeme – Überlegungen zum theoretischen Rahmen der Darstellung ihrer historischen Entwicklung. Berufsbildung Nr. 32. Europäische Zeitschrift, 2004, （32）: 18 – 26.

② Mückenberger, U. Nationale Arbeitsrechte und soziales Europa. In: Bruno Cattero. （Hrsg.）. Modell Deutschland, Modell Europa. Opladen 1988: 33 – 54.

③ 巫云仙：《德国企业史》，社会科学文献出版社 2013 年版，第 9 页。

④ Greinert, W. - D. Geschichte der Berufsausbildung in Deutschland. In: Prof. Dr. Rolf Arnold and Prof. Dr. Antonius Lipsmeier. Handbuch der Berufsbildung. VS Verlag für Sozialwissenschaften 1995: 409 – 417.

行业、汽车行业以及传统工业中的机械、电子和金属加工工业属于具有职业教育培训传统的行业，这些行业通常都有各职业的同业会来组织协调职业教育培训。往往是在没有职业教育传统的新兴行业领域，如信息领域、休闲领域、健身领域较难实施职业教育培训。

"还有一个不能遗漏的原因是，在我们这里就是这样的，体系就是这样的，传统的影响也是不能轻视的。"

如果说德国双元制职业教育培训是文化熏陶下的历史传统，那么这种文化传统是否具有可借鉴性呢？文化传统固然是非常重要的因素，但是却不是唯一的决定性因素，正如某位德国企业培训负责人所言：

"我想现如今应该没有一个企业能仅仅因为历史传统的原因而进行双元制职业教育培训吧！"

（二）企业社会责任的基础

企业社会责任是在实践发展中衍生出的概念，由谢尔顿（Shelton）于1924年首先提出，他认为企业需要满足包括道德因素在内的各种人类需要的联系。[①] 自此，学术界展开了对企业社会责任概念界定的讨论。而对于企业社会责任的分析和研究则源于1953年霍华德·R.鲍恩的《商人的社会责任》一书。鲍恩将社会责任看作是一种制度工具，因为商人们不能无视社会广泛接受的价值观，或将他们自身的价值观置于社会之上。[②] 企业社会责任的内容包罗万象，从环境保护到节能减排，从劳工权益保护到慈善事业等，不管是哪些内容通常社会责任都是以可持续发展为核心目标的。在本书的研究中，企业的社会责任主要是指企业为年轻人提供从学校到工作的过渡中学习的机会以及企业教授年轻人未来赖以生存的职业的教育责任，例如：

"我觉得一个大型的企业，应该要承担一定的社会责任，给青少年一个未来。很多职业是这样的，也许我们这里自动化的程度很高，但是其他的小企业或者手工业企业，很多还是需要手工的技能，也许有一天我们效益不好的时候，青少年还需要靠自己的技能去其他的企业找工作。"

但是同时，创造利润是企业履行社会责任的前提。当企业的总体税负达到30%~40%，则有可能导致企业留利过低而失去投资和创新能力。[③] 这样的情况

---

① 崔丽：《当代中国企业社会责任研究——以关系契约理论为视角》，吉林大学博士学位论文，2013年，第27页。
② ［美］霍华德·R.鲍恩：《商人的社会责任》，肖红军等译，经济管理出版社2015年版，第5页。
③ 李炜光、臧建文：《中国企业税负高低之谜：寻找合理的企业税负衡量标准》，载于《南方经济》2017年第2期，第1~23页。

下，更谈不上让企业去主动承担培养年轻人的责任了。企业的社会责任不应该源自企业的外在压力，而应该是企业生存发展的约束和条件，源自企业经济生产活动过程中的内在需求。①

"我们作为一个大企业应该承担社会责任。像欧洲如法国等其他国家的青少年失业问题，在德国相对较少，因为我们通过双元制能够给年轻人提供很好的进入职业的可能性。"

通常，人们对于大型企业会更加强烈地寄予主动承担社会责任的期望，在访谈中大型企业也认可培养行业后备专业人员是一种需要承担的社会责任，并且绝大部分的大型企业都作为培训企业参与双元制职业教育培训。在德国，社会责任不仅仅是企业的慈善捐助等给予性行为，而更重要的是为行业及劳动者本身提供能够独立生存的技术技能，这其中也饱含了德意志民族文化中独立的性格。

而对于德国中小型企业而言，单纯依靠企业对社会责任的承担以及历史传统的传承并不能激发企业参与双元制职业教育培训的热情，这一切都是建立在保证企业用工需求以及经济利益前提条件下的附加因素。因为不管是大企业还是小企业，对于企业而言，创造利润都是企业负责人的首要职责，否则企业无法继续发展或提供更多的工作岗位或支付高的薪酬，也无法为员工提供稳定的保障，更谈不上为社会承担更多的责任和义务。所以说，企业的社会责任也是建立在企业拥有一定经济效益的基础上。

第二节 中国企业社会性动力的表现形式

从技能满足和文化传统维度来看，我国企业在社会性动力方面的表现形式更为突出地是以数量层面的技能满足作为优先条件。从历史传统来看，学徒制曾经是我国国有企业技术人员的培养方式，现在依然以企业内部培训的形式存在于某些行业中，特别是大型国有企业中。

一、供给充裕：外部劳动力市场的技能数量供给相对充足

我国企业年龄结构相对年轻，以国内某企业集团为例更能具体凸显这一特

---

① Reilly B. J. and Kyj M. J. Corporate Citizenship. *Review of Business*, Saint Johns University 1994（16）：37. 转引自聂伟：《论企业的职业教育责任——基于企业公民视角的校企合作研究》，天津大学博士论文，2013年，第26~27页。

征。某集团及所属企业在岗职工17.1万人,年龄与学历情况如图5-3所示。从员工整体年龄结构来看,该企业集团是一个年轻化的企业,只要员工流动率处于正常水平,那么,目前或未来几十年中,人力资源补给问题不是企业稳定发展的障碍。再者,在国民心目中国有企业,特别是国有大型企业集团的工作意味着稳定和有保障,因此,这类企业的正式员工流动率是很小的。

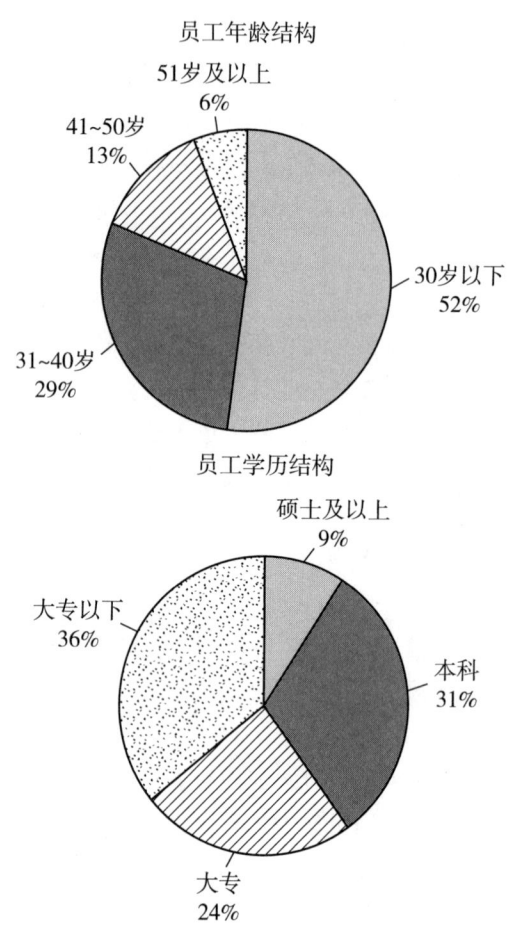

员工年龄结构
- 51岁及以上 6%
- 41~50岁 13%
- 31~40岁 29%
- 30岁以下 52%

员工学历结构
- 硕士及以上 9%
- 本科 31%
- 大专 24%
- 大专以下 36%

图5-3 员工年龄和学历结构

资料来源:笔者根据访谈资料及企业网站信息整理。

另外,学历程度在我国这样以学校教育为主体的国家是一项重要的指标。该集团企业大专和大专以下学历的员工比例为60%,意味着职业教育对于这样以生产型为主的制造业是非常重要的。在企业生产任务重以及人员需求量特别大的时候会以社会招聘为主,校园招聘学徒约占1/3。而在需求量相对稳定下来的时候,企业更倾向于和职业院校合作。

从本书问卷调查的数据来看，我国企业在此次调查中显示出无论是校园招聘还是社会招聘，接近一半的企业具有本科以上学历要求。也就是说，在我国现行的教育体制下，学历依然是企业看重的一个方面（见表5-1）。

表5-1　　　　　　　　　　企业招聘要求

企业人力资源情况		频次	占比（%）
企业招聘要求	校园招聘中职毕业生	25	17.01
	校园招聘高职高专毕业生	36	24.49
	校园招聘本科生	71	48.30
	社会招聘无学历要求	19	12.93
	社会招聘中职学历要求	21	14.29
	社会招聘高职高专学历要求	30	20.41
	社会招聘本科学历要求	60	40.82
	社会招聘技能等级要求	71	48.30

资料来源：笔者根据问卷调查结果统计整理。

但是，在国内阶段的调查研究中笔者还发现，对于有些企业而言，当企业一线员工的平均年龄达到35~40岁甚至以上的时候，已经算是年龄结构偏大的企业。因为，这样的企业为节省劳动力成本，在一线员工构成中以中年以上妇女为主，在生产线的精细分工中从事简单的重复性劳动。关于劳动分工的内容将在第六章进行论述。

再来看我国的人口数据，我国人口出生率的变化和时代发展紧密相关。图5-4中可以看出，1978~1988年间的人口出生率呈上涨的趋势，这是由于20世纪60年代的人口高峰期出生的人口进入生育年龄。从数值来看，1988年我国人口出生率为2.24%，2000年下降至1.4%，2012年则为1.2%。如果按照中职和高职入学年龄来看，目前的生源年龄应该是1999~2002年出生的人口，从人口出生率来看，生源也是处于持续下降的阶段。

和德国面临的情况一样，就我国而言，人口出生率和升学愿望所导致的职业学校招生难也是职业教育发展面临的首要难题。以科举制为代表的升学制度一直是中国人重要的生涯选择。自"九五"计划①以来，我国在持续普及九年制义务教育的同时扩大高等教育的招生规模。1999年全年普通高等学校招生160万人，在校生413万人。截止到2016年，我国普通本专科招生增至748.6万人，在校生

---

① 《中华人民共和国国民经济和社会发展五年规划纲要》，我国从1953年开始制定第一个"五年计划"。"九五"指第九个五年计划。

图 5-4　1978~2012 年中国人口出生率

资料来源：王亚楠、钟莆宁：《1990 年以来中国人口出生水平变动及预测》，载于《人口与经济》2017 年第 1 期，第 1~12 页。

2 695.8 万人，毕业生 704.2 万人。① 但是，在大学扩招的同时，由于国家的产业结构及层次中需求和供给的失衡，出现大学生毕业后就业难以及"毕业即失业"的现象。② 高等教育的扩招一定程度上满足了我国文化中"读书改变命运"愿望，但是，对于企业产业升级而言需要的是高级技能人才。正如某企业人力资源负责人所言：

"整个大环境，包括技校的建设，我们感觉到，招不到人，优秀的人才推不出来，我们是求贤若渴，希望有好的苗子到我们企业里面，但是现在我们招不到那种特别特别好的苗子，以前还能挖掘到上海的孩子读技校，但是现在基本上孩子不读了，或者他读完技校之后，去读高职，读大专，实际上这种东西对于我们企业来说，它有多少提升呢？我觉得倒不见得，那么，这就导致我们出现'用人荒'，所以说我们在招聘优秀的技能人员方面是遇到很多'瓶颈'的，好多技能人员有的时候可能比大学生都难招，好的大学生其实我们还是能招到的，但好的技能人员都要'抢'。我们没有苗子的话，企业再积极也不行，有些人我们再怎么帮扶也不行，他自我没有成长的需求，这是目前企业感觉困惑的一点。"

但是在我国，每年一度的高考放榜时，不乏职业学校使用高考录取率来吸引生源，因为家长的需求是让孩子读大学，这是多年以来我国人民根深蒂固的观

---

① 国家统计局：《全国年度统计公报》1999-2016，http://www.stats.gov.cn/tjsj/tjgb/ndtjgb/，2001-10-22，2017-04-11/2017-11-30。

② 姚先国、张海峰和乐君杰：《产业转型与大学生就业难》，载于《劳动经济研究》2014 年第 5 期，第 34~48 页。

念。在上海等地区，中等职业学校毕业生升学比例在 2017 年达到 56%[①]，这一数据一方面可以说明我国中职学生发展通道在不断拓宽；另一方面，对我国高等职业技术教育以及应用型本科的建设也提出了迫切的要求，否则单纯以升学为目的的职业教育发展是没有实际意义的。而且在我国，特别是国有大型企业中，学历也是应聘的条件之一，即使是专业技术工作人员的岗位，也至少需要高职和大专层次的学历才能入职。因此，也限制了企业和中等职业学校的合作。

"还有就是通过社会招聘，比如招车工、普车和一些装配工，直接在招聘网站进行招聘。这两年感觉整个招聘的质量确实在下降，可能跟大环境有关，因为现在大部分家庭都是独生子女，不是确实没有办法，不会让孩子去学技能，怕苦，而且尽管企业给其地位，但是整个社会的地位还是相对低一点。"

目前，企业面临的问题是招不到"好"的员工。因为在整个职业教育培训过程中，学徒既是教育的接受者又是参与者，他们从前的经验、技能以及动机影响着教学过程。以前是企业内办技校的模式，现在高职、大专等职业院校培养的学生对于企业而言其技能并没有得到很好的提升。在接收实习生的过程中，企业感觉学生整体的技能水平在下降，远不如 20 世纪 80~90 年代自己企业内部技校培养的学生。来自职业院校的实习生之前两年在学校的学习几乎没有发挥作用，而且理论功底也并不扎实，企业需要同时给他们补习理论课及指导实际操作。因此，职业院校的学生在招聘竞争中并不占优势。

"企业中有一类技能人员是从上海的中职、技校和高职院校直接招聘的学生，这些学生在毕业前一年进入企业实习，通过这一年的学徒培养来提高实践能力，这期间企业边培养边考察，符合要求的学徒企业会在他们毕业后提供工作岗位。但是，这其中还有一些学生，即使他的技能比较好，符合企业要求，但毕业后，家长不愿意他从事技能工作，直接给他提供一些不需要从事技能劳动的岗位。所以，整体而言，整个社会对于技能工作的支持没有保障，因此，也不是完全没有优秀的技能人才，而是很少，企业要靠'抢'。"

在生源不断减少的情况下，生源质量更不容乐观。职业院校学生大部分是经历过中考或高考的应试教育选拔后进入职业教育体系的，甚至可以说，他们中的一部分是没有机会进入普通教育而选择进入职业教育。近年来，由于大学的扩招和生源的减少，在一些省份，高职院校的录取分数线约在 100 分，而总分是 750 分，但是即使是这样的情况，依然有不少院校为招生问题而苦恼。访谈过程中不

[①] 新华社：《2017 年上海中职生就业率超 98%》，http：//www.gov.cn/xinwen/2018-01/02/content_5252533.htm，2018-01-02/2018-03-01。

乏职业院校老师反映学生基础知识薄弱，老师需要从数学基本运算讲起，而中职学校更为明显的是，教师大部分精力被管理学生的行为习惯所消耗。企业人力资源负责人的访谈中也证实了这一点：

"中职学校现在分层分得很厉害，学校关注的群体是非常少数的，甚至仅几个人。大部分学生都无法符合企业的需要，学校只要保证学生到企业是安全的。但是学校整体的生源质量就在下降，十几年前，整个社会的大环境不是全员都去读大学，那个时候还有很多优秀的人员选择读技校，我们读书的时候技校是很难考的，现在是没有门槛的，基本上都是不看分录取的，这样这个队伍就没办法保证纯粹的质量了。所以职校是很重要的，我们希望它们能把学生培养好，因为我们之前也是经过一批筛选，所以基本上80%都能留下来，我们按照需求，提前一年做好招聘计划，所以，除了态度特别不好的，我们认为能力是可以培养的，可以花点时间、金钱去培养。本地化就业是最好的，归属感就强，但是这种情况在上海太少了。"

另外，同样作为服务业的代表，某行业知名物流企业参与职业教育现代学徒制是为了管理层人员储备。虽然该公司属于成立不久的新企业，但是其母公司已经具备了行业知名度，而且，该行业在我国发展过程中是随着互联网的普及而突然之间迅猛壮大的，专业人员及管理人员急缺。企业管理人员也都是从一线工作中成长起来的，企业愿意接收职业院校学生，在学生零基础的时候，从最基本的一线工作进行培训，能够使企业的团队建设更加顺畅。该企业所在被调研地区的分公司之前并没有和职业院校合作的基础，但由于公司规模的扩大，基于用工的需求，以及从一线员工中培养管理人员的需求，而选择和职业院校合作参与职业教育现代学徒制。

二、传统遗失：自由市场竞争环境下师徒技能传承的断裂

我国确立发展社会主义市场经济的国家政策，对学徒制发展产生了决定性的影响，学徒制也因此经历了从兴起到蓬勃发展到现代化改造及之后的逐渐退出历史舞台的过程。在清末民初，企业师徒制充满了行会组织、资本家与学徒工的斗争，对学徒工而言，学徒制是传授谋生技能的教育制度；对于资本家而言，是一种劳动雇佣制度。[①] 从晚清到民国初期阶段随着社会的发展，以传统宗法家长制为主的学徒制从商业扩展到手工业作坊。20世纪30年代，国民政府对企业学徒

---

① 王星：《现代中国早期职业培训中的学徒制及其工业化转型》，载于《北大教育评论》2016年第3期，第84~106页。

制进行改造，强制推进教育福利和规范学徒契约，推动了企业学徒制的发展。南京国民政府以法律法规的形式对学徒年限、学徒工年龄、学徒工福利和师徒协议等内容进行立法。

1949 年新中国成立后的早期，我国对旧产业、工厂等进行改造，使国营企业成为我国企业模式的主导，"工人阶级"不仅是产业工人的名称更是代表国家的社会阶级。[①] 这个时期我国政府着力改造宗法家长制的传统学徒制，建立社会主义主人翁意识形态下，从精神上和物质上激励师傅角色并保障学徒工身份地位，同时兼顾师傅权威的社会主义学徒制。国家准许企业采用多种培训方式对工人进行培训，培训费用由企业承担，国家进行补贴，出现国家主导控制技能考核的趋势。同时，还提出市场机制是学徒制在工厂内能够持续有效作用的重要驱动力，而国家或行业管理组织的职能就是创建匹配的制度环境以防止挖人外部性和对学徒工劳动力过度剥削对师徒制技能形成所造成的伤害。

我国在 20 世纪 80 年代实施重工业优先、后发追赶的经济和政治战略，以及之后一个又一个"五年计划"的推行，中国工业企业的规模不断扩大，工人人数随之增加，从新中国成立初期到 1982 年工人数目增长 12.6 倍，达到 10 939.9 万人，占全国人口的 1/10。[②] 在这一时期，工人置身于国家一体化的体系中，工人是身份的象征和体现。在技能培训方面，我国重构企业内部学徒制时强调技能和思想教育并重，采用师徒结对与学徒工集体受训的方式进行培训，学徒在未来转为企业单位正式员工，成为企业学徒制得以顺利运行的基础。师徒结对包括选择思想觉悟和技能水平高的工人担任师傅，签订企业和学徒的用工合同以及师傅与徒弟的结对合同，并且对合同执行情况进行监督检查。由于我国也被称为人情的社会，师傅的角色在现实社会中发挥着重要的作用。如果企业的成长环境是员工或学徒的平台，那么师傅就是员工借助平台发展的推动力。当师徒关系建立起来的时候，人际交往的私人属性也随之建立起来，徒弟在师徒关系中不仅获得师傅的知识、技能等学习内容，而且也能同时获得师傅的资源及影响力。即使现代学徒制脱离了传统学徒制的宗族等私人属性，但是，我国人际交往的文化依然发挥着潜移默化的作用。

后来，随着国家企业用工政策的变化和学校职业教育的发展，以及市场化的运行机制导致可信承诺丧失，企业学徒培训被逐渐边缘化。随着 20 世纪 80 年代

[①] 林超超：《新国家与旧工人：1952 年上海私营工厂的民主改革运动》，载于《社会学研究》2010 年第 2 期，第 67~86 页。

[②] 中共中央书记处研究室理论组、中华全国总工会办公厅编：《当前我国工人阶级状况调查资料汇编》第三册，中国中央党校出版社 1983 年版，第 2 页，转引自陈周旺：《一个世纪的悲歌：图绘中国工人政治史》，载于《复旦政治学评论》2016 年第 16 期，第 103 页。

后期及90年代国家用工制度的改革，工人群体被解散成为下岗工人，失去原有"工人阶级"所代表的符号意义，同时农民工进入历史舞台，学徒制这种内部技能传承的方式逐步被职业学校教育所取代。[①] 因而，我国虽然曾经也有工厂内部师徒传承技能的方式，但是由于体制原因没有传承下去。

然而，笔者在调研中发现，现如今在某些行业及企业中，学徒制也以某种形式存在着，特别是酒店服务业内部培训中的"老人带新人"的模式，以及我国国有制造业企业中遗留的工厂学徒制痕迹。正如参与现代学徒制试点院校的某合作企业，其人力资源负责人强调企业和职业院校的文化契合是他们最看重的因素：

"首先是学校跟我们的企业文化，如果学校不认同，这个也没有办法合作，我们有很多很多合作的学校，但是就现代学徒制真正也就和两所学校合作。我们也没有设很多限制，如就业啊，没有，都没有。只要认可我们这个企业，热爱这个行业都可以来，一批人也不是要所有人都留下来可以有一个人很热爱这个行业，这三年下来，你肯定会知道，我有什么样的能力，时间久了，他若毕业后留在这个行业，相对来说，整个的高度要高一点，然后宽度宽一点，真正愿意留下来的，这样的人，会像种子一样，去告诉他的学弟或学妹，然后把好的东西传承下去…为什么这个班级一直会有人进来，就是这样的原因，这就是一种精神力量吧，是一种气质，他能够把自己走的这条路慢慢地传播出去。一定要认可整个企业的文化，我们企业要有培养人的一种文化，如果没有这种企业文化在，那…那…（摇头），我们从高层、中层到每一个员工，因为大家都很清楚地知道，每一个进来的人都可能成为我的同事，如果今天有人走，没有人能顶上，那有可能我就完成不了这个工作…这种文化不是一天两天能形成的，是对每一个人的感染。"

该企业从事酒店行业已经很长时间，所以具备一定的经济实力。企业认为和学校共同合作参与现代学徒制，最重要的是学校对企业文化的认同。而且企业从高层、中层到每一个员工，大家都很清楚地知道，每一个进来的学徒都可能成为自己的同事，因为酒店行业流动率很大，随时需要新的人员补给。

"就比如说学生来两个星期轮岗确实给员工带来很大的压力，因为本来我就很忙，还要教你，你又不懂，然后还要添麻烦，正常的话，企业是不愿意的，但是我们这个企业是，你来了，你以后就可能是我的同事，你可能是我的徒弟，那我现在就愿意教你。这种企业文化、精神都是不能缺少的，否则就做不好。而且校企双方合作中文化、认可都是有关系的。我们合作学校

---

① 王星：《技能形成的社会构建——中国工厂师徒制变迁过程的社会学分析》，社会文献出版社2014年版，第9~11、197页。

的文化、认可跟我们的价值观都很合适，沟通也很顺畅，所以才有这样的合作。"

正如该酒店人力资源负责人所描述的，学徒在第二学年两星期的企业轮岗中会给正常工作的员工带来很大的压力。因为员工本身还需要正常完成自己的工作，而学徒在这个时候是帮不上忙的，甚至还会对员工正常的工作造成障碍。所以这样来看，正常情况下企业是不会愿意这样深入合作的，但是，该企业对员工所传达的理念是学徒有可能是未来的同事，或者是未来缔结师徒关系的人，这种理念使员工愿意在轮岗期间指导学徒。在这个过程中企业负责人的积极推动和实施也是不可或缺的，也就是说，企业领导的认识以及他们自身的专业出身和对企业产品和业务的熟悉度是企业创新发展的推动力。当企业负责人本身是该相关职业出身时，他更能理解和能体会到学徒培养对于企业发展的重要性。

从我国企业的学徒制传统来看，制造业中表现非常明显的是，行业历史上一直是师带徒的模式，因此在企业发展过程中，和传统学徒制模式类似，企业内部人才培养一直是在工作岗位上进行。

"我们这个行业，整体而言，师带徒模式比较成熟，每个进入企业的员工都必须要经历师带徒的过程。"

例如，我国某国有企业集团，机械加工是其生产中的核心工作内容，在企业中从事一线生产操作的技能人员占员工总数的61.9%。因此，企业及企业负责人同样非常重视技术技能人才的培养。

"他们首先要有积极的态度、能力，作为企业来说，要为技能人员提供充分的支撑⋯历任领导都非常重视这一块儿，重视和培养是非常非常关键的。技能大师加团队的形式把整个技能人员的成长抓起来，我们也建立了优秀的培养专家团队，他们把自己的绝技绝活儿总结出来教授给新人，这也是一种传承吧。我们这个行业历来就关注这样一个师带徒的机制，我觉得这种机制是最有效的，通过选拔优秀的师傅，其理念、作风、操作的一些先进的东西，从无形中影响一个刚来的人。"

所以说，企业中重视技术技能人才的氛围也非常重要：

"还有一块就是，对于企业来说，整个氛围的营造是非常重要的，这个企业一直在关注这支队伍，所有为企业作出贡献的人都会得到相应的承认。企业技能队伍建设底蕴深厚。"

在我国，职业院校也更倾向于和国有大中型企业进行无论是毕业生实习还是其他深入合作。职业学校的校方负责人对于和某大型企业集团的合作非常满意，并且在学校的其他优势专业中也选择优先和大型集团企业合作。校方负责人认为，在这样的大企业中学习，学生虽然在一个岗位工作，但是，他能看到生产线上的产品是怎么制造出来的，在这个过程中不仅是知识技能的学习，其他方方面面都在学习。大企业的氛围是不一样的，有很多专业的以及先进的理念，更有助于学生开阔视野。通过和大型企业合作，学校老师能够切身感受到学生各方面的变化，企业文化对学生的影响巨大。

另外，非常重要的是企业能保证参与学徒班的学生的就业。在前两年的认知阶段、轮岗阶段结束后，学徒在企业能够获得工作岗位。简单来说，就是需要学校、企业、学生之间能够达成可信承诺。企业对学徒班学生并没有额外的限制，不需要签订毕业后必须留任等强制性协议，学徒在第三年可以被分配到集团内部不同的单位进行顶岗实习阶段的学习。而合作学校也付出很大的努力，承担管理学生的责任。所以，整个现代学徒制的实施是多方合作，缺少任何一方都不行。在校企双方合作中，文化、价值观的相互认可和契合都很重要，只有双方沟通顺畅，合作才能顺利进行。

"如果是一家酒店也容纳不了那么多人，集团就好一些，我们有高高低低的这种不同的需求，像我们这样的企业最好，更大的企业，它可能又没有那么关注，因为我们是正好能关注到你，又不是那么小，能容纳。大企业是好，但是学徒放进去，沧海一粟，可能就没有关注度。"

正如上述企业培训负责人所言，一家企业无法容纳太多的学徒，原因是在我国现代学徒制的试点中实施模式不尽相同，多数院校的学徒制是以班级为单位和同一家企业合作实施的，一个班级至少会有 30～40 名学生。因此，在这样的模式下，确实需要具有一定规模的企业去提供相应的学徒岗位，并且，需要专职人员专门服务于学徒培养，这一点和德国的大企业培训车间的模式类似。但是，该负责人也提到，集团内部有高高低低的不同需求，指的是集团内部不同星级标准的酒店，可以为不同层次的学徒提供就业岗位。这里反映出职业教育中标准的问题，德国的学徒毕业后获得统一的专业工作人员或专业人员的资格证书，而我国，因为有不同层次的需求，所以毕业生不具备统一的专业资格。

再从社会责任来看，例如，我国某中型汽车模具企业主要立足于本地区及周边地区的行业发展，为区域经济服务。企业负责人具有强烈的社会责任感，愿意为本地区、本行业培养合格的后备人才。同时，企业鼓励员工参与企业管理，共同为企业发展出谋划策，使企业员工具有强烈的使命感和归属感，从而提高了员工的稳定性。当然，也有大型企业认为，为职业院校学生提供就业岗位就是承担社会责任的表现。例如，我国某企业人力资源负责人表示作为国有企业，他们需要履行自己的社会责任，每年要招收一定比例的大学毕业生以及职业院校毕业生。但是，这一切也是建立在企业经济效益良好的基础上。而且和德国情况类似，我国大型企业特别是国有大型企业基本上会发布社会责任报告，从经济、环境和社会等多方面论述企业的社会责任。对员工的培训和继续教育也是大多数企业社会责任报告中的内容,这说明我国企业对于承担培养人才的社会责任是有意识的,只是可能还局限于对自身在职员工的培养,这也是国家在继续推动和引导企业人力资源规划发展时的有利方面。

第三节 中德企业社会性动力的差异表征及成因

这部分内容将着重对比我国和德国在技能满足与文化传统这两方面的异同。从企业年龄结构、员工流动率以及市场供给情况来看,我国优于德国的处境。由于我国企业内部培训的模式以及其他多方面原因,企业更多地将职业院校的功能定位于人员数量层面的满足。另外,我国的社会发展情况造就了历史上工厂学徒制的消失,从而形成企业内部培训和学校职业教育两个不同的体系。

一、中德两国劳动力市场发展阶段和特征的内在差异

技能满足在中德之间体现出明显差异性的同时也具有相似性。德国目前面临着企业员工年龄结构老龄化问题而加剧了企业对于通过参与职业教育培训获得充足后备人员的愿望。而企业对员工的数量需求和企业经济发展状况直接相关,在我国,国家政策对经济发展起宏观调控的作用,譬如对某些特殊行业的扶持等政策文件的出台能够影响劳动力的需求。当企业需求量特别大的时候,我国外部劳动力市场招聘通常都能满足其数量需求(见表5-2)。

表5-2　　　　　　　技能满足的中德企业差异对比

中国	德国
企业年龄结构老龄化问题不突出; 职业院校学生没有竞争力; 外部劳动力市场也可以满足一定的用工数量需求; 企业流动率的影响因素复杂; 学生强烈的升学愿望; 职业院校出现招生困难趋势; 学习者的质量不高	人口老龄化问题凸显; 企业的员工流动率平稳; 人口出生率低; 学生强烈的升学愿望; 学习者的质量有下降的趋势

技能满足所表达的意思是要测量企业用工是否能达到数量和质量的要求以及通过内部劳动力市场还是外部劳动力市场来满足需求，而需求的数量能否达到和需求的层次密不可分。正如本书在第三章轴心编码过程中已经提到过的，企业对员工的需求是分层次的，而我国大部分企业的真实需求则集中在数量层面，高技能或高层次的用工需求是存在的，但是并没有占到决定性的比例。从对企业的描述性分析中可以看出，和德国相比，我国各方面因素更加多样和复杂，广阔的市场为各种类型的企业生存提供了空间，由于地区间发展差异巨大，因此需求的层次各不相同。而且，我国一方面人口绝对基数大，另一方面，由于各地发展不平衡而导致人口向经济发达地区流动。京津沪地区以及广东、浙江和福建是人口流入最多的省份和地区，东部沿海地区人口密度呈现加剧的趋势，泛珠三角、长三角和环渤海地区人口密度集中化。[①] 因此，在东部经济发达地区，年轻劳动力数量可以满足。甚至，某些地区的企业在选择后备劳动力时，会刻意挑选来自外省份的年轻人，因为，这些人会为了留在相对发达地区而更加勤奋工作，并且可以在一定程度上保证企业员工的稳定性。当然，即使是在东部沿海地区，各类型城市状况也不尽相同。例如，在上海，外来人口的户口限制，以及上海作为国际化大都市的高昂房价等因素导致外地技术工作人员的流失。

"一线员工通过外部招聘招不到啊，比如这里的人要出去，他肯定是跳槽的，不会流到外部劳动力市场的。"

区域间发展不平衡，城乡间发展不平衡，是我国相较于德国而言大规模劳动力流动的原因之一。德国城乡间同质性均衡发展对员工稳定性起到很大的作用，而我国在区域间公共教育、公共卫生等方面具有较大差异。另外，充足的劳动力资源也一定程度上限制了企业改进技术的积极性，而且对于我国民营中小型企业而言，金融环境障碍多，相对于劳动力，资本的运营更加难以实现。不同所有制性质的企业在金融，甚至税收和立法方面的差异性并未真正消除，民营企业所处的环境并不占优势。[②] 相比之下，浙江模式经营环境更适合民营中小型企业。中小型企业的发展以及区域间均衡发展是稳定劳动力市场正常流动的条件之一。某企业人力资源负责人在访谈中也曾提到：

"我们这个行业目前的流动率非常高，得有30%，我们企业算好的，一般1个月我们这边流动率是5%，有时候过年的时候更高，这个流动率不是所有人的流动率，有一些行政类的职位就不流动，在流动的永远是直接从事一线工作的那部分的人。"

[①] 张耀军、岑俏：《中国人口空间流动格局与省际流动影响因素研究》，载于《人口研究》2014年第5期，第54~71页。

[②] 黄亚生：《"中国模式"到底有多独特？》，中信出版社2011年版，第109~120页。

正如被访谈者所言，参与职业教育现代学徒制的企业流动率至少是同行业中相对较低的。因为一个企业在为人力资本进行投资的时候，顾虑之一就是员工流动问题。接受过企业的培训后不能为企业带来经济效益或是选择离职，对于企业而言是付出人力资本后没有回报的最大问题。外部性顾虑是企业和员工之间没有达成所谓可信承诺的体现。员工流动不仅会影响某个企业或某些企业对于人力资本投入的积极性，从整个社会来看，也会对社会整体的人力资本形成和技能供给造成影响。

在对我国职业教育现代学徒制试点单位的调研中笔者了解到，某个参与试点前已经采用现代学徒制模式和企业合作的职业院校中，已有毕业学徒在培训企业的留任率为37%。[1] 这个数字对于企业而言，并不是一个非常令人满意的结果，但是，如果比较企业以往的实习学生，或者该职业院校其他非学徒制班的学生在实习企业的留任率，结果则是有大幅度的提升。也就是说，毕业学徒流动率和很多因素有关，但是一定程度上，现代学徒制模式可以产生相对积极的影响。

当前劳动力市场的情况是优秀大学生容易招，而优秀技术技能人才很难招，而且有些学生自身没有自我提升的愿望和需求。目前而言，上海本地的青少年不愿意读中专技校，而上海的生活成本、户籍政策等因素又影响和限制着外地人留沪的需求，因此也一定程度上导致了技术工作人员的流失。如果要吸引优秀技术技能人才，需要打通技能等级和职称体系之间的障碍，并且建立合理的工资体系，因为实事求是而言，工资体系是反映技术技能人员地位的直接指标。很多企业的实际情况是用工的数量需求下降而质量要求在提高，因此，企业需要通过实习生招聘或外部招聘后的内部师带徒形式满足用工需求。整体而言，如果企业在同行业中属于待遇较好且工作稳定的国有或事业编制单位，对于劳动力市场的招工而言没有什么困难。也有企业培训负责人在调研中毫不掩饰地表示，如果未来企业出现招不到技术工作人员的情况，会考虑选择和职业学校合作。

另外，提高职业院校办学质量是促进企业参与职业教育现代学徒制的前提条件。相对于德国，我国职业院校发展规模更大，也享有更多的资源，近年来实习实训基地的建设，使很多职业院校具备了在校进行实训的条件。在已经具备相对完善硬件设施的基础上，职业院校需要进一步深入的是如何利用已有资源，使其在职业教育人才培养中发挥更大的作用。例如，尽可能创设真实的实训环境，在真实的环境中培养学生解决实际问题的能力。这就要求职业院校在教学中投入更

---

[1] 某职业院校现代学徒制试点专业负责人访谈记录显示，已毕业学生数27人，截至2017年底留任10人。

多的人力、物力进行小班化教学来改善我国职业院校目前的教学状况。[①] 职业院校自身教学质量的提高是吸引企业参与合作的重要因素之一,如果职业院校的学生相比于社会待业人员毫无优势,那么,职业院校在校企合作的过程中也不会有话语权。所以,职业教育要发展、改变在社会中的地位,自身的质量是最关键的问题。而且,职业院校在提高自身教学质量的同时,在实施职业教育现代学徒制的过程中,更要积极参与到企业学习部分的质量监控中,在国家出台职业教育现代学徒制内容标准以前,承担和企业共同制定具体人才培养方案的职责,并深入企业及时了解学生反馈,适时与企业进行沟通和调整。

二、技能传承体系中国家与市场功能和作用的差异

手工业学徒制在德国被继承和发展下来形成如今的双元制职业教育培训,我国曾经的工厂学徒制传统虽在社会发展过程中逐渐被学校职业教育所取代,但是,工厂学徒制文化依然在某些行业中以内部培训的形式存在(见表5-3)。

表5-3　　　　　　　　　文化传统的中德企业差异对比

中国	德国
国有企业的工厂学徒制传统; 学徒制技能传承断裂; 企业内学徒制和学校职业教育分离; 看重学生或员工性格中的服从因素; 相比对职业的个人兴趣更关注家庭等外部因素; 企业可持续发展是承担社会责任的基础	手工业学徒制传统的现代化发展; 看重学生或员工的自我独立意识; 关注个人职业兴趣; 企业可持续发展是承担社会责任的基础

在德国学徒制发展过程中,国家促成了代表不同利益集团的多方共同协商模式,各方在规则制定等多方面决策中进行参与及合作,以达到对自身代表方最有利的利益均衡。[②] 因此,德国虽然有强烈的国家权威主义色彩,但是,在运行过程中又非常强调权力的分散。例如,培训条例的制定、专业技工考试委员会的构成等,所有职业教育培训的利益相关者,如作为雇主方的企业和行业协会,作为

[①] 茶文琼、徐国庆:《小班化教学:现代职业教育内涵建设的基本保障》,载于《教育探索》2017年第4期,第34~38页。

[②] Knight, Jack. Explaining the Rise of Neo-Liberalism: The Mechanisms of Institutional Change. Unpublished manuscript, Washington University in St. Louis, MO. 1999:20. 转引自[美]凯瑟琳·西伦:《制度是如何演化的:德国、英国、美国和日本的技能政治经济学》,王星译,上海人民出版社2010年版,第28页。

雇员方的工会、联邦州和联邦都需要参与，不管是新的培训职业的筹划、准备还是已有培训职业的更新，甚至是某一次考试的实施都需要各方代表参与。

而且，德国通过立法的形式赋予手工业协会准公共权力，监督和管辖学徒制培训。我们已经知道，可信承诺的达成是理性主义视角下学徒制存在的基础，我国目前所经历的自由市场经济中对学徒制的冲击因素，在德国历史发展中同样经历过。工业革命后，生产方式的转变、市场经济的逐利原则和社会民主的浪潮都从不同方面和不同程度上对德国学徒制造成负面影响，而使国家干预势在必行。在《手工业保护法》出台之前，强烈的经济自由主义倾向影响着德国学徒制的发展，学徒被作为廉价劳动力遭受剥削的事件频发，同时，学徒对于培训缺乏积极性而更愿意从事工业生产中的非技能廉价劳动。[1]《手工业保护法》的出台是德国国家干预学徒制的重要手段，也是学徒制延续并且逐步从传统学徒制蜕变为双元制的重要基础。《手工业保护法》赋予手工业协会在学徒培训中准公共权力的同时也明确规定："鼓励和推动企业参与市场竞争，而不是采取市场保护主义。"[2]

而我国企业真正加入市场竞争是在改革开放之后，也就是说，进入市场经济竞争的企业历史到目前只有40多年。从现代企业产生和发展的时间来看，虽然与国外历史悠久的企业相比，我国企业历史尚短，但是却处于全球化经济中各种变革迅速发生的时代。在改革开放大力发展经济的时候，大量引进外资的政策、快速投资、快速看到成效的资本市场具有强烈的投机性，使市场波动的信息远远大于工业发展本身，社会中形成重视理财投资、重视市场营销而忽略产业发展的社会氛围，人们价值观改变，认为当下多赚钱是关键，长远的事情是虚无的。在这样的环境中，企业对于人力资本投入的长远规划往往并没有耐心，短期见效的入门培训更能够获得企业的青睐。而在我国的大型国有制造业企业中，工厂学徒制的传统以非正式的状态存在着，因为在这些制造业的行业中，技术工人的动手技能依然是生产中非常重要的因素。在调研的酒店行业中，相较于学徒制传统，企业更看重的是文化氛围等因素。

再者，如果从跨文化比较的角度来看，教育的跨文化比较是通过识别文化因素来解释社会中的教育制度、教学安排和教学活动并且与其他国家进行比较的。[3]

---

[1] 王星：《技能形成的社会建构．德国学徒制现代化转型的社会学分析》，载于《社会》2015年第1期，第184~205页。

[2] Hansen, Hal. Caps and Gowns. Ph. D. dissertation, Department of History, University of Wisconsin - Madison, Madison. 1997：315. 转引自［美］凯瑟琳·西伦：《制度是如何演化．德国、英国、美国和日本的技能政治经济学》，王星译，上海人民出版社2010年版，第158页。

[3] ［南非］梅森：《文化比较》，引自［美］贝磊、鲍勃、［南非］梅森：《比较教育研究路径与方法》，李梅主译，北京大学出版社2010年版，第149页。

文化因素可以用来解释其他的因素。例如，在职业教育中德跨文化分析框架中，具有明显差异的维度是权力距离、长期导向、集体主义、阳刚气质和不确定性规避。其中权力距离、长期导向和集体主义几个维度中我国得分较高，代表着这几个维度在我国表现更为明显。文化维度之间的相互关系也呈现出相互关联的特性，很多表现形式其实受到多个维度的影响，只是在某一个维度的表现更明显。和本书的研究中关联度较高的维度是权力距离、集体主义和不确定性规避。

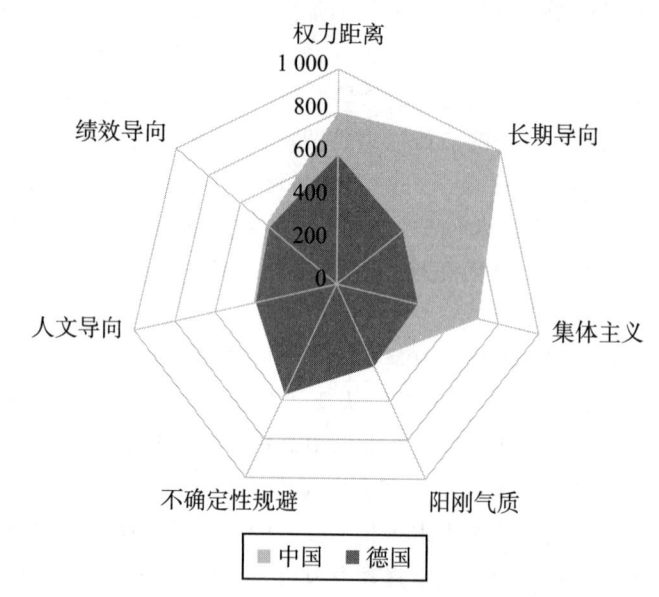

图 5-5 中德文化维度比较框架

资料来源：贺艳芳、徐国庆：《职业教育国际合作的文化分析框架及其实证》，载于《现代教育管理》2016 年第 5 期，第 79~85 页。

例如，权力距离越大代表对于不平等的接受程度越高。在我国，权力和职责是一种同步的关系，因此，相较于独立工作和承担责任而言，我国社会更加看重的是学生或员工性格中的服从因素，因而，也更符合科层制的管理体系。而相对而言，权力距离低的文化中更看重客观事实，因此，德国社会对于技术技能的认可度高，相较于精英教育更加重视中间阶层的发展，职业教育的社会接受度比我国高。而集体主义表现越强烈的文化中个人的意愿和兴趣越模糊。例如，我国学生在职业或专业的选择上，更多的是考虑家庭等外部因素而不是个人兴趣。而德国学生或企业员工，更在意个体自身价值的体现，也更愿意积极主动承担工作责任，因此，更符合多岗胜任灵活工作的要求。同时，也是因为这种强烈的个人意识和自我意识，德国技术工作人员更愿意从事技能化、专业化工作，而不是劳动分工到极致的工作。

不确定性规避是德国表现强烈的维度，即德国社会生活中尽可能避免不确定性，各方面都拥有几乎非常细微的条例和规定等。在企业职业教育培训实施过程中，学徒在 2~3.5 年的培训过程中，每天都必须对当天的学习和工作内容进行记录，企业中负责培训的培训师需要每周对学习工作记录进行检查和签字确认。这份记录一方面是学徒在学习期满申请参加所属管理机构如工商业协会（IHK）或手工业协会（HWK）职业技工资格考试的必要资料之一；另一方面，精确到天的企业学习记录表也是管理机构对企业职业教育培训的监管检查项目之一。如果学徒未能通过考试，但能用这 2~3.5 年的学习工作记录证明考试中的内容是培训企业未曾教授的，学徒就可以向管理机构提出申诉，依情况获得重新学习的机会，而相关培训企业将会为此承担其相应的责任，依情况而定，可能会失去培训企业的资格。所以说，培训条例不仅保证了全德国同一培训职业的统一标准而且也能保障学徒的个人利益，避免被企业作为廉价劳动力使用。

而且，企业文化传统与其成败息息相关，企业是否成功和员工是否认同及信服企业的理念相关，企业文化的力量能让每位员工持续进步从而使企业更加强大。企业的文化氛围能够感染企业员工，也是企业的精神引领，统一的企业文化能够把企业员工凝聚在一起，并通过新员工的加入不断继续和传承下去。在职业教育现代学徒制构建中需要企业和学校更加细致和深入的合作，这种合作需要进入到教学的微观层面，并且是在 3 年学习期间的持续性且结构化的合作。这种深入合作的模式需要企业和学校首先实现文化契合，具有相同的价值观才能保证合作中的顺畅沟通和无缝衔接。

很多企业负责人也提到，文化在职业教育现代学徒制中是被非常看重的因素。企业不仅自身需要营造以师带徒方式培养后备人员储备的文化，使企业员工也能认同这样的企业文化并积极参与其中。而且，企业和职业院校及学徒也要实现文化契合，才能顺利实施职业教育现代学徒制。虽然学徒制的行业传统体现在企业内部学徒制传承中，但是，由于企业内部培训和学校职业教育的割裂，而使文化传统对于企业参与职业教育现代学徒制的促进作用并未充分发挥。

第四节 本章小结

企业参与职业教育现代学徒制的社会性动力是从技能满足和文化传统两个方面展开分析论述的。技能满足主要是指数量层面的供求关系，显现出中德之间较大的差异性，当众多德国企业出现或即将面临员工年龄结构老龄化问题的时候，我国企业员工年龄结构尚处于优势阶段。同质性很强的德国社会中，企业整体流动率低，而我国国有企业在市场经济中依然保持着稳定的吸引力，相对而言，民营企业流动率因行业不同情况不同，被访谈企业通常属于行业中流动率相对较低的。从市场供给的角度来看，和德国情况相似，由于我国大学不断扩招等因素，职业院校在未来将面临生源不足的情况。而受到传统教育理念的影响，我国进入职业院校的学生通常是被挑选后剩余的学生，他们不擅长理论知识的学习，同时却也不一定具备动手能力。在文化传统方面，德国沿袭了行会手工业中的学徒制传统进而形成如今的双元制职业教育培训体系，企业在保证自身利益的基础上承担培养年轻人的社会责任。我国工厂学徒制的历史沿革过程中，由于政策改革等原因，原有的学徒制模式被学校职业教育取代，企业内部培训和外部学校教育相互独立。虽然，师带徒的学习方式一直存在于某些行业或企业中，但是却和学校职业教育成为几乎毫无关联的两个体系。

第六章

企业参与职业教育现代学徒制的内部控制性动力

　　国民经济生产中，商品或服务的数量需求、种类需求，以及这些商品或服务的生产方式及技术水平要求都影响着其对劳动力的需求。因此，从内容上看，本章重点关注企业"生产什么"和"怎么生产"两个核心问题。工业革命以后，是否掌握工业技术成为先进国家和落后国家的区别，经济发展的动力来自新产品、生产运输方法、新市场和生产组织形式。在经济全球化竞争的今天，生产率和产品质量成为竞争的核心。生产或工作过程中，产品、工艺技术含量和复杂程度是客观存在的。分工决定着企业组织和管理模式，同时，企业组织和管理模式越来越多地影响着企业生产率进而影响着企业的全球竞争力。技能密度、分工精细度以及组织扁平度等类属之间又存在着复杂的相互影响关系，很难将它们剥离开单独描述其中一部分内容，因此在阐释过程中常常会出现内容的交叉。

第一节　内部控制性动力内涵及其在德国企业的表现形式

　　企业参与职业教育现代学徒制的内部控制性动力包括技能密度、分工精细度和组织扁平度，它们是企业从自身感受到的促进或阻碍其参与职业教育现代学徒制的因素。对技能密度的阐释围绕产品或工作任务的结构、技术水平以及技能形成周期而展开。分工精细度则主要涉及生产组织内部分工，组织扁平度从大批量生产和精益生产两种典型生产模式进行论述。

一、技能密度：员工胜任岗位工作需掌握复杂的工艺操作技术

在本书的研究中，所谓技能密度是指生产过程中产品、工艺的技术含量和复杂程度。而产品质量是企业赖以生存和发展的前提条件，包括级别和一致性两个尺度。级别指性能质量，如耐用性、可靠性、精密度、使用和修理的简便程度以及其他有价值的属性等，这些都是产品发挥作用的性能。质量一致性指符合标准质量，没有产品缺陷以及目标性能质量标准的前后一致性。[1] 德国企业产品质量可靠是全球公认的，因此"德国制造"成为德国产品的代言口号，其高质量标准是德国企业对产品和服务的基本要求。在高质量的要求下，产品或工作任务结构以及产品或工作任务的技术水平是企业技能密度的体现。在企业发展中，企业产品及其生产过程的持续改进和提高是企业巩固地位的重要手段，只有在此基础上才能实现对新市场的开拓创新，而具有较高资格能力的员工能够在创新过程中发挥更大的影响。

（一）德国企业产品质量要求高工艺操作复杂

企业产品或企业核心工作任务是企业经营的最关键内容。产品结构或产品组合是现代企业不可避免的问题，根据企业产品定位的不同，可能服务于不同的生产方向，又或者是生产不同技术水平含量的产品，生产不同功能和用途的产品或生产多系列、多规格的不同品种的产品，这些不同的定位构成了企业产品的不同结构和组合。现如今，产品要求越来越复合化，产品质量在客户感受中占据越来越重要的地位。在竞争中产品质量比数量更为重要，劳动者通过劳动技能将原材料转换为可以进行交易的产品，产品结构的复杂程度能体现出所生产产品对于劳动者技术技能的要求。竞争的激烈还在于需求不断重叠和复杂化，例如质量、灵活性、价格、产品创新和过程创新以及面市时间。企业需要综合高经济性和竞争力，创造更多合作空间并且开发和利用员工能力，这样的创新型企业政策被证明能为企业带来更高收益。[2]

---

[1] ［美］大卫·霍夫曼：《现代营销之父——菲利普·科特勒营销精华》，乔木译，线装书局2003年版，第6~7页。

[2] Schumann, M. Mitbestimmung als Medium ressourcenorientierter, innovativer Unternehmenspolitik. SOFI-Mitteilungen, 2005, 33: 7–15.

生产市场的竞争是由于市场中有相同的提供者、相同的产品和服务而形成替代竞争。如果企业提供的是无差异的标准产品，那么低成本就是企业追求的核心竞争力。但是，德国"异质多样化"的企业生产战略要求企业应对差异化需求，因此，需要提供类型多样且供给充沛的职业技能。由于德国属于工业国家，尤其以制造业而闻名于世，通常情况下，汽车或电器等产品是标准化耐用产品，这些产品在一定程度上可以使用标准化可互换的零件，而如机床领域的产品则是时刻发生变化的特殊产品，德国工业在这两类产品市场都享有一定质量信誉。

"我们是生产机械设备的厂家，产品是生产金属电缆的设备，根据客户的需求每个产品都是唯一的。"

如同企业负责人所言，笔者在调研过程中发现德国企业的产品或工作任务除了质量要求高以外，其产品结构和任务本身还具备诸如订单定制、单件、小批量、非标准化、结构复杂、多样性、唯一性等特点。有些复杂产品技术含量高且具有技术独创性，需要多领域知识和技能的集成。而且，有些特殊行业中的特殊产品不仅本身技术含量高，同时也无法使用机械化和自动化来取代手工技艺。

"我们是钢铁重工企业，产品都是昂贵的大型零部件，即使是有在工业企业工作经验的人，来到我们的生产车间，也会震惊，因为处理这样的大型设备是需要很多经验的……"

因此，德国大多数产品以具备高价值、高技术等高附加值为主。即使是调研过程中的一家从事教学辅助产品开发和生产的中小型企业，其实际生产过程是在中国完成，而在德国的厂区工作人员主要负责产品开发设计，尽管如此，产品也具有种类多且涉及范围广的特点。这家从事教辅产品开发和生产的企业所培养的是从事媒体设计开发的专业人员。

"企业产品较特殊且涉及范围较广，覆盖了早教、幼教、小学直至中学的所有科目所需要的教学用具。"

再如，以德国传统制造业企业为例，产品就是企业的核心，作为工业及汽车行业的供应商，该企业能提供覆盖 60 个工业类行业及汽车制造业的约 4 万种成套产品，以及 225 000 余种类的单件产品。面对种类如此繁多的产品目录及高标准的质量要求，企业将人员培训看作可持续发展的重要因素之一。不仅如此，双元制职业中，还有一些职业性质是关系到生命安全和财产安全的：

"这不是一个重体力劳动的职业而是一个需要集中精力工作的职业，因为一个错误会导致死亡的后果。需要有基础的常识，因为电是非常危险的……"

同时，提高产品研发速度是企业在竞争中保持优势地位的关键因素之一。产品研发并不仅是企业科研人员的职责，因为产品制造本身就包含了创新研制的过程，因此，熟悉产品制造工艺的一线员工在研发工作中也同样重要。产品背后实质上是对复杂精密制造工艺的开发,这种工艺能以经济可行的成本生产出大规模高品质的产品。① 例如,本研究访谈对象中的某德国企业集团就将生产和研发集为一体,同时重视生产和研发工作,2016 年申报专利 2 306 项,全德国排名第二。② 这也体现出德国企业的特点是将产品市场界定得很窄,在固定领域中针对一个具体产品或业务形成绝对竞争优势。

再来看国际其他代表性发达国家。美国在最初发展中利用外来劳动力来替代技能的发展,如今美国制造业的技术核心能力是基于前沿技术的模块化产品和复杂产品的设计开发能力,以及新兴的或与商业模式紧密结合的一体化产品的设计开发能力;日本的制造业核心能力主要体现在以不断完善的精益制造方式为基础的一体化架构产品领域的"车间现场"。③ 模块化产品指诸如组装类或零部件产品,这些产品的生产方式主要还是基于大规模流水线,而模块化又在一定程度上满足多种组合带来的多样化需求。而且通常情况下,大公司在产业范围内进行布局,而中小企业则是选择产品品类或某个具体产品打开市场局面。在市场变化过程中也会产生新的产品需求,例如对交通、旅行、业余时间等消费产品的需求,对能源型及环保产品的市场需求在扩大,还有健康类服务或产品及高品质、视听媒体设备等长时间使用的消费品,都是随着社会发展出现的新需求。因此,产品需要顺应用户的潜意识,因为产品是服务人的介质,是以客户需求为导向的,拥有优质产品和服务声誉的企业集团可以利用自身品牌发展新业务。

(二) 德国企业产品与工作任务的技术水平要求较高

产品和工作任务的技术水平也是影响德国企业是否愿意投入职业教育双元制的重要因素。技术首先指机器设备,机器设备的出现催生了新的工作领域也终结了过时的工作领域。对于技术的界定,不同技术话语体系有不同的解释。在技术哲学的研究中,基本上是从物体、知识和过程这三个维度来理解技术的。物体维度是指技术作为诸如原始工具、机器设备等人造物。知识维度是指如专门化的技巧等具有自身特有形态的知识。过程维度指制造和使用的过程。④ 技术水平发展

---

① [美] Gary P. Pisano, Willy C. Shih:《制造繁荣:美国为什么需要制造业复兴》,机械工业信息研究院战略与规划研究所译,机械工业出版社 2014 年版,第 94 页。

② Deutsches Patent-und Markenamt. Patentanmeldung stand vom 08. März 2017, https://presse.dpma.de/presseservice/datenzahlenfakten/statistiken/patente/index.html. (aufgerufen am 28 - 11 - 2017)

③ 黄群慧、贺俊:《中国制造业的核心能力、功能定位与发展战略——兼评〈中国制造 2025〉》,载于《中国工业经济》2015 年第 6 期,第 5 ~ 18 页。

④ V. Gorokhov. (1998). A New Interpretation of Technological Progress. / M. A. Quintanilla. (1998). Technical Systems and Technical Progress: A Conceptual Framework. / C. Mitcham. (1980). Philosophy of Technology. 转引自徐国庆:《实践导向职业教育课程研究:技术学范式》,上海教育出版社 2008 年版,第 46 ~ 48 页。

阶段在技术史上被划分为机会的技术、工匠的技术以及工程科学的技术。[1]

现代技术进步的性质决定着需要区别它与技能劳动是互补的关系还是替代的关系。如果技术进步的结果是生产过程的简化，那么技术进步与技能劳动形成替代关系；如果技术进步使生产的产品或技术变得更加复杂的话，那么它们之间形成的是互补的关系。而产品竞争是市场经济竞争的重要环节，用创新方式应用科技或设计以达到生产成本的显著降低或产品功能和可用性的大幅提升被称为技术洞见，依靠技术洞见生产的产品可以与同类竞争产品拉开差距。[2] 因此，产品和技术两者有着不可分割的联系，既相互依存又相互促进，产品是技术的载体，而技术决定着产品的性能，运用技术解决方案又可以继续研发新产品。企业产品或工作任务结构的技术水平是企业能够获得市场份额的因素之一，虽然当市场足够大的时候，也可以弥补没有技术优势的短板，但是质量始终才是企业能够可持续发展的竞争力。

技术在企业中支配着产品及产品生产过程，不同的技术能使产品的使用价值归属于不同的市场。在生产过程中，当产品或工作任务的工艺复杂技术含量高时也就意味着本身价值高而处于生产链的顶端，这样一来，产品或工艺就不容易被模仿。而企业产品或工作任务的技术本身是静态要素，而想要将静态的技术变为动态的生产力，起决定性作用的就是技术技能人员。技术技能人员通过他所拥有的知识、技能和能力将工具、设备等人造物相互联结起来，产生真正意义上的生产或工作技术。也就是说，不同的人操作工具、机器及设备等会产生不同的技术效果，所以企业中产品及工作的技术水平和企业的技术技能劳动者两者也是相辅相成不可分割的，企业也需要具备相应技术技能的工作人员。这个时候往往企业需要的不仅是一般技能而是企业所特有的特殊技能，也是企业竞争力的体现。而除了企业产品或工作任务及加工工艺的本身技术难度外，某些特殊工种的职业工作性质也是影响德国企业是否愿意投入职业教育双元制非常重要的因素。例如，电力行业是涉及生命财产安全的特殊行业，没有经过正规的、合格的职业教育双元制培训是绝对不能上岗工作的。

（三）德国企业员工胜任岗位需要较长的技能形成周期

再从时间层面来看，达到职业要求需要一定的学习周期。德国双元制职业教育培训约有300多个培训职业，根据各自培训条例的规定，培训周期基本为 2~3.5

---

[1] [德] 拉普：《技术哲学导论》，刘武等译，辽宁科学技术出版社1986年版，第23页。

[2] [美] 埃里克·施密特、乔纳森·罗森伯格、艾伦·伊格尔：《重新定义公司——谷歌是如何运营的》，靳婷婷译，中信出版社2015年版，第51页。

年，大部分培训职业的培训周期是3年。培训周期的长短是根据该职业所必须掌握的知识、技能和能力的最低要求安排的。国家认可的培训职业必须是一个独立的职业而不是一项技能活动，所以是需要一定长度的学习周期的。2016年，二年制的职业在双元制职业教育培训总量中占8.4%。[①] 典型的二年制培训职业包括售货员、酒店专业人员、客服专员、快递及邮政专员、地上建筑工、机器设备操作工、专业仓储工和金属加工技术工等。

"楼宇能源电工是一个要求很高的职业，即使职业教育培训有3.5年时间，他们毕业后也仅是具备基本能力。电源是最基本的，而现如今背后的技术是复杂的，例如，通过无线网络遥控电灯开关，这一切需要编程、布线、安装……"

因此，职业所需的学习时间和该职业的内涵及工作内容相关。学徒在学习过程中进行实际操作，伴随着学徒技能的娴熟，操作的复杂性也随之增加。随着技能学习时间的推移，学徒经历从参与学习到逐步内化的过程，这个内化的过程包括知识的内化、技能的内化以及所完成工作任务中涉及的诸如环保意识、经济意识等价值观念的内化。而且，固定的职业培训时间，也可以使企业获得学徒的生产价值进而减少或抵消学徒成本，以增加企业对于参与职业教育培训的信心。[②]

"如果企业不进行培训而是从劳动力市场招聘已经参加过该职业培训的专业人员，那么这个人也需要大约三年时间才能熟悉企业涉及的所有业务。"

虽然本书的研究论证了参与学徒制的企业具有技术技能要求高等特征，但并不意味着只要产品技术技能要求高的企业就会参与学徒制，只能说，学徒制是相比较之下更具有经济性、更有效、更节省时间的技能形成方式，因为还有其他如分工、生产组织形式等因素制约企业的参与动力。

二、分工精细度：企业更加强调工作完成的整体性

技术进步带来生产组织方式的变化并且和劳动分工共同发展，由于分工使劳动工具更加专门化，从这个角度来看，技术、劳动分工和生产组织形式关系密切。在工业化的进程中，彻底的分工是产业发达而高效的原因。在分工的过程中，劳动者的熟练程度因分工而提高，工作之间因连接交换而损失的时间减少，通过机械的协助能够简化和节省劳动量。操作的分工或劳动的分工以及在此基础

---

① Bundensministerium für Bildung und Forschung. Berufsbildungsbericht 2017. BMBF Bonn，2017：43.
② Grollmann，P.，Steedman，H.，Jansen，A. and Gray，R. Building apprentices' skills in the workplace: Car Service in Germany，the UK and Spain. Research Discussion Paper 011. CVER Discussion Paper Series，2017：2.

上形成的固化可以使既定劳动时间内生产出更多的产品。

（一）分工的理论基础：劳动过程理论

在资本主义体制下对劳动过程进行研究的基础是由马克思的《资本论》奠定的，《资本论》的第一卷中提出了关于劳动过程的重要概念和方法。"劳动过程是制造使用价值的有目的的活动，其简单要素包括：有目的的活动或劳动本身，劳动对象和劳动资料。"[1] 所谓劳动是有目的的活动是因为在劳动者的劳动过程开始时，他希望得到的结果已经在他的观念中，而这个目的则决定着他劳动的方式和方法。[2] 这也是后来哈里·布雷弗曼所说的概念和执行的统一。

在近100年之后的1974年，哈里·布雷弗曼沿着马克思的思想脉络并结合自身从学徒到成为工匠的经历，完成著作《劳动与垄断资本：二十世纪中劳动的退化》，这一著作成为劳动过程理论的经典代表作。马克思的批判意识被布雷弗曼延续了下来，工人的工作场所是阶级对抗的权利体系中的场所。这本书揭示了资本家通过劳动分工，强烈分化"概念和执行"而控制工作人员劳动过程使劳动逐步退化。

尤其是资本的积累进入垄断阶段的过程中，泰勒的科学管理及工业机械化发挥了决定性的作用，瓦解了劳动过程中对工作人员技能的依赖，使工作人员真正变成了资本家的生产工具。泰勒的科学管理是对劳动过程的重新组织，通过时间研究和动作研究等科学方法控制工作人员的生产过程。客观而言，通过对劳动中机械动作的分析来减少无效动作而制定最精确的工作方法以及完善的计件和监督制度是科学管理的重大贡献。如果说科学管理是通过组织模式实现资本家对劳动过程的控制，那么，工业机械化是直接用科学技术创造的机械手段实现对劳动过程的控制。

布雷弗曼的研究引起了很大的反响，但是也不乏研究者在肯定他的研究成果的基础上，从其他角度提出关于劳动过程的研究。例如，关于资本家在对劳动过程控制的同时，与工作人员形成的对抗以及这种控制和反抗的相互交替。[3] 如果说布雷弗曼是从劳动的客观层面分析劳动过程，那么布诺威则是从工作人员的主观能动性的层面来分析资本主义的劳动过程。工作人员自发的同意和资本家变相

---

[1] ［德］马克思：《资本论》第一卷，中共中央马克思恩格斯列宁斯大林著作编译局译，人民出版社2004年版，第208～215页。

[2] ［德］马克思：《资本论》第一卷，中共中央马克思恩格斯列宁斯大林著作编译局译，人民出版社2004年版，第208页。

[3] Stark, D. Class Struggle and the Transformation of the Labor Process: A Relational Approach. *Theory and Society*, 1980, 9 (1): 89-130 / Edwards, R. Contested Terrain: The Transformation of the Workplace in the Twentieth Century. New York: Basic Books, 1979: 51-69.

而微妙的强制的结合才产生了劳动过程中的生产行为。① 之后的劳动过程理论研究中又加入主体的多样性内容，如微观层面的工作人员性别种族等维度。因本书的研究不涉及对工作人员性别要素等微观层面的分析，因此这部分内容不再赘述。

劳动过程理论对于职业教育培训的启示在于，企业是否需要依靠绝对分工来提高劳动生产率，而职业教育是否能寻求其他方式提高生产率和生产质量。对于现代企业而言，提高竞争力的关键因素是否还是通过绝对分工对劳动过程的控制。劳动分工是本书中非常重要的概念，几乎决定着一个企业的组织形式和发展模式，同时也是解释企业对待职业教育培训态度的重要因素。

（二）生产组织内部分工

马克思认为社会分工和生产组织内部分工是劳动分工不同层次的表现。② 在本书的研究中更多关注的是包括工序分工和职能分工在内的生产组织内部分工。生产组织内部分工是从手工业劳动分工发展为工厂手工业的劳动分工，进而演变为机器体系的分工，直至流水线作业中的劳动分工。工业革命前，手艺行业或技艺行业是劳动过程的基本单位，工人是在劳动过程中掌握大量传统知识的人，他们自己掌握着工作方法和工作程序，每个这样的工人都拥有该行业进行生产的原材料和操作方面积累的知识。③ 这种传统手艺人需要在学徒期间学习知识和技巧并精通其专业，而且也需要能够在遇到特殊问题时做出准确的判断，所以传统手艺人需要多年的学徒期以及之后多年的工作学习过程。

随着交通的发展，商品交换和贸易需求大量增加而出现工厂手工业。正如亚当·斯密对工厂劳动分工的详尽描述：一个工人抽铁丝，一个人拉直，一个人切截，一个人弄尖铁丝的一端，一个人将顶端磨光以便装上针头。而且做针头也需要有2~3种不同的操作，从装针头到刷白，乃至包装都是专门的工作，这样一来，别针的制造大约分为18种操作。有些工厂，这18种操作，分由18个工人担任。当然，在另外一些工厂有时一人也兼任2~3种操作。④ 分工的程度由市场广阔度决定，在整个劳动过程中，工场手工业以分工协作为基础，分工对每个工人所需要掌握的技能要求降低，而同时通过协作，劳动分工可以生产制造出数量

---

① ［美］迈克尔·布诺威：《制造同意——垄断资本主义劳动过程的变迁》，李荣荣译，商务印书馆2008年版，第36~50页。
② 谢富胜：《分工、技术与生产组织变迁——资本主义生产组织演变的马克思主义经济学阐释》，经济科学出版社2005年版，第117页。
③ ［美］哈里·布雷弗曼：《劳动与资本垄断——二十世纪中劳动的退化》，方生等译，商务印书馆1979年版，第101页。
④ ［英］亚当·斯密：《国富论》，胡长明译，江苏人民出版社2011年版，第5页。

更多、质量更好的产品,从而提高了劳动生产效率,是创造社会财富的有效途径。而且同时,这种相互协作又进一步发展了劳动分工,随着劳动者工作的专门化,他们所使用的劳动工具也相应不断专门化,熟练工作人员在操作这些专门工具的基础上还要会改造和修理工具,在这样的过程中工作人员逐渐具备技术改进能力,由此为基础才产生促进生产的机械设备。但是,工厂手工业中的分工还是以手工业为基础的,也就是说,虽然劳动过程被分解成各个不同的特殊阶段,但是多数情况下这些阶段与原本手工业活动的局部操作是一致的。

然而,随着工业化进程的推进,机器大工业改变了工人的劳动过程。例如在英国,印刷机出现之前,工厂中的学徒工是从简单的工作逐步过渡到复杂的工作,经过一段时期的学习后,成为熟练的印刷工人,但是随着印刷机的出现,工厂中产生两种工人,一种是看管机器的成年工人,另一种是把纸铺开送到机器上或取下印好的纸张的少年工人。[①] 把工作岗位分成有利于非熟练和半熟练工作人员操作的简单岗位,并通过技术改进机器制造的精确度降低对技能工作人员的依赖,使工人丧失了原本的手工业活动中的技能。生产的标准化和操作简单化的实质是劳动过程分工的进一步深化。在工厂手工业中,生产方式的变革以劳动力为起点,而在大工业中以劳动资料为起点,在工业化过程中劳动资料的转变是人们由掌握工具的使用转为掌握机器的使用。[②]

生产中的劳动分工把产品制造的整个过程划分为一道道工序由不同工人来完成,使作为个体的工人无须完成完整的生产过程,这种把劳动过程分解成各个组成部分的方式直到今天也是各行各业中常用的方法。当企业采用精细化分工来切割技术水平要求时,就不再需要学习完整的技术要求,而是将被切割的技术组合成完整的技术要求,这样一来,每个技术可以被切割成动作,从而缩短单个技能形成的周期。而且,劳动划分越细、操作越简单,越可能标准化操作。这种精细分工需要大批量的条件作为支撑,通过分工节省劳动,通过专门化提高劳动效率。在产品生产中把制造的工作分成不同的过程,在这个过程中需要不同的技术和掌握这些不同技术的人,雇主可以通过劳动分割准确购买劳动过程中的技术和人力,如果整个工作过程由一个人完成,他必须有足够的技能水平完成每一步操作。将劳动过程的每个步骤变成简单、标准化的劳动可以脱离专业知识和技能,降低劳动者的学习时间成本,从而创造的是简单劳动的岗位。在劳动过程中思考和动手的脱节,这种支离破碎的小部分分工导致工作的退化。

---

① [德] 马克思:《资本论》第一卷,中共中央马克思恩格斯列宁斯大林著作编译局译,人民出版社2004年版,第392~558页。

② [德] 马克思:《资本论》第一卷,中共中央马克思恩格斯列宁斯大林著作编译局译,人民出版社2004年版,第427页。

同时，泰勒制的科学管理将车间工作的各种需要依靠工人知识、技能或经验的生产过程进行实验，分割成多种操作组合，管理部门将知识、技能、经验变成规则和公式，让工人按照操作组合的指示进行工作。劳动过程和工人的技术被分离，思考性工作和执行性劳动分离。[①] 管理部门和工程技术人员把全部操作，一直到最细小的动作，都加以概念化，进行设计、测量，使其适合各种训练和作业标准。[②] 思考与动手的分离使得职业领域出现白领和蓝领的分别，使人们认为蓝领的工作无须用脑，而白领从事的是脑力劳动。事实上，这种精细的分工不仅出现在生产类制造车间，办公室的工作也可以将其中的认知元素抽光。思考的过程被不断重复成为例行的规范，使得思考的价值被重复操作取代。[③]

在如今的社会发展中，职业工作的开展愈加专业化，这种专业化不仅表现在学术性工作的方面，更多地体现在实践性工作的方面。人们普遍认为科技决定着对人的能力要求，随着科技的不断发展，简单劳动被替代而对人们能力的要求也就越来越高，因此人们需要越来越高的教育水平。但是，在德国的职业教育思想中，教育、技术和工作三者之间是互动的关系，并不存在谁被谁决定的简单关系。"社会需求"同"技术的所带来的可能性"之间还存在一定的"设计空间"，可以进行人为的个性化设计。[④] 而德国企业中分工更加强调职业的整体性以及员工独立自主完成工作的能力，随着培训职业条例的修订和整合等，企业分工也发生着变化，但是并没有一味朝向精细化的方向发展。例如，过去以手动切削为主要工作内容的钳工就不属于培训职业，而手动切削是其他诸如金属加工、工业机械工等职业中最基本的工作内容。可以说，分工精细并不符合德国"职业"的要求。

三、组织扁平度：企业倾向赋予基层员工更多的自主权

在德国企业的工作伦理和劳动保护中，重复僵化的生产及工作组织形式是不

[①] [美]哈里·布雷弗曼：《劳动与资本垄断——二十世纪中劳动的退化》，方生等译，商务印书馆1979年版，第103~112页。

[②] [美]哈里·布雷弗曼：《劳动与资本垄断——二十世纪中劳动的退化》，方生等译，商务印书馆1979年版，第160页。

[③] [美]哈里·布雷弗曼：《劳动与资本垄断——二十世纪中劳动的退化》，方生等译，商务印书馆1979年版，第283~288页。

[④] Heidegger, G. Gestaltungsorientierte Berufsbildung. In: Fischer, M. etal. (Hg.). Gestalten Statt Anpassen in Arbeit? Technik und Beruf. Bielefeld: Bertelsmann, 2001: 142-158. 转引自赵志群：《西方职业教育研究的路径与方向——劳耐尔〈职业教育研究手册〉读后》，载于《北京大学教育评论》2017年第2期，第175~186页。

被工会所接受的，因此，德国企业更加趋于扁平化发展模式。在企业组织模式的发展过程中，大批量生产在20世纪70年代获得巨大的成功，而进入90年代后，发达国家竞争的重心则是通过创新缩短产品的生产过程周期以降低成本获取市场占有率。1984年克恩（Kern）和舒曼（Schumann）公开发表著作《分工的结束》引起研究领域的广泛讨论。在职业教育学的著作中也逐渐形成相对统一的观点，即现代工作组织提出越来越复合的资格要求，除了工作岗位的专业活动还包括沟通交流、组织规划和协调等工作任务。克恩和舒曼提出"新的生产方案"，通过人性化的组织工作、缩减企业等级制度、综合非生产的间接性工作来提高生产率。这个方案在80年代中期成为和日本精益生产相提并论的德国模式。①

"我们不是批量生产的企业，技术工作人员每天的工作是不一样的，因此他们需要很广泛的知识和技能……"

（一） 组织结构模式与企业竞争力存在紧密的关联

20世纪90年代世界经济和政治格局的改变，对德国的经济发展也提出了考验。泰勒制中工作的碎片化、外部控制和等级制度无法带来效率和生产率，而且泰勒制依然存在于低技术手动的生产过程中，而大部分汽车工人的工作就是如此，即流水线作业、高度受限、短时间、要求不高的工作。综合质量责任在这个时期还没有全面推行，小组合作仅存在于受限的试点形式。在80年代的德国汽车工业中，有一部分企业确实实践了高度综合化的新生产方案，技术工人介入质量保证、维修甚至部分计划工作中，但是该方案却没有持续执行下去。因此，有学者认为90年代德国汽车制造业生产率相较于其他国家的差距，很大一部分是由80年代放弃变革而造成的。② 在今天德国汽车生产线上，可以看到更多的是工人和机械手的合作，在焊接和喷漆的车间基本是全自动机械手工作。事实上，就这个角度而言，传统流水线的生产组织方式比小组合作更加适用于工人和自动化机械手的合作。

美国学者们也一直关注着组织方式对竞争力的影响问题。早在1989年5月初，麻省理工学院（MIT）工业生产率委员会推出其研究成果——《美国制造：重新获取生产率优势》。这项研究调查了汽车、化工、商用飞机、消费电子产品、机床、半导体、计算机与复印机、钢铁、纺织9个行业，为美国政府提出包括要重视生产工艺及培养能完成更丰富的工作内容、承担更多责任的新型人才等多条政策建议。20世纪90年代初，美国学者哈默尔和钱皮的著作《企业再造》一书

---

①② Schumann, M., Baethge - Kinsky, V., Kuhlmann, M., Kurz, C. and Neumann, U. Zwischen Neuen Produktionskonzepten und lean production. SOFI - Mitteilungen Nr. 21, Göttingen, 1994, (21): 26 - 35.

中提到美国企业要从工作流程改造做起,解决组织流程中欠缺效率、不顺畅等问题,目的在于改变组织传统的"金字塔"式结构,改为专业分工、权力下放的小组操作,化繁为简,提高企业效率与简化企业层级架构以达到客户满意度。① 在这些学者提出的改进建议中,提高了对生产工人的要求,将一线生产岗位变为企业真正创造价值的核心,改善和简化组织流程中的无效层级。美国学者的研究建议和精益生产的核心相一致,对员工的培训体现出尤为重要的地位。

在 20 世纪 90 年代初,德国对于日本精益生产一致保持着理性思考的方式,通过理性去理解精益生产而不盲目复制。麻省理工学院的研究成果使丰田生产体系成为现代生产体系的方向,但是,其中标准化生产及最佳实践方法和现代专业工作似乎相违背,特别是在汽车工业中的标准化生产体系。90 年代中期到末期,世界各大汽车企业陆续在精益生产的基础上提出各自的生产体系,从基本原则、手段到方法来看,每家汽车企业采用的体系均大同小异。

"我们虽然是汽车制造企业,但是并不是批量生产的,生产线上的每辆汽车都是按照客户要求定制的,也就是说现在生产线上的汽车是已经卖出去的产品……"

经济全球化使竞争愈加激烈,90 年代末在全球汽车行业发展中,各国汽车行业间性能及成长动力的差距越来越大,首先陷入困境的是美国通用和福特,而相比之下日本丰田则获得巨大成功。2005 年 9 月,丰田在股市的市值相当于通用、福特、大众、雷诺和标志的总和。② 工作组织形式虽然只是丰田获得成功的因素之一,但是,这样的差距也让全世界在检测自身工作组织形式的同时,再次在 21 世纪将目光重新集中到丰田生产方式上。工业生产组织模式影响着工人和他们的工作环境,对于生产系统的研究和改革已经从汽车工业逐步进入金属加工、电子行业的各种规模的企业。工作流程的标准化和对工作过程的质量控制都是为了提高生产效率且降低生产成本,企业投入半自动化或者自动化设备,改良生产组织方式,通过人机的最优配合在流水线中为企业创造最大化的利益。在竞争压力的驱使下,西方汽车行业改革大批量生产的供应系统,在生产过程中进行过程控制而更加重视质量,在欧洲的汽车制造企业也能看到精益管理元素的存在。

"我们根据订单完成客户企业中不同设备的电路安装,在工作过程中需

---

① Hammer, M. and Champy, J. Reengineering the Corporation – A Manifesto for Business Revolution. Harper Business, 2006: 139 – 163.

② Jürgens, U. Weltweite Trends in der Arbeitsorganisation. In: Clement, U. amd Lacher, M. (Hg.). Produktionssysteme und Kompetenzerwerb – Zu den Veränderungen moderner Arbeitsorganisation und ihren Auswirkungen auf die berufliche Bildung. Stuttgart: Franz Steiner Verlag, 2006: 17.

要专业技工根据不同要求和设备及条件设计最优的安装方案。"

自 20 世纪 80 年代起,这种逐步脱离泰勒制的发展过程被学者们称为"从职能/职务导向转变为过程导向的企业工作组织"①。这种扁平式的企业等级制度以及随着垂直和水平分工方式的减少,把对于能力的要求直接赋予到直接创造价值的工作过程中,由此而产生出多人共同参与的企业组织管理形式。也正是因为如此,对职业教育提出的挑战是要符合这样的企业经济运行方式,并在职业教育中进行应对。工作和学习相结合的学习形式需要提供双层面的基础设施保障,一方面是符合关于各领域的工作任务、技术、工作组织和资格要求的工作基础设施保障;另一方面还要满足关于学习的空间、时间、事物、人力等各类资源的设施保障。这样的学习虽然是和工作联系在一起的,但不是仅限于工作中经验相关的学习过程。在现代企业的学习中,积极的、参与的、过程导向的行动和学习代替了以往的线性和等级制控制下的思想和行为模式,特别是自主学习和经验学习在现代企业中占据越来越重要的位置。②

而且,如果一项工作的大部分时间是重复的、标准的,同时仅仅是割裂的部分工作,那么这样的工作属于日常重复工作。对于接受过双元制职业教育培训的专业技工而言会有受挫感,是属于没有达到其资格能力的工作。而维修、解决问题、设备安装或设备编程等工作是非专业技工不能胜任的。在现代企业实际工作中,工作组织、工作计划、质量保障、和其他生产线的协调工作等类似的工作需要的过程知识、交流沟通能力、技术认知等能力是培训过程中的学徒无法具备的。也就是说,现代工作组织是一个综合体,一方面包括日常工作,另一方面包括附加性的工作以及阶段性的合作工作。

因此,合格的技术工作人员成为产业升级以及制造业创新突破的重要因素。图 6-1 显示的是两种不同的组织结构,在"金字塔"式的管理结构中,企业通过控制来进行管理,职位导向及泰勒制的科学管理模式下形成显著的等级制度。这类企业中员工职业能力水平较低且不具备系统性的能力资格,按照命令执行工作并通过上级部门的检查控制工作质量。而相反在扁平式的管理结构中企业通过参与来进行管理,工作组织以业务为导向且管理趋于扁平化。员工需要具备参与创造能力及积极工作的态度,有责任心、责任感以及充分自主的质量意识,工作

---

① Baethge, M. and Schiersmann, C. Prozeßorientierte Weiterbildung – Perspektiven und Probleme eines neuen Paradigmas der Kompetenzentwicklung für die Arbeitswelt der Zukunft. In: Arbeitsgemeinschaft Betriebliche Weiterbildungsforschung e. V. (Hg.). Kompetenzentwicklung 98: Forschungsstand und Perspektiven. Münster. 1998: 21.

② Rauner, F. Kosten, Nutzen und Qualität der betrieblichen Ausbildung. In: Piening, D. and Rauner, F. (Hg.). Innovative Berufsbildung – Auf die Attraktivität für Jungendliche und Unternehmen kommt es an! Berlin: LIT Verlag, 2008: 60 – 62.

人员要对自己的工作承担相应的责任。①

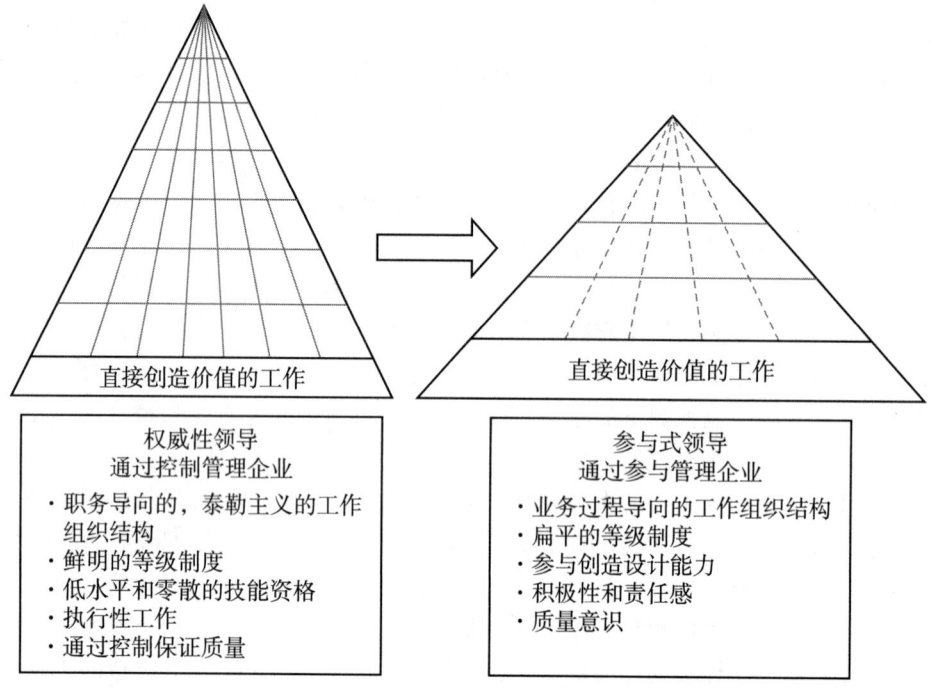

图 6-1　从职务导向转变为业务导向的组织结构

（左金字塔）直接创造价值的工作

权威性领导
通过控制管理企业
·职务导向的，泰勒主义的工作组织结构
·鲜明的等级制度
·低水平和零散的技能资格
·执行性工作
·通过控制保证质量

（右金字塔）直接创造价值的工作

参与式领导
通过参与管理企业
·业务过程导向的工作组织结构
·扁平的等级制度
·参与创造设计能力
·积极性和责任感
·质量意识

资料来源：Rauner, F. Kosten, Nutzen und Qualität der betrieblichen Ausbildung. In：Piening, D. and Rauner, F.（Hg.）. Innovative Berufsbildung – Auf die Attraktivität für Jungendliche und Unternehmen kommt es an! Berlin：LIT Verlag, 2008：60.

如果说将直接创造价值的工作尽可能地扩大是企业增强竞争力的途径，那么从事一线生产创造企业价值的专业工人在企业中越来越重要。对于这些技术工人的要求将不仅停留在按照要求完成自己的工作，而是要求他们在工作中积极参与生产，独立自主完成生产，并且了解企业整个生产流程和对质量品质的要求，在工作过程中不断提出改善意见和建议。学习型企业就是采用以企业业务过程为导向的组织结构，以最少的成本和最快的速度来满足客户需求，所需要的开发时间减少，进入市场的时间缩短，实现以相同的或更低的价格创造更高的产量。② 企业组织结构的发展和职业世界的变化对职业教育的要求从培养适应变化的学习者转变为培养参与创造职业世界的合格技术人员。

---

①② Rauner, F. Kosten, Nutzen und Qualität der betrieblichen Ausbildung. In：Piening, D. and Rauner, F.（Hg.）. Innovative Berufsbildung – Auf die Attraktivität für Jungendliche und Unternehmen kommt es an! Berlin：LIT Verlag, 2008：60.

而在可以预见的一定时期内，不同的工作组织形式往往是并存的。例如，舍弗勒作为全球汽车行业供应商的组装车间，既有灵活的、对员工技能要求很低的 Chaku-Chaku-生产线，又有高度复杂完全自动化的生产线来满足不同产品和市场的需求。舍弗勒认识到由高度精密的零部件组成的越来越复杂的产品需要不断更新和优化的生产与组装方案以保证企业生产的灵活及经济性，精益生产思想成为企业发展的导向。Chaku-Chaku-生产线理念既包含福特最大限度地分工思想，又融合了精益生产中机动灵活的思想。

（二）以汽车工业为例的组织模式变革

企业组织模式和职业教育这两个看似不相关的方面，越来越深入影响着企业的战略发展和市场竞争力。在社会科学的研究中，当人们讨论生产、就业和资格能力时，总是会首先注意到汽车工业，因为汽车工业在工业领域占据着不可动摇的地位，曾被现代管理学之父彼得·德鲁克称为"工业中的工业"，直至今日，汽车工业在制造业中仍占据着较大比重，特别是提到生产方式的变革更是首先要提到汽车工业。在过去近百年的汽车行业发展中经历了两次重大生产方式的变革：第一次是福特以大批量生产打败了欧洲手工艺生产方式，使美国极大的享受了大批量生产带来的经济效益并且为美国经济主导全球经济发挥了重要作用。第二次则是日本丰田提出的精益生产理念，这一生产理念为日本经济迅速发展做出贡献。而且在学术领域，20世纪70年代人们讨论的重心是关于新的工作形式，80年代集中在自动化控制技术对工作组织的影响，80年代末期几乎所有的讨论都是围绕日本精益生产而展开的，精益生产方式成为超越以往任何方式的生产模式代表。精益生产模式的浪潮始于汽车工业而后进入其他工业及服务业甚至包括公共领域，工作组织的不断调整和重新设计应该是企业日常工作的一部分。

1. 大批量生产组织模式

在美国早期工业化过程中，工业企业所需要的技术技能来自欧洲北部工业区具有传统手艺的外来移民，他们为早期的美国工业发展提供了大量技能支持。19世纪50~80年代，在机械制造和金属加工行业中，外来技工高度自治而控制着生产过程。在19世纪末期，计件制工资制度日益普及，成熟工匠及技术工作人员将学徒作为廉价劳动力。至20世纪初，在美国技能依赖程度高的机械制造行业中，技术工人短缺、流动率高、企业之间的"挖人"的外部性导致企业内部培训成本不断提高。因此，企业主寻求标准化和技能替代性技术革新的热情高涨，提高劳动生产率成为企业参与国际竞争的筹码，机器设备的发展为转向大批量的生产提供了条件。

此时，福特大批量生产方式的出现不仅能通过生产的程序化减少企业对于技能工作人员的依赖，而且使汽车逐渐成为普通民众的代步方式。福特大批量生产系统最大限度地利用了劳动分工，采用熟练的专业人员来设计产品，将技术工作人员作为领班吸纳进入管理层，然后用不熟练或半熟练的工人在贵重但用途单一的设备上工作，将每一名工人的工作任务进行明确分工并简化成在流水线上安装汽车组装中的简单零部件，运用流水线设备大批量的炮制出标准产品并通过计件工资制度提高生产量，也只有大批量生产才能收回机器或生产线的成本。流水线作业方式将劳动分工发挥到了极致而提高生产效率。正如麻省理工学院的研究所称："二十世纪美国经济取得巨大成功的原因在于面向庞大的国内市场生产标准化产品的大批量生产系统。"[1]

福特生产系统需要庞大且官僚的指挥系统对整个生产进行调控。20 世纪 20 年代，通用汽车公司总裁斯隆在大批量生产的基础上用专业化分权管理改善公司管理系统，将劳动分工运用到企业组织结构管理中，按照严格的等级制度将企业细分为各个部门，并且细化福特原有的产品。斯隆改进并利用大批量生产系统使通用汽车公司成为当时世界上最大的工业企业之一。自此之后的近 75 年，这种生产方式一度风靡世界，被许多行业广泛复制和使用。福特流水线生产和通用汽车的组织革命使得企业生产方式和服务方式发生巨大的变化。

由大量外来劳动力组成的车间工人是大批量生产组织系统中的重要组成部分，和早期移民具备手工业传统以及掌握相关职业的技术水平不同，19 世纪 90 年代起，大量移民以非技术工人为主。通过 19 世纪末美国所处的社会发展阶段可以看出，具备技术技能的欧洲移民劳动力价格高且控制着生产过程，这和企业主逐利的要求不符。随着非技术移民数量的增加，廉价劳动力储备丰厚，为大批量生产提供了人员和成本保障。美国出现技术工人工资高而非技术工人廉价且数量充足的局面，为大批量生产提供了充足的廉价劳动力资源。在大批量生产的企业中，一线员工没有晋升的机会，这些车间工人的劳动价值在企业的生产系统中是无足轻重的，他们仅仅是一个可以随时互换的部分。工人们目前存在的价值仅仅是因为当下的自动化水平还暂时不能替代他们的工作，又或者工人的劳动力远比投入自动化生产线成本更低。

企业主通过对生产程序的切割重组极大降低了对于技术工人的依赖，廉价劳动力的存在使企业更愿意将资金投入自动化生产设备和生产线，劳动者从事半技术或无技术的工作，在标准化的程序中进行重复劳动。另外，当时美国国内汽车成为普通家庭代步工具而产生的巨大市场也是大批量生产可以发展的重要因素，

---

[1] Dertouzos, M. L, Lester, R. K. and Solow, R. M. The MIT Commission on Industrial Productivity. Made in America Regaining the Productive Edge. The MIT Press Cambridge, Massachusetts London, England, 1989: 47.

巨大的国内市场消解了企业对于生产线和生产设备的巨大投入。大批量生产中对于硬件设备的投资和对于生产过程的切割可以规避技能培训中被"挖人"的风险。而当生活水平上升、市场主动权掌握在买方手中时，也就是买方市场的情况下，在市场供给充足的条件下商家之间的竞争就不仅在价格方面，而在于是否能提供满足客户真实需求的产品。市场上产品琳琅满目且选择和变化越来越多，这样的产品愈加不适合大批量的生产模式。通用汽车在20年代中期已经朝着灵活的大批量生产转变，即在生产线中使用相对灵活的车床设备而不是福特生产线中不能更换产品的特殊机器。①

　　大批量生产中生产过程被分割成极其简单的重复性动作，产品是统一的标准化产品。生产工人的任务是简单且不间断的重复性动作，他们不需要了解生产线上的其他分工，甚至不需要知道到底是在生产什么产品。因此，对于生产工人而言，没有任何技术性要求，自然不需要花费时间去学习，而工人也没有对生产节奏的独立控制权。重复性劳动挫伤劳动者的积极性和工作满意度以及成就感，丰富工作内容和扩大工作范围成为解决这一矛盾的讨论，但是，却很少用于工厂劳动而是用于办公室工作。② 企业也不需要进行任何技术性或技能性的培训，企业培训是针对将要进入管理层的工头，提高他们人事管理的能力。这种类型的生产中，企业需要的是员工作为廉价劳动力，以尽可能降低生产成本。对于企业管理而言，则形成了"金字塔"式的管理结构，通过层层等级来把控产品质量。

　　同时，泰勒的科学管理通过对工作有组织的研究将工作分解到最细微的要素，工人的操作被分解到几分之一秒来提高工作效率。生产程序重组的实质是降低对技术工人的依赖，这种组织方式对于员工提出截然不同的要求，在生产中严格的精细化分工只需要生产工人完成职责内的工作任务，即使如今企业中的工作任务也许不全是安装一颗螺丝钉这样的重复性劳动，但是，却有可能是将一线工人的工作固定在一定范围内。例如，机械制造业是对技能高度依赖的行业，从事金属加工的工人按照所操作机器的不同可分为车床加工工人、铣床加工工人等。从事车床加工的工人的职责范围就是能操作车床，加工出精准度合格的零件。合格的车床操作工人熟悉自己的业务，并能够出色完成自己职责范围内的工作，但是当加工零件的工作范围超出车床工作以外时，工人就没有办法应付。也就是说，工人即使可能拥有专深的操作技能，但是不能灵活在企业的各个相关岗位工作。

---

　　① Kaiser, W. Von Taylor und Ford zur lean production. Innertechnische und politische Aspekte des Wandels der Produktion. In：Alma mater Aquensis 30. RWTH Aachen, 1994：173-191.
　　② ［美］哈里·布雷弗曼：《劳动与资本垄断——二十世纪中劳动的退化》，方生等译，商务印书馆1979年版，第38页。

时至今日，福特时期纯粹的大批量生产供应系统无论在通用汽车公司还是其他企业都已经不复存在了。在如今全球化的市场中，大批量生产的企业也可以通过开辟发展中国家市场来维持或者开发新的标准化产品需求，同时开发发展中国家的廉价劳动力成本以维持大批量生产的利润。在生产组织模式的发展中，大批量标准化生产随着消费者需求的变化以及精益生产模式的提出，而逐步转向大规模定制化的方式，这种大规模定制化实现的实质方式是在于产品内部零件、特征和工艺等进行标准化，以降低产品的复杂程度，增强通用性，最大限度地利用基本件和可选零件的多样化组合而形成模块化生产。

2. 精益生产组织模式

由丰田开创的精益生产，现如今已快速传播到世界各个角落，其将研发与工艺、采购、生产以及市场营销等紧密结合在一起。精益生产商在公司各个层级雇用拥有多种技能的人员，通过使用高度灵活的自动化设备来生产大量的多样化产品。如果说，福特的大规模生产以及泰勒科学管理是尽可能减少对人员和能力资格的要求以缩减人力资源成本，那么精益管理则与之恰恰相反，精益管理除专业性要求以外极大地提高对一线工人的非专业性及跨专业的能力要求，如独立性、责任感、解决问题的能力等。[1] 精益工厂的生产组织把最大量的工作任务和责任转移到真正为汽车进行增值工作的生产线上的工人们身上。而且，在生产线中有一个处于适当位置的缺陷检测系统，一旦发现问题，它就能快速追查并找到根源。生产线工人的团队合作和简单而综合性的可视化管理系统可以快速反映问题并能了解工厂的全面情况。动态的工作小组是精益工厂的核心，他们能提供更多的产品品种并能频繁地更新。

因为日本的现实情况是企业一方面没有充足的廉价劳动力；另一方面国内也没有可以消化大批量生产的标准产品庞大市场。大批量标准化的生产像一个行动迟缓的巨人，缺乏对突发事件的灵活应对能力。反之，日本的国内市场需要的是少量而多样的产品选择。面对这样的现实需求，精益生产通过改善生产方式、调整组织结构，使生产更加灵活高效，产品能兼具质量高而成本低的特性，不仅满足国内市场多样产品选择的需求，更在全球竞争中脱颖而出。精益生产中的生产工人需要代替大批量生产中的技术工人或工程师的工作，这些工人需要技术过硬且积极主动工作并解决工作中的问题。

精益生产带来工作组织的变化，产生出多人共同参与的企业组织管理形式。"二战"后，日本发展中工会权利的加强侧面促使企业提高工人技能，赋予一线工人参与解决问题控制质量的责任和权利并且同时使企业能从工人的知识、经验

---

[1] Arnold, R., Lipsmeier, A. and Ott, B. Berufspädagogik kompakt. Berlin: Cornelsen, 1998: 18.

和精力中获取最大利益。最好的精益生产厂商们坚信生产岗位是真正增加价值的地方,而不是通过间接的管理活动增加价值。① 因此,企业没有过多的管理阶梯,组织结构扁平化,企业需要的是技术过硬并积极主动的生产工人。员工通过不断解决越来越困难的问题来实现自身价值,工资的差异依靠资历长短和改善流程解决问题所获得的效益奖金。在这样的组织结构中,企业等级制度以及随着垂直和水平分工方式的减少,决策和解决问题的过程都被放到基层,把对于能力的要求直接置于直接创造价值的工作过程中,不再需要中层和高级经理人逐层下达命令,再将信息反馈上来,大大提高生产效率。

日本企业的年功序列制、员工内部职业生涯阶梯制度以及企业工会主义制度与其企业内培训方式形成之间有紧密的联系。传统工匠组织为企业形成在岗培训体系发挥了建设性作用。1868 年日本明治维新后,政府坚决通过粉碎封建制度打开工业化之路,积极执行打破手工艺部门特权的自由主义政策,国有大型企业成为这个时代的工业结构主导。国家通过从国外引进工程技术人才、在国有企业内建立培训体系,直接雇用工匠师傅并将其纳入内部培训体系来解决技能短缺问题。起初,日本的国有企业采用派员工去国外学习工业技术以及招聘国外工程师和技工来日本工作的方式积极促进企业内培训,工匠师傅通过和国外人员的学习将技术技能传授给其他日本工人,在这样的学习过程中逐步实现生产的独立。

另外,企业内通过厂办技校培养技术人员,希望他们能担任生产培训中的师傅角色以培养下一代技术人员。传统的师徒关系在企业培训中发挥了基础作用,工匠师傅在这个时期的生产车间中具有很高的自治度,对工人团队具有绝对权威。对于企业而言,工匠师傅所带领的团队及其手下的技工都具有很高的流动性,如何抑制这种劳动力流动性以及企业间外部挖人性是日本在这个时期最重要的任务。因此,企业管理者通过建立内部培训体系培养技术骨干以减少对工匠师傅的依赖,企业通过长期雇佣承诺、建立年功序列制和内部职业阶梯制度以及福利计划吸引工人,同样吸引工匠师傅放弃对团队中工人的直接管理权以换取更优厚的待遇。可以说在这个时候,日本企业内培训的技能形成模式已基本形成。

而且,在精益生产企业中,雇主和管理人员十分珍惜熟练工人,并愿意为留住熟练员工而做出一定程度的牺牲,愿意赋予工作小组一定的责任,为每个员工提供清晰的职业发展阶梯。这样的情况下,工人们愿意以积极参与工作小组工作的热情回报企业。② 终身雇佣制和按资历计薪酬的制度使对员工培训的投资变成

---

① [美] James P. Womack,[英] Daniel T. Jones,[美] Daniel Roos:《改变世界的机器——精益生产之道》,余锋等译,机械工业出版社 2015 年版,第 226 页。
② [美] James P. Womack,[英] Daniel T. Jones,[美] Daniel Roos:《改变世界的机器——精益生产之道》,余锋等译,机械工业出版社 2015 年版,第 109~110 页。

了和投资设备一样的固定成本。而且生产中的任何技术改革和进步都需要生产一线工人的使命感去支持。否则，就会如同20世纪80年代初，通用汽车公司致力于研发减少工人数量的新技术，使一线工人认为失去工作将成为宿命的安排，只是时间长短的问题，员工使命感缺失，因此，无论企业高层如何重视或者工会如何支持都不可能完成精益生产的改革。精益生产组织方式是尽可能通过其他方式减少不会为产品和企业增值的非直接生产性工人，把对于质量的把控融入生产过程，在保证质量的同时提高生产效率，进而达到企业降低各方面生产成本的目的，在全球竞争中占据一席之地。

所以，精益生产是将手工生产和大规模生产的优势结合起来，既降低了手工生产的高额成本又避免大规模生产的不灵活。通过摒弃对脑力劳动和体力劳动分割的泰勒科学管理模式，精益生产将车间同时变成了实验室，用于研究和开发，不断优化生产过程和产品，这种持续不断的改进，是日本精益生产车间日常活动的一部分。由日本发展的精益管理蔓延至全球，美国及欧洲国家逐步改变其组织结构，将更多的决策和责任转移到基层。精益生产中简化管理层并让直接创造生产价值的工人拥有更多的控制权，赋予工人提出改进工作的建议的权利，其目的是最大限度地提高劳动生产率。现代企业的发展逐步脱离泰勒的科学管理及科层制，而渐渐向更有效率和竞争力的扁平式组织结构发展。

第二节 中国企业内部控制性动力的表现形式

从技能密度、分工精细度和组织扁平度来看，我国企业在内部控制性动力方面的表现形式更为突出的是对于技能密度的不同要求、劳动分工的精细化和科层制的组织管理模式。

一、技能密度跨度大：不同企业间技能需求存在较大差异

在笔者调研的企业中，仅就产品而言，既包括技术含量及要求极高的特殊行业产品，也包括产品单一，但是供货量极大的企业。而且从问卷数据统计来看，在对我国现代学徒制试点院校的合作企业调研过程中，我国企业的人力资源需求情况则更为复杂。在新员工入职培训时间中，1个月和3个月以内的入职培训时间占比达到73.47%，也就是说绝大多数的企业入职培训在3个月以内，甚至1个月以内的比例达到44.22%，将近半数，说明劳动力倾向分层为不同的技能水

平（见表6-1）。

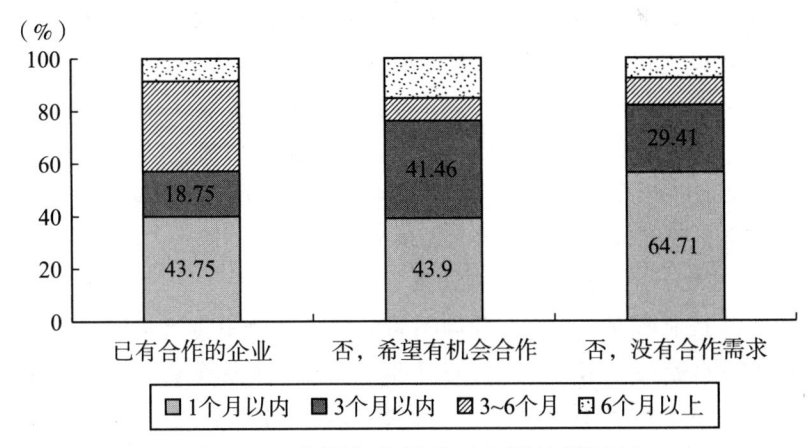

表6-1　　　　我国企业新员工入职培训时间

新员工入职培训时间	频次	占比（%）
1个月及以内	65	44.22
3个月及以内	43	29.25
3~6个月	24	16.33
6个月以上	15	10.20

资料来源：笔者根据问卷调查结果统计整理。

另外，笔者比较了已经和职业院校存在某种合作的企业与尚未和职业院校合作的企业（有合作意向和无合作意向）的新入职员工的招聘要求和入职培训时间。尚未和职业院校合作的企业一线员工主要以校园或社会招聘本科毕业生为主，或是社会招聘不要求学历但是要求已达到相应技能等级的人。从图6-2可以相对清晰看出，没有同职业院校合作需求的企业，其一线新员工入职培训在1个月之内的比例明显高出已有合作的企业，而没有合作需求的企业其一线员工的培训几乎可以在3个月之内完成。虽然，本书没有涉及企业为什么不参与职业教育现代学徒制这个问题，但是，从新员工入职培训时间来看，至少3个月的学习时间并不是很长，该时间成本也许是企业可以承受的。

图6-2　我国企业新员工入职培训时间

资料来源：笔者根据问卷调查结果统计整理。

在笔者访谈中也有个别企业被剔除出访谈样本，但是，他们的表述也证实了问卷中入职培训时间短的现象，这些企业中甚至提到一线员工入职培训仅仅需要3天，最多一个星期。就企业对职业学校实习学生以及企业员工技能水平要求而言,企业更看重的是传达劳动安全观念,让实习学生及员工严格遵守安全规定,避免生产事故的发生。

"我们一是要理论培训,理论培训完了到车间那里培训,模拟让他们看,怎么操作一个流程,最起码在一个星期之内是不能让他动机器设备的。如果看流程基本上看懂了,就让他去模拟操作,模拟是在师傅带动下模拟操作,没有特别技能型的要求。我们的产品传统意义上来讲是比较低端的,所以没有什么技能的要求。"

但是同时,我国也具有相当规模的技能密度大的企业。例如,企业产品不是大批量、流水线生产的产品,而是数量少且需要进行研制的特殊及不规则产品,这些对员工的技术技能水平、学习意识以及积极的工作态度有较高的要求。在企业实际生产操作中,各类产品最终都是技术工人依靠双手完成的,机器是没有办法替代手工技能的。而且从产品设计开始,设计人员就必须不断和技术工人进行人性化的沟通,因为从事设计的人员往往并不知道在生产过程中设计所存在的不合理现象。

"技能人员是保证我们科研生产的重要中坚力量,因为我们的产品比较特殊,从这个角度来说,它不是大批量的,不像汽车呀,也不像其他电子行业是流水线的,这样的企业对技能人员基本是没有技能要求的,基本上就是流水线工人,只需要拧一个螺帽,或拧一个螺钉,完全是机械化的,但是我们所从事的产品都是小批量、研制的,很多时候需要一个技能人员有高超的技能水平和具有这种极强的责任意识,来支撑这个产业的发展。我们的产品是在设计的基础上,通过技能工人的双手做出来,各类产品最终是他们靠智慧攻克许多问题,用双手做出来的。而且我们的产品不敢让学生轻易尝试,一旦报废,损失惨重,他们得至少两年才能尝试我们的产品。比如数控铣,经过培养的孩子他会编程,他对复杂产品的精度能够把握,包括技巧都能掌握。他会自己设计工艺,一般学生连编程都不会,必须一点一点重新教他,要1~2年才能上手,培养的周期是很长的。"

所以,从技能密度来看,在我国不同类型的企业中需求不同,一些企业的生产中没有什么技能要求,而同时也存在技能密度大的企业。因此企业产品和生产,对企业员工提出不同要求,自然也就对职业教育或内部培训提出不同要求。

二、劳动分工日趋精细:降低技能依赖实现高效率生产

在我国大多数企业的观念中,之所以细化劳动分工,是因为其是保证产品质

量的有效手段。因为,当工作中分工被细化之后,工人不但容易掌握而且能够很快熟练,而在自己岗位上熟练地工作能保证企业的产品质量。在一定程度上,我们可以认为是生产过程塑造了劳动者,同时,也塑造了企业对劳动者的需求层次。在工作过程中将员工的劳动分工进行细化,很多在企业中实习的职业学校学生虽然经历了企业几个不同岗位的工作,但是却并不知道这些岗位之间存在怎样的联系。而且学生对于企业并不存在认同感,对于职业也没有认同感,只看作是谋生的手段而已。

"原来分八级工人,八级师傅是大师傅。后来分成辅助工人、一般工人、技术工人。现在老八级变成新五级——初级工、中级工、高级工、技师、高级技师。行业内部设置特级技师。"

汽车工业中的流水线生产是劳动分工精细化的代表。从生产和工作过程来看,无论是组装车间还是冲压车间等,每个生产车间的工作过程都被分为很多工段,每个工段包括几十个甚至上百个工作岗位。因此,企业人力资源负责人认为仅在一个工段,学徒轮岗学习的空间就已经很大了。例如,某工段完整流水线有150个不同的工位,每个工位包括8个操作动作,也就是说,这条流水线有150个工人,他们是一个团队,可以完成汽车诸如内部装饰安装的全部工作。每个工人既要对自己的8个动作负责,也要去监督前一道工序的质量并接受下一道工序中同事的质量监督。当然,在这150个工位中的某个工位上会有专门负责质量检查的团队工作人员同时进行检查,而且在这条生产线结束时还会有检查小组的工作人员进行最终质量检查。

汽车企业的员工在自己工位上的工作职责是及时、准确地完成8个动作,也许过一段时间会再换到另一个工位去完成另外8个动作,这样的轮岗行为是在本车间内部进行的,不会进入其他生产车间。因为,在生产过程中流水线很长,每条流水线的工位很多,一个工段是一条流水线。企业负责人提到,流水线工人虽然在每个岗位就只有8个动作,但是他们需要面对不同的车型,因此,学徒或工人需要识别并记住不同车型的动作区别等,整体工作内容是足够丰富的。而且,学徒每个月完成该岗位工作的学习之后需要进行考试,学习是有压力的。考试包括理论考试和该岗位的8个操作动作,理论考试包括诸如汽车构造原理以及工艺流程或工作原理等内容。而当工人在工作两年之后达到三级技术水平时,就要继续去学习如何带徒的课程,课程内容就是学徒或新员工进入车间,如何教会他们工作岗位的8个动作。

而由于未来我国可能出现的人员流动常态化,企业不得不对技术技能进行分类,对操作人员进行分类,将一部分人员作为重点培养对象,而对另一部分操作人员则通过劳动分工的细化、岗位的细分而形成技能的快速培养机制：

"现在基本上都是外地的孩子，在将来一定的时间内，后续人员的流动成为一种常态。所以，只能采用快速的培养机制，以前技能人员的成长是师傅带徒弟，一点一点培养的，以后就是快速成长，通过比较短的时间，然后通过工种、岗位之间的细分，把它分为一些是需要绝技绝活儿的，一些是需要基本的操作的，使岗位层级化，那有一些孩子，就能让他快速成长了，还有一些就花重金重点培养。"

再以我国某装备企业为例，从笔者在调研中所获得的油漆包装车间的车间工艺员岗位说明书（见表6-2）来看，车间工艺员的职责共包括六个部分，主要集中在生产前技术准备、生产现场技术服务、处理质量问题、办理技术单据、开展技术创新以及其他工作任务。其中工作职责二的第一条规定，"对一线操作者生产过程中出现的技术问题给予技术支持"，也就是说车间工艺员和一线操作者是不同的工作岗位，生产工艺的制定者和生产操作者各自分工不同，共同配合完成同一产品或工件的生产，这样的分工也是调研中大部分企业的做法。然而，如果换个角度思考这种分工的话，本质上也是哈里·布雷弗曼在劳动过程理论中所提到的概念和执行的分离。

表6-2　　　　　　　　　工艺员职责范围

五、职责范围		
	职责表述：负责产前技术准备	频次
职责一	1. 查看生产作业计划，认真研究与之相关的设计、工艺等技术文件	日常
	2. 对结构复杂零部件的生产工艺路线及加工过程中的重点、难点等进行研究	日常
	3. 对存在的技术问题及时向领导汇报，向工艺部、设计部反馈技术文件中存在的问题，共同研究及时解决	日常
	4. 对本车间所使用的工装工具进行核查，确认是否能满足生产需要	日常
	职责表述：车间生产现场技术服务	频次
职责二	1. 对生产现场进行巡视，对一线操作者生产过程中出现的技术问题给予技术支持	日常
	2. 对重点产品、重要部件进行技术跟踪服务	日常
	3. 监督车间工人严格遵守工艺操作规程	日常
	4. 对出现或可能出现的技术问题，与相关部门进行沟通解决	日常

续表

五、职责范围		
职责三	职责表述：处理车间内发生的各种质量问题	频次
	1. 参加车间召开的质量例会	1次/月
	2. 对车间的质量问题进行收集、整理并分类	日常
	3. 分析问题根本原因并制定改进措施	日常
	4. 定期向设计部、工艺部反馈生产中存在的技术问题，并要求其改进	1次/月
职责四	职责表述：办理生产过程中相关技术单据	频次
	1. 负责车间评审单的办理	日常
	2. 负责现场问题记录单的办理	日常
	3. 负责设计、工艺等部门联系单的下发、登记和执行	日常
	4. 负责车间内零件返修单的填写、下发和执行	日常
职责五	职责表述：开展车间技术创新工作	频次
	1. 进行新工艺方法的创新，新型生产方式、方法的采用和推广	不定期
	2. 进行废旧工装改进，开展新工艺工装的研制	不定期
职责六	职责表述：完成上级领导交办的其他工作任务	不定期

资料来源：笔者根据调研材料整理。

不仅是生产型企业，在服务业企业中也同样呈现精细化分工的形态。例如，某广播广告企业的销售职位招聘时，应聘者是否具有专业知识或者具有怎样的专业知识并不是企业考察的重点，因为刚刚入职的销售人员的工作任务仅仅是通过各种方式寻找有意向的客户，进行初步接触，一旦客户同意进行下一步的交谈和商榷，那么，将由销售人员的主管或老板出面进行沟通，后续事宜则交给策划部门出具方案等。这样细致的分工使得企业并不需要在员工培训上投入资金，员工的学习基本上依靠个人领悟，因此可想而知员工获得的报酬也是很低的。企业本身劳动分工的细化以及相对固定，使员工并没有掌握整个生产或服务过程的迫切需求，也是企业在招聘员工时不需要经过长期培训的原因。

三、组织结构科层化：基层员工工作自主权利较弱

在我国的企业组织结构中，一线员工通常是无法独立工作的。例如，某企业中工作多年的技术技能专家指出，因为该企业各方面硬件条件比较好而且很规范，所有工具设备等一应俱全，能有助于实习生或员工的工作，但是如果他们以后进入其他单位，在工具设备条件不具备或零件工具改变等情况下，也许就没办

法胜任其他企业的工作，更胜任不了复杂产品的加工。在生产车间中大部分工人是半熟练工，技术性较强的工作由有经验的技术工人或技师等来完成，检测或质量管理则由上过大学专科或本科的人完成，这样的分工形式使得扁平化的生产组织方式很难实施。而且由于企业的特殊性质，产品质量要求很高，在不同的生产工序中都配备质量检验员以承担质量监督任务。

同样，在类似汽车行业这样实行流水线的工作，讲究标准化生产的企业中，每个工作岗位的操作都有标准化的规定。虽然说企业在标准化操作中也鼓励和要求员工对自己所在工位的工作提出建设性改进意见，例如，工作环境、工作技术或者日常工作所使用的工具设备等各个方面，去改善这个工位的工作条件。但是，生产操作和质量检查还是分属于不同层次的工作，由汽车行业中的质量检查团队完成。在一条生产线上会有多个需要进行质量检查的地方，在整个生产线完工的末端会有完整的质量检测。在每个流水线上的员工在接受前面一道工序所完成产品的时候，首先要检查前面的工序是否已经全部完成，并且要进行质量评定及检查是否存在问题，并判断自己的工位是否能完成和解决问题，如果不是自己岗位所能解决的问题，则要将工序单贴好后交给下一道工序去解决。

从员工职业生涯发展来看，企业有完整的升职考核要求。学徒接受过培训并完成考试后正式成为企业工人。我国的大型企业工人通常有两条发展通道：一条是管理岗路径；另一条是技术岗路径。如果员工愿意从事管理工作而自身又具备管理潜质，则可以选择管理岗路径，从班组长到工段长，这样一步一步晋升。通俗而言，班组长必须能完成这个班组全部工位的工作才能胜任，同理，工段长则需要完成整个工段的工作。技术岗路径则主要是通过考取内部等级证书来进行认证，每一步晋升都有相应的培训和考试。而且有些企业明文规定，如果员工工作年满两年则必须达到某个级别的技术水平要求，例如，技术工人有三级要求，所以，在大型企业集团员工也需要持续不断学习。

虽然在本书的研究中提到的国有企业是一家现代企业，也拥有先进、现代的管理理念和管理经验，但是，企业的生产或工作方式带有明显的泰勒制及科层制特征，即岗位设置细、逐层管理、依靠质量监督部门进行质量监督。因为分工很细，所以，从本质来看，员工实际上在工作中也是在重复某些操作动作。在大批量生产的行业和企业中，按部就班、各司其职、用程序化的固定规则造就"铁打的营盘流水的兵"，使企业管理中减少对"人"本身的依赖。员工缺乏独立工作的意识和能力，通常情况下不需要独立解决工作中的问题。当人员供给充沛的时候，个体在整个生产全过程的自主能动性相较于统一、便捷的管理容易被企业轻视。

第三节 中德企业内部控制性动力的差异表征及成因

本节将着重对比我国和德国在内部控制性动力技能密度、分工精细度和组织扁平度上的异同,而这三方面动力因素彼此之间又有很强的相互关系。技能密度通过产品来体现,劳动分工和组织形式具有很强的关联性。中德企业内部控制性动力的现实表征对比如表6-3所示。

表6-3　技能密度、分工精细度和组织扁平度的中德企业差异对比

企业参与职业教育现代学徒制的内部控制性动力——技能密度、分工精细度和组织扁平度	
中国	德国
产品附加值普遍偏低; 兼具复杂化、多样化产品; 劳动分工分割细致; 用细致的分工降低技术技能的难度; 尽可能降低对技术工人/技师等的依赖; 工作组织形式极端化; 生产/工作组织形式趋于科层制	产品附加值普遍偏高; 产品呈现复杂化、多样化趋势; 劳动/工作范围广泛; 生产/工作组织形式趋于扁平化

我国企业由于产品附加值普遍偏低在竞争中处于弱势地位,虽然不乏产品技术技能要求高的企业,但是这些企业通过极致的分工,无形中降低了技术技能的难度,从而尽可能降低对技术技能的依赖,对于职业教育现代学徒制而言,只要有足够的人员供给,能通过分工降低技术技能要求,也就降低了学徒制的迫切性。而对比之下,德国企业产品附加值普遍偏高,劳动及工作范围更加广泛且强调整体性,工作组织趋于扁平化,赋予一线技术人员更多参与的权利。

一、中德两国企业发展战略和阶段不同

对于企业产品而言,正常情况是从低端产品开始逐步向高端产品发展,但是,我国很多地区却仅仅在增加劳动密集型产品的类型,比如,从服装生产开始,逐渐增加了计算机组装、手机组装甚至汽车组装,生产的产品不断变化,而我国企业的产品附加值并没有发生变化。事实上,高科技和低科技的区别不在于

企业做什么产品而在于企业怎么做这些产品,[①] 所以到目前,我国整体制造业依然是劳动力密集的发展模式。从理论上说,如果企业处于一个劳动力无限大的环境,可以从劳动力密集的产业中获得利润,也就是说,劳动力很便宜的时候,企业对于技术创新没有必然的动力,只有当劳动力稀缺的时候,企业才会希望通过技术创新降低劳动力成本。而且,在统一的市场中,当产品品质和结构差别不大的时候,营销能力能增加竞争中的相对优势,如果企业战略重心从生产转移到市场,那么,企业重点则是依靠营销掌控消费者心智。

从企业产品类型来看,以新中国成立后的国有企业——北京电子管厂为例,在20世纪50~70年代,其主要产品是诸如广播发射机、导弹、卫星等大型复杂系统的核心电子元件,而在90年代,核心产品却变成核心元器件的零部件,也就是说北京电子管厂的核心技术含量在降低。[②] 究其原因,和我国改革开放之后引进西方先进技术的产业发展决策有关,当我们认真关注以市场换技术的发展模式时,可以发现这样的技术引进模式基本上始于终端产品环节,需要持续不断引进上游技术进行产品的技术匹配,而这个过程中并没有核心技术研发的进入。

新技术从开发形成及应用于产品,再到可以形成产业之间还有很长的距离,只有解决了从产品研发、工艺设计到设备制造等过程中的一系列问题,才有可能最后实现从样本到大规模的批量生产而产生经济效益。而且,不同行业具有不同的行业产品开发特点,在半导体工业中新产品开发的同时就是新工艺的开发,为新产品开发所需要的试验只有在与生产相同的地点和完全真实的运行条件下进行才是有效的,因此,在这个行业中技术进步和产品创新离不开对新生产设施的投资。我国液晶显示、半导体工业的发展史也证明了,核心技术的掌握需要与之相匹配的产业并且需要不断积累这一事实。[③] 具有核心技术的产品才能具有市场竞争力。

我国是发展中国家,企业最初多以市场跟随者的身份进入某个行业,国内并没有形成绝对竞争优势。同时,国内和国际产品市场的竞争激烈,需求转移、成本增加、外汇波动等因素更加剧竞争的残酷,也会迫使企业为了生存和发展而寻求合理化的产品创新。能源和自然资源的短缺以及生态资源的有限性导致自20世纪70年代起,能源及原材料价格上涨,迫使企业节约能源,寻找技术替代或减少非盈利的生产。在原材料和人力成本上涨的情况下,生产率提升是劳动者国民收入提升且企业产品市场保持国际竞争力的前提条件。我国企业家已经认识到

[①] 黄亚生:《"中国模式"到底有多独特?》,中信出版社2011年版,第104页。
[②] 路风:《光变——一个企业及其工业史》,当代中国出版社2016年版,第76~77页。
[③] 路风:《光变——一个企业及其工业史》,当代中国出版社2016年版,第130页。

成本领先是用规模经济降低产品的平均成本，即价格低而质量相同而获得的竞争优势，在未来竞争中可能不能长久持续。而且，如果以牺牲质量为代价偷工减料，利用顾客的信息不对称则是恶意"价格战"，这种状态的竞争不是真正的竞争优势。[1] 所以，在产品上获得真正的优势同样离不开核心技术的竞争力。

二、中德两国企业所处的市场环境存在差异

如同调研中某汽车企业人力资源部门负责人所介绍的，将工作岗位细化为8个操作动作，既能缩短工人的学习时间，又能使其通过不断重复动作而成为熟练工。员工只需要掌握2~3个这样的工作岗位就可以胜任企业的工作，并在企业今后的工作中慢慢学习其他岗位的工作任务。汽车制造可以说也是德国的支柱产业，在德国汽车生产流水线上，和我国一样，很多操作已经被机械手取代，仅有一些机械手无法取代的部分工作由工人来完成。但是，德国和我国最大的区别是，工人在学徒期间需要完成的是培训职业的完整学习，而不是某个或者某几个工作岗位的学习。并且，德国现在甚至没有车床工、铣床工、钳工这样的工种分类，例如，工业机械工就是一个需要掌握这些工种所需要的所有技能的职业。

人口密度是分工的前提，分工合作的程度受市场规模的限制，当参与市场交易的人数越多，市场规模越大的时候越容易实现分工的精细化。随着交通运输及信息技术的快速发展，全球化的市场竞争形成全球化的分工体系，彻底的劳动分工是规模化经济中提高生产率的方法。我国的人口规模是市场规模和经济规模的基础。分工到极致的企业需要更大规模的生产能力和同样大规模的需求市场，这个时候规模本身可以变成一种能力，市场广阔度决定了分工的细致程度。随着全球化的推进，全球生产供应链中分工可能越来越细，甚至超出原本局限于某个企业内部的分工，与这种彻底的分工更加匹配的是泰勒制的分层管控体系。对于职业教育现代学徒制而言，当企业劳动力充足时，当劳动分工到极致的动作时，自然降低企业将劳动力资源作为人力资本投资的意愿。

在对企业的访谈中，企业强调一线工人就是从事简单专业活动的半熟练工人，这样的需求层次占被访谈企业的大多数，而对于拥有解决问题能力的技术工人，企业的需求量要小很多，因为在中国企业中，通过压缩成本来获得企业利润的做法仍然占大多数，而人力成本往往占据企业支出的重要部分。所以，在工厂制造业中企业更倾向于投资固定资本，以减低劳动力成本，对于劳动过程的改变往往在没有其他选择的情况下才会进行。因此，严格的标准化生产流程以及精确

---

[1] 邓地、万中兴：《专注——解读中国隐形冠军企业》，浙江人民出版社2006年版，第119页。

的分工是大部分企业选择的生产方式。

虽然高价值、高技术等产品特点在我国的调研中也遇到过，例如，由于我国汽车行业发展规模壮大，作为汽车供应商的某模具企业所需储备人员数量庞大，而模具行业技术性及产品个性化强，从业人员至少需要 2~3 年的学习期，企业就认为通过和职业院校合作现代学徒制可以在学习过程中使企业和学生相互了解、相互选择，并且针对性地进行培养。但是，大部分的情况是，如同书中已经叙述过的，我国企业采用的方式是将劳动分工尽可能地细化，以降低产品或工作任务的要求，采用少量技术工人或技师带半熟练工人的方式进行生产工作，尽可能减少工作对人的依赖，或者说，减少需要依赖的技术工人或技师的数量。而且，我国劳动力流失率高，劳动力成本迅速增长等问题也制约着本国及外来企业的发展，企业不得不权衡劳动力和生产设备的投资。随着产品的日益复杂和快速更新换代，使得大规模投入固定生产设备不再具备经济性，企业需要考量的是机器和人员如何能够最佳配合以创造最大的价值。

在马克思的全面发展理论中分工是指以劳动分化为基础的社会职能的分化，而不是长期只从事一种职业，或在同一种职业中只从事一个工种的凝固的分工。然而，在社会产品还有没有达到满足个人发展的充分需要时，却需要通过促进个人职业专门化来促进社会分工与生产机构内部分工的发展，通过个人生产能力的片面发展形成整个社会生产能力的全面发展。[1]

三、中德企业发展模式与路径迥异

劳动分工和企业生产及工作组织形式的关系密切交织。人口规模也使精细化分工成为可能，使定岗工作成为可能。但是，对我国而言归根到底，精细化分工及定岗工作的现象和企业的生产组织模式有着紧密关系。如同前文中已经论述过的，为了提高企业竞争力，企业需要扩大直接创造生产价值的部分，而减少"金字塔"式的垂直分工。但是，我国是更偏向于工作组织形式极端分化的国家，一方面由经过学术培训的人处理工作任务，另一方面由半熟练工人或非熟练工人执行工作任务[2]，通过这种方式实现企业对工作过程的控制。我国企业虽然也认可扁平化的管理方式，但是，在实际运行过程中大部分企业所显示的劳动分工、质量管理等模式依然是更加便于管理的科层体制。对于我国企业而言，一线员工对

---

[1] 陈桂生：《"教育学视界"辨析》，华东师范大学出版社 1997 年版，第 40~41 页。
[2] Lutz, B. Bildungssystem und Beschäftigungsstruktur in Deutschland und Frankreich. In: ISF München: Betrieb – Arbeitsmarkt – Qualifikation I. Frankfurt am Main，1976：83–151.

工作指令的服从远远重要于主动参与和掌握控制生产过程。

扁平化组织模式虽然被世界认可，但是，在我国企业的调研中非常突出的是，在企业实际的运行过程中，即使是在大企业中，在技能水平要求很高的行业中，虽然鼓励一线员工对生产和工作积极参与提出建议和改进方案，但是整体看来，精细化的分工和定岗工作都是非常普遍的现象，企业运行中依然带有浓重科层制的痕迹，通过层层质量监控体系控制工作过程，而且科层制管理模式是控制质量的方式。这和我国文化中的权力距离指数高有关系，这样的文化中员工执行力强而主动性弱。因此，一线员工能够灵活胜任工作岗位职责不是当下企业认为最重要的要求。不同企业生产/工作组织形式的实质是对员工不同程度的依赖，从而，也对职业教育培训产生不同程度的依赖。随着现代企业的发展以及人们逐步提高的自我意识、环保意识、健康意识等要求，企业就会需要更有效率的人力资源政策，人们会追求更有质量的工作和生活，提高企业员工的独立自主工作意识，扩大直接创造生产价值区域的扁平化生产/工作组织模式将是更加具有企业竞争力的选择。

我国的国家战略把制造业放在重要的地位，质量和创新成为国家支持和关注的焦点，政治经济的稳定发展是创新的基础。随着"中国制造2025"十年行动纲领的提出，中国制造业产业升级和变革的话题万众瞩目。"创新驱动"是行动纲领中最重要的一条方针，建立创新型企业乃至创新型国家成为我国各界发展的基本共识。创新和制造业的发展是并进的，美国学者曾提出一个国家失去制造能力的同时也在失去创新能力，创新需要和生产车间相结合。[①] 因此，"中国制造2025"和创新能力的发展之间是相辅相成、互相促进的关系。在一定程度上，企业选择的发展模式影响着制造业创新能力的积累和发展。

改革开放40多年中，我国经历了计划经济向市场经济转型，在更加宏观的层面上，是企业发展所选择的路径影响着其人力资源需求和培养方式。我国企业发展中，无论是民营企业还是国有企业，多数更倾向于美国化的组织发展模式。相较于德国制度化的双元制，美国对技工技能没有最低标准，对学徒制也没有任何管制的制度。[②] 美国的发展历史中，大量的外来移民保证了美国早期工业化时代对专业技术工人的需求，整个19世纪美国技术工人短缺严重，而政府组织的培训关注于白领阶层却极少涉及一线工人的职业培训。因此，企业致力于通过对

---

① [美] Gary P. Pisano, Willy C. Shih.《制造繁荣：美国为什么需要制造业复兴》，机械工业信息研究院战略与规划研究所译，机械工业出版社2014年版，第24页。

② Hansen, H. Caps and Gowns. Ph. D. Dissertation, Department of History, University of Wisconsin – Madison, Madison, 1997. 转引自 [美] 凯瑟琳·西伦：《制度是如何演化的：德国、英国、美国和日本的技能政治经济学》，王星译，上海人民出版社2010年版，第158页。

生产组织形式的改造而降低对技术工人的依赖，福特大批量生产以及后来形成的高度科层化的内部劳动力市场成为风靡世界的标杆。美国的市场规模也为标准化批量生产的实现提供可能。在技能形成的路径中，美国企业选择了对管理者进行系统化培训而对一线技术工人进行时间非常短的，甚至是 3~10 天的单个技能培训的路径。[1] 工人和管理层之间界限强化使得学生更加避免接受职业教育。

我国也有相似之处，由于我国各地生产力发展呈现多层次不平衡的状态，各地区经济发展差异巨大，依然保持城乡二元经济结构。整体来看，庞大的市场规模使得大批量标准化生产成为可能。市场需求的差异性使我国企业的发展呈现多样性。企业及国家想要拥有真正的竞争力，那么企业的发展不能仅仅停留在扩大规模的层面，更重要的是要调整企业的结构。当一部分或者说一些群体有能力追求个性化需求的时候，原本仅限于功能性的需求可能延伸至质量需求、服务需求及审美需求等。例如，前文中已经提到的标准化耐用产品如汽车和电器主要是批量生产方式，但是，现在柔性化批量生产在一些市场中逐步取代非柔性化批量生产，逐渐用提高产品价值导向来取代成本优先，突出产品质量和创新能力而不是简单的生产规模。

第四节 本章小结

企业参与职业教育现代学徒制的内部控制性动力是从技能密度、分工精细度和组织扁平度三个方面展开分析论述的。笔者基于访谈的原始材料并借鉴相关文献资料对每个因素进行了分析和对比。交通等技术的发展，扩大了市场需求进而扩大了生产规模，工厂手工业中工人相互协作成为生产方式的基本形式。以分工为基础的协作促进劳动生产力的提高，与此同时，也促进了技术诀窍的巩固和流传以及工具的完善。随着工场手工业分工的巩固和发展而逐渐形成了有意识、有计划且系统的生产方式。技能密度、劳动分工和组织形式是企业客观存在的真实状态，也是企业参与职业教育现代学徒制的内生动力。

德国企业技能密度呈现复杂的多样化趋势，传统机械等行业的产品更是具备产品价值高等特征。从劳动分工来看，德国显示出技能化及专业化特征，而且以企业业务为导向的组织形式更趋于扁平化模式。企业的技能密度、分工精细度和

---

[1] ［美］凯瑟琳·西伦：《制度是如何演化的：德国、英国、美国和日本的技能政治经济学》，王星译，上海人民出版社 2010 年版，第 179 页。

组织扁平度等特征对专业人员提出相应的要求。相对比之下，虽然我国的部分企业其产品同样具备复杂、多样、不规则等特点，也需要专业人员具备相应的专业技能，但是，我国大部分企业更倾向于采取精细化分工和定岗熟练操作的模式，无形之中切割了技能水平要求。而且企业采用以技术技能工人带领半熟练工人完成工作任务的模式，也可以降低对技术技能工人的需求，这种极端分化的工作组织形式更趋向于科层制。

结 语

我国现代学徒制构建亟待企业内部技能生态重塑

职业教育现代学徒制对国家、企业和个体都具有重要意义，它在宏观层面能促进国民经济发展；中观层面能提高和保证企业竞争力；微观层面能引导年轻人参与创造未来生活。本书从企业参与职业教育现代学徒制所期望达到的目的和结果方面、外部社会性方面和企业内部控制性方面探讨了企业参与职业教育现代学徒制的动力问题。本书认为企业参与职业教育现代学徒制动力因素模型由行为结果性动力、社会性动力和内部控制性动力构成，这些动力因素彼此相互交织，共同作用于企业参与的积极性。动力因素模型以计划行为理论为框架，将企业参与职业教育现代学徒制的各个因素，即多岗胜任、培养效益、技能满足、文化传统、技能密度、分工精密度和组织扁平度，归类为三个具有内在逻辑联系的方面。这些动力因素围绕企业展开，并且延伸至企业内部的产品、分工及组织方式等，可谓是相对于已有研究的创新之处。当然，企业参与职业教育现代学徒制动力因素模型最重要的意义是为本书的研究提供了参照的标准。本书在研究中运用质性研究访谈、调查问卷、案例等方法以及三级编码、数据描述统计等手段，对企业参与职业教育现代学徒制的动力因素进行了分析和中德差异对比。参与职业教育现代学徒制的动力受到多岗胜任、培养效益、技能满足、文化传统、技能密度、分工精细度、组织扁平度的影响。

本书发现，第一，中德企业对员工的能力素质要求差异明显，特别体现在动力因素——多岗胜任的中德对比中，中德企业几乎在该维度上呈现出相反的态度。究其原因，是由于两国对"职业"概念的理解不同。德国职业的范围广泛，需要员工具备一定的灵活性，因此，灵活胜任不同岗位职责是职业既定的标准和要求。同时，职业还具有专业化的要求，这是将专业人员区别于非专业帮工的依据。学徒需要掌握培训职业条例中所有与职业相关的内容，才能具备该职业身份，而不仅是掌握某个或某几个岗位的活动，因此，多岗胜任的能力是德国企业反复强调的，也是企业对未来员工的基本要求，获得符合企业需求的合格员工就是德国企业选择参与职业教育双元制的核心原因。而在我国，于企业而言，定岗工作才是被认为可以保证产品质量的方式。而且，仅就对岗位职责范围的理解，中德之间也有很大的差异，某些情况下，我国企业所认为的岗位仅是德国概念中的一个活动。两国企业对于员工定位的不同，直接导致对其能力素质要求的不同。

第二，从企业角度来看，如果排除其他因素，企业选择参与职业教育现代学徒制或其他任何形式的职业教育合作，一定是因为这种合作形式能够使企业获得某些方面的收益，获得培养效益就是中德企业参与职业教育现代学徒制的目的，体现在成本和收益的比较优势、在职业工作任务和工作过程中培养职业行动能力的质量优势以及员工职业身份认同、企业认同和责任认同的优势。企业权衡参与职业教育现代学徒制的付出和收益，一方面是直接的经济成本投入，如场地、时间、人员等费用；另一方面是投入培训后抵消的招聘等费用和带来的生产率提高，以及间接产生的认同收益。企业通过参与职业教育现代学徒制更早地介入学徒培养过程，更容易将学徒塑造成企业所需要的未来员工。因此，无论是对德国还是对我国而言，培养效益中可以预见的收益和企业希望达到的用工要求是决定企业参与职业教育现代学徒制态度的结果信念。但是，相较于德国，由于需求的差异，我国大部分企业目前更侧重于获得用工数量优先的培养效益，其他效益是随之产生的收获。

第三，企业是置身于社会、市场中的组织结构，各种供给条件和利益关系对企业产生影响。企业根据自身运行模式和需求制定人力资源战略，劳动力市场的供给状态关系到企业对于用工数量的需求是否可以得到保证，而企业对于技术工人的要求则关系到用工质量是否可以得到满足。企业的年龄结构及未来发展趋势、员工流动率和劳动力市场的供给都关系着企业用工的数量和质量需求是否能够得到满足。当众多德国企业出现或即将面临员工年龄结构老龄化问题的时候，我国企业员工年龄结构尚处于具有优势的阶段。同质性很强的德国社会中企业整体流动率低，而我国国有企业在市场经济中依然保持着稳定的吸引力，相对而言，民营企业流动率因行业不同情况不同，参与职业教育现代学徒制企业通常属于行业中流动率相对较低的。德国社会市场中学生和员工供给数量逐年减少，职业教育学徒制成为企业获得后备人员补给的重要途径。在我国，由于大学扩招等因素，职业院校在未来将面临生源不足的情况。而且受到我国传统教育理念的影响，进入职业院校的学生通常是被挑选后剩余的学生，他们不擅长理论知识的学习，同时，却也不一定具备动手能力。而且，如果外部劳动力市场能够满足企业的用工需求，那么，企业则没有动力进行诸如参与职业教育现代学徒制等额外的人力或财力投入。

第四，源于中世纪传统手工业学徒制的内部技能传承方式，在德国逐步转化为具有现代意义的双元制职业教育培训。德国通过立法的形式赋予手工业协会准公共权力，监督和管辖学徒制培训，而且，技能资格认证促进了企业和学徒之间可信承诺的达成，一定程度上促使了内部技能传承方式的延续和发展。在我国，工厂学徒制曾经是国有企业的技能传承方式，但是，随着国有企业改革以及市场经济的发展，市场化运行机制导致企业和学徒间的可信承诺丧失，而使工厂学徒制在我国成为特定时代的产物而没有继续传承下去。因此，中德两国之间国家治理手段的不同也是企业参与现代学徒制社会性动力产生差异的原因。

第五，企业"生产什么"和"怎么生产"决定着企业的技能密度、分工精细度和组织扁平度，这些企业内在因素决定着企业对于人力资源的需求从而作用于其参与职业教育现代学徒制的积极性。本书证明了企业所生产的产品或企业实际工作任务的结构和技术水平对生产和工作人员所掌握知识技能的要求是不同的，而这种不同的要求在企业劳动分工和生产及工作组织形式方面体现得更加明显。技能密度、分工精细度和组织扁平度之间的关系密切。德国企业产品及工作性质呈现复杂的多样化趋势，传统机械等行业产品更是具备产品价值高等特征。从劳动分工来看，德国显示出技能化及专业化特征，而且，以企业业务为导向的组织形式更趋于扁平化模式。相比较之下，我国部分企业产品同样具备复杂、多样、不规则等特征，需要专业人员具备相应的技能，但是，即使是对于产品结构复杂、技术水平高的企业来说，精细化的分工和定岗熟练操作的模式也可以降低技术难度，从而降低对员工的技术技能需求。企业采用以专业技术技能工人带领半熟练工人完成工作任务的模式，以降低对技术技能工人的数量需求而节省劳动力成本，这种极端分化的工作组织形式更趋向于科层制。因此，对于我国企业而言，精细化的分工和科层制的工作组织形式一定程度上是企业参与职业教育现代学徒制的阻碍因素。

而深入分析背后原因会发现，我国企业和德国企业因所处的发展阶段不同而选择不同的发展战略。而且，两国所处的市场环境也有较大差异。同时，我国的人口规模是市场规模和经济规模的基础，也为精细化分工提供了客观条件。从企业所选择的发展模式及路径来看，由于我国各地生产力发展呈现多层次不平衡的状态，各地区经济发展差异巨大，依然保持城乡二元经济结构。整体来看，庞大的市场规模使得大批量标准化生产具有可能性。市场需求的差异性使我国企业的发展呈现多样性。所以，在更加宏观的层面来看，企业的战略发展阶段、市场环境及发展模式和路径是中德企业参与职业教育现代学徒制内部控制性动力差异的原因。

至于如何构建有利于企业内部技能传承的环境，本书认为，国家调控是抵御自由市场冲击的手段，积极发挥国家宏观调控的作用是促进企业参与职业教育现代学徒制的有效途径。正如德国双元制是整体性制度安排的重要内容，而国家干预起到了重要作用。在我国以学校为主体的职业教育发展中，政府的决策和导向占有重要地位，充分发挥国家的引导作用更尤为关键。在我国，关于职业教育校企合作的政策导向经历了最初的意识薄弱阶段，到如今的系统性设计阶段。正如《国务院办公厅关于深化产教融合的若干意见》以及《职业学校校企合作促进办法》等文件的出台，正是国家重视教育和经济有效衔接并积极参与系统设计的重要举措。所以，在构建职业教育现代学徒制的过程中，首先，应该将现代学徒制作为社会政策研究的重要内容，因为它是国家宏观层面的制度安排，涉及经济发展、劳动力市场等多方面内容，而国家政策的制定往往牵一发而动全身，因此必要的政策研究非常重要。其次，国家应积极引导人民群众对于更加健康、经济、环保产品的需求欲望，引导企业营造关注员工职业生涯发展的人文环境，积极打破职业院校学习和企业内部培训的壁垒，更经济有效地将人力资源储备纳入企业未来规划，国家为企业参与职业教育现代学徒制提供相应的支持。最后，国家搭建合作平台，给予行业、雇主、雇员及职业院校通力合作的机会，多方参与制定职业教育现代学徒制的培训内容标准。在时机成熟的情况下，考虑成立行业、雇主、雇员及职业院校等多方参与的自治机构，以协调职业教育现代学徒制的平稳发展。

德国双元制职业教育培训是职业学校和企业内部人力资源培训的有机结合，其经验告诉我们，不管是大型集团企业还是中小型企业，把职业教育中的实践教育培训部分纳入企业人力资源规划的一部分是德国企业的通常做法。而在我国，工厂学徒制传统演化为与学校职业教育不相关的企业内部培训模式，并且逐渐分离成为互不相关的两种体制，即使是具有完善培训体系的大型集团企业，也并未将职业教育现代学徒制纳入企业人力资源储备计划。如果将员工培训和职业教育现代学徒制进行有机衔接，特别是将现代学徒制融入国有大中型企业的一线员工招聘和培养过程，能发挥其更大的作用。而对于民营企业而言，职业院校的现代学徒制合作意义更大，因为通过职业院校可以弥补其在我国外部劳动力市场中相较于国有企业的"印象差距"，较早的参与培养过程，可以较早地收获学生或准员工的企业认同。

因此，打破职业教育培训和企业内部培训的壁垒，将职业教育现代学徒制和企业内部培训进行有机融合能够实现学生从学校进入职业的顺利过渡。而且，学校职业教育和企业内部培训融合既能体现职业教育现代学徒制的教育性，更能提高学生的学习质量和效率、职业院校的培养质量和效率以及企业的内部培训质量和效率。所以，将职业教育现代学徒制纳入企业人力资源规划有利于企业、职业学校和学生各方的发展。

由于我国毕竟实行以学校职业教育为主体的模式，在现代学徒制试点等过程中，职业院校必然会面临合作企业的选择问题。在我国，已经有学者提出效仿双元制国家，打造"教育企业"或"教育性企业"以提高企业参与职业教育现代学徒制的积极性。[①] 事实上，在实现培训内容标准化的基础上，以教育企业资格增加企业荣誉感确实是双元制国家的有效经验。如果我国推行教育企业制度，一定程度上能帮助职业院校选择相应的合作企业，同时，这些合作企业是否能完成培训内容，并提供适合学徒发展的岗位，应该是教育企业资格或学校作出选择纳入考虑的因素。当企业的技能密度要求很低、倾向于用精细分工缩短培训时间或者学徒及员工经常性重复劳动的时候，这样的企业就不能纳入选择范围。

[①] 石伟平：《直面职教改革深水区三大难题》，载于《中国教育报》2018年3月6日；姜大源：《职教发展应建立"教育性企业"制度》，载于《中国教育报》2018年1月8日。

参考文献

[1] [美] A. Strauss, J. Corbin:《质性研究入门——扎根理论研究方法》，吴芝化、廖梅花译，滚石文化事业有限公司2001年版。

[2] [德] A. Willi Petersen:《职业和职业领域》，引自[德]菲力克斯·劳耐尔、[澳]鲁珀特·麦克林：《国际职业教育科学研究手册》（上册），赵志群等译，北京师范大学出版社2014年版。

[3] [美] 埃里克·施密特、乔纳森·罗森伯格、艾伦·伊格尔：《重新定义公司：谷歌是如何运营的》，靳婷婷译，中信出版社2015年版。

[4] [美] 安妮塔·伍尔福克:《伍尔福克教育心理学》（第12版），伍新春等译，中国人民大学出版社2015年版。

[5] [美] 保罗·D. 利迪、珍妮·埃利斯·奥姆罗德：《实证研究：计划与设计》（原书第10版），吴瑞林等译，机械工业出版社2015年版。

[6] [英] 贝磊、鲍勃、[南非] 梅森主编：《比较教育研究路径与方法》，李梅主译，北京大学出版社2010年版。

[7] 卞历南：《制度变迁的逻辑——中国现代国营企业制度之形成》，浙江大学出版社2009年版。

[8] 蔡少卿：《挖掘下层社会的历史——评〈行会制度的近代命运〉》，载于《华中师范大学学报》（人文社会科学版）2004年第2期。

[9] 茶文琼、徐国庆：《小班化教学：现代职业教育内涵建设的基本保障》，载于《教育探索》2017年第4期。

[10] 陈桂生：《"教育学视界"辨析》，华东师范大学出版社1997年版。

[11] 陈浩：《德国劳资关系模式的路径研究和面对的课题——基于共同决定参与制度和产业劳动协约交涉制度的思辨》，合肥工业大学出版社2013年版。

[12] 陈娟：《我国企业参与职业教育的内在动力研究》，山西大学硕士学位论文，2015年。

[13] 陈俊兰：《职业教育现代学徒制研究》，湖南大学出版社2014年版。

［14］陈仙：《行业企业参与职业教育的动力机制研究》，浙江工业大学硕士学位论文，2008年。

［15］陈向明：《质的研究方法与社会科学研究》，教育科学出版社2000年版。

［16］陈莹：《"职业性"：德国职业教育本质特征之研究——兼论职业教育发展动力》，华东师范大学博士学位论文，2012年。

［17］陈周旺：《一个世纪的悲歌：图绘中国工人政治史》，载于《复旦政治学评论》2016年第16期。

［18］崔丽：《当代中国企业社会责任研究——以关系契约理论为视角》，吉林大学博士学位论文，2013年。

［19］［美］大卫·霍夫曼：《现代营销之父：菲利普·科特勒营销精华》，乔木译，线装书局2003年版。

［20］［美］丹尼尔·贝尔：《后工业社会的来临：对社会预测的一项探索》，高铦等译，新华出版社1997年版。

［21］党洁：《欧洲一体化形势下德国双元制发展趋势——访教育部职教中心研究所德国顾问君德·瓦格纳博士》，载于《职业技术教育》2002年第15期。

［22］邓地、万中兴：《专注——解读中国隐形冠军企业》，浙江人民出版社2006年版。

［23］段素菊、庄曼丽、董新稳、贾玉洁：《企业参与职业教育：现状、问题与对策——基于对北京部分大型企业的调查分析》，载于《中国职业技术教育》2012年第3期。

［24］［德］Falk Howe：《职业发展史研究》，引自［德］菲利克斯·劳耐尔、［澳］鲁珀特·麦克林：《国际职业教育科学研究手册》（下册），赵志群等译，北京师范大学出版社2017年版。

［25］方睿明：《比较教育中的量化与质性研究》，引自［英］贝磊、鲍勃、［南非］梅森主编：《比较教育研究路径与方法》，李梅主译，北京大学出版社2010年版。

［26］费小冬：《扎根理论研究方法论：要素、研究程序和评判标准》，载于《公共行政评论》2008年第3期。

［27］［美］加里·皮萨诺、威利·史：《制造繁荣：美国为什么需要制造业复兴》，机械工业信息研究院战略与规划研究所译，机械工业出版社2014年版。

［28］风笑天：《定性研究与定量研究的差别及其结合》，载于《江苏行政学院学报》2017年第2期。

［29］风笑天：《社会调查中的问卷设计》（第三版），中国人民大学出版社2014年版。

［30］风笑天：《社会研究方法》（第四版），中国人民大学出版社 2013 年版。

［31］傅春晖、渠敬东：《单位制与师徒制——总体体制下企业组织的微观治理机制》，载于《社会发展研究》2015 年第 2 期。

［32］顾明远、薛理银：《比较教育导论——教育与国家发展》，人民教育出版社 2002 年版。

［33］高如峰、张保庆：《比较教育学》，上海外语教育出版社 1992 年版。

［34］关晶：《西方学徒制研究》，华东师范大学博士学位论文，2010 年。

［35］关晶：《开展学徒制应选择什么样的企业》，载于《中国教育报》2015 年 11 月 26 日。

［36］郭晗、任保平：《人口红利变化与中国经济发展方式转变》，载于《当代财经》2014 年第 3 期。

［37］国家统计局：《中国统计年鉴（2017）》，中国统计出版社 2017 年版。

［38］国家统计局：《中国统计年鉴（2021）》，中国统计出版社 2021 年版。

［39］国家统计局：《全国年度统计公报 1999－2016》，http：//www.stats.gov.cn/tjsj/tjgb/ndtjgb/，2001－10－22，2017－04－11/2017－11－30。

［40］国家统计局人口和就业统计司、人力资源和社会保障部规划财务司：《中国劳动统计年鉴 2016》，中国统计出版社 2016 年版。

［41］国家统计局：《中华人民共和国 2020 年国民经济和社会发展统计公报》，http：//www.stats.gov.cn/tjsj/zxfb/202102/t20210227_1814154.html，2021－02－28/2021－12－03。

［42］国家统计局：《2016 年农民工检测调查报告》，http：//www.stats.gov.cn/tjsj/zxfb/201704/t20170428_1489334.html，2017－04－28/2017－11－30。

［43］《国务院关于大力推进职业教育改革与发展的决定》，http：//www.gov.cn/gongbao/content/2002/content_61755.htm，2002－08－24/2017－08－30。

［44］《国务院关于大力发展职业教育的决定》，http：//old.moe.gov.cn//publicfiles/business/htmlfiles/moe/moe_1778/200710/27730.html，2005－10－28/2017－08－30。

［45］［美］哈里·布雷弗曼：《劳动与资本垄断——二十世纪中劳动的退化》，方生等译，商务印书馆 1979 年版。

［46］贺艳芳、徐国庆：《职业教育国际合作的文化分析框架及其实证》，载于《现代教育管理》2016 年第 5 期。

［47］［德］赫尔曼·西蒙：《21 世纪的隐形冠军——中小企业国际市场领袖的成功策略》，张非冰等译，中信出版社 2009 年版。

［48］黄群慧、贺俊：《中国制造业的核心能力、功能定位与发展战略——

兼评〈中国制造2025〉》，载于《中国工业经济》2015年第6期。

[49] 黄日强、邓志军：《国外企业参与职业教育分析》，载于《河南职业技术师范学院学报》2003年第5期。

[50] 黄亚生：《"中国模式"到底有多独特?》，中信出版社2011年版。

[51] [美] 霍华德·R. 鲍恩：《商人的社会责任》，肖红军等译，经济管理出版社2015年版。

[52] 霍丽娟、刘新起、李虎斌等：《企业参与校企合作的意愿调查与分析——以河北省企业为例》，载于《职业技术教育》2009年第34期。

[53] [美] 詹姆斯·P. 沃麦克、丹尼尔·T. 琼斯、丹尼尔·鲁斯：《改变世界的机器：精益生产之道》，余锋等译，机械工业出版社2015年版。

[54] [美] 加里·S. 贝克尔：《人力资本——特别是关于教育的理论与经验分析》，梁小民译，北京大学出版社1987年版。

[55] 姜大源：《德国企业在职业教育中的作用及成本效益分析》，载于《中国职业技术教育》2004年第8期。

[56] 姜大源：《职教发展应建立"教育性企业"制度》，载于《中国教育报》2018年1月8日。

[57] 姜恒雄：《中国企业发展简史上下卷》，西苑出版社2001年版。

[58] [澳] 杰克·基廷、[美] 艾略特·梅德奇、[澳] 维罗妮卡·沃尔科夫、简·佩里：《变革的影响：九国职业教育与培训体系比较研究》，杨蕊竹译，首都经济贸易大学出版社2016年版。

[59] [美] 杰克·韦尔奇：《赢》，余江等译，中信出版社2005年版。

[60] [美] 杰里米·里夫金：《工作的终结——后市场时代的来临》，王寅通等译，上海译文出版社1998年版。

[61] 洁安娜姆：《德国企业在职业教育中的主体性》，载于《中国职业技术教育》2007年第24期。

[62] 金福：《企业高级技工师徒制培训模式新探》，载于《中国人力资源开发》2005年第3期。

[63] [德] Karlheinz Sonntag, Ralf Stegmaier：《工作设计与工作组织》，引自[德] 菲利克斯·劳耐尔、[澳] 鲁珀特·麦克林：《国际职业教育科学研究手册》（下册），赵志群等译，北京师范大学出版社2017年版。

[64] [美] 凯瑟琳·希伦：《制度是如何演化的：德国、英国、美国和日本的技能政治经济学》，王星译，上海人民出版社2010年版。

[65] [德] 拉普：《技术哲学导论》，刘武等译，辽宁科学技术出版社1986年版。

[66] 李俊：《我国企业参与职业教育的困境及其突破——基于公共选择理论与劳动经济学的分析》，载于《教育发展研究》2015年第3期。

[67] 李俊、王继平：《德国企业内职业培训的多维度探析：基于成本——收益、社会合作及质量保障的视角》，载于《德国研究》2014年第2期。

[68] 李雪琪、朱名宏：《企业特征、融资约束与在职培训——基于中国企业规模与所有制性质的实证研究》，载于《学术论坛》2015年第7期。

[69] 李炜光、臧建文：《中国企业税负高低之谜：寻找合理的企业税负衡量标准》，载于《南方经济》2017年第2期。

[70] 李文海：《国有及国有控股企业集团的发展现状与作用》，国家统计局，http：//www.stats.gov.cn/ztjc/ztfx/fxbg/200609/t20060901_16074.html，2006-09-05/2018-02-04。

[71] 李秀红、刘伦斌：《企业参与职业教育动力不足的经济学探析》，载于《继续教育研究》2010年第10期。

[72] 李玉芳、都秋玲：《OJT：为"师带徒"插上知识的翅膀——青岛啤酒一线员工技能培训新探索》，载于《HR经理人》2008年第6期。

[73] 李忠民、张子珍：《全球经济失衡下的中国经济区域重构》，载于《山西财经大学学报》2007年第5期。

[74] 《辽宁省教育厅关于网曝"沈阳城市建设学院学生被强制到山东烟台富士康企业实习"有关情况的声明》，http：//www.lnen.cn/jyzx/stxw/288601.shtml，2017-07-20/2017-12-28。

[75] 梁幸平：《订单式培养与现代学徒制对比研究》，载于《无锡商业职业技术学院学报》2014年第6期。

[76] 刘湘丽：《我国企业职工培训现状分析》，载于《中国工业经济》2000年第7期。

[77] 林超超：《新国家与旧工人：1952年上海私营工厂的民主改革运动》，载于《社会学研究》2010年第2期。

[78] 林克松：《工作场学习与专业化革新》，西南大学博士学位论文，2014年。

[79] 罗丹：《德国企业参与职业教育的动力机制研究——基于"双元制"职业教育模式的分析》，载于《职业技术教育》2012年第34期。

[80] 路风：《光变——一个企业及其工业史》，当代中国出版社2016年版。

[81] 路风：《走向自主创新——寻求中国力量的源泉》，广西师范大学出版社2006年版。

[82] 卢国庆：《社会企业的特征和经营策略与绩效的关系研究》，江西财经

大学博士学位论文，2017年。

[83] 卢璟：《国外企业参与职业教育研究》，载于《西安职业技术学院学报》2010年第2期。

[84] [美] 罗纳德·H.科斯：《企业的性质（1937）》，引自 [美] 奥利弗·E.威廉姆森、西德尼·G.温特：《企业的性质——起源、演变与发展》，姚海鑫等译，商务印书馆2010年版。

[85] 吕妍、古继宝、梁樑：《我国现代企业师徒制重构探讨》，载于《华东经济管理》2007年第4期。

[86] [德] 马克思：《资本论》（第一卷），中共中央马克思恩格斯列宁斯大林著作编译局译，人民出版社2004年版。

[87] [德] 马克斯·韦伯：《经济与社会》（第一卷），阎克文译，上海人民出版社2009年版。

[88] [德] 马克斯·韦伯：《新教伦理与资本主义精神》，马奇炎、陈婧译，北京大学出版社2012年版。

[89] 马丽明：《地域比较》，引自 [英] 贝磊、鲍勃、[南非] 梅森：《比较教育研究路径与方法》，李梅主译，北京大学出版社2010年版。

[90] 马学军：《转型时期中等职业教育的"异化"——对一个县级职业高中历史和现实的考察》，载于《社会发展研究》2014年第1期。

[91] [美] 迈克尔·布诺威：《制造同意：垄断资本主义劳动过程的变迁》，李荣荣译，商务印书馆2008年版。

[92] [南非] 梅森：《文化比较》，引自 [英] 贝磊、鲍勃、[南非] 梅森：《比较教育研究路径与方法》，李梅主译，北京大学出版社2010年版。

[93] 孟钟捷：《20世纪德国企业代表会体制演变研究》，上海人民出版社2016年版。

[94] [美] 尼尔·弗雷格斯坦：《市场的结构：21世纪资本主义社会的经济社会学》，甄志宏译，上海人民出版社2008年版。

[95] 聂伟：《论企业的职业教育责任——基于企业公民视角的校企合作研究》，天津大学博士学位论文，2013年。

[96] [美] 奥利弗·威廉姆森、斯科特·马斯滕：《交易成本经济学》，李自杰等译，人民出版社2008年版。

[97] 潘海生、王世斌、龙德毅：《中国高职教育校企合作现状及影响因素分析》，载于《高等工程教育研究》2013年第3期。

[98] 彭南生：《行会制度的近代命运》，人民出版社2003年版。

[99] [法] 皮埃尔·布迪厄、[美] 华康德：《实践与反思——反思社会学

导引》，李猛等译，中央编译出版社 1998 年版。

[100] 邱璐轶：《高职校企合作的影响因素分析》，载于《教育探索》2011 年第 4 期。

[101] 权衡等：《劳动·资本关系变迁：中国经济增长的逻辑》，上海世纪出版股份有限公司远东出版社 2015 年版。

[102] 全国工商联经济部：《2017 中国民营企业 500 强调研分析报告》，2017 年。

[103] 曲永军：《后发地区战略性新兴产业成长动力机制研究》，吉林大学博士学位论文，2014 年。

[104] 冉云芳：《企业参与职业教育办学的成本收益分析》，华东师范大学博士论文，2016 年。

[105] 饶征：《企业劳动力年龄结构的类型及其演变》，载于《中国人力资源开发》1992 年第 4 期。

[106] 芮禹：《中小企业新员工培训研究——以 GY 公司为例》，华东师范大学硕士学位论文，2011 年。

[107] ［丹麦］斯丹纳·苛费尔、斯文·布林克曼：《质性研究访谈》，范丽恒译，世界图书出版公司北京公司 2013 年版。

[108] 宋丽：《企业参与校企合作积极性研究》，天津大学硕士学位论文，2013 年。

[109] 苏洋、赵文华：《我国研究型大学教师学术创业影响因素模型构建——基于扎根理论的探索性研究》，载于《中国高教研究》2017 年第 9 期。

[110] 苏勇：《供应链合作伙伴关系管理及其与供应链绩效关系的研究》，吉林大学博士学位论文，2009 年。

[111] 石伟平：《直面职教改革深水区三大难题》，载于《中国教育报》2018 年 3 月 6 日。

[112] 孙章丽：《当前我国企业师徒制管理问题研究》，首都经济贸易大学硕士学位论文，2010 年。

[113] 汤霓、王亚南、石伟平：《我国现代学徒制实施的或然症结与路径选择》，载于《教育科学》2015 年第 5 期。

[114] ［德］Thomas Deißinger：《职业教育体系研究》，引自［德］菲力克斯·劳耐尔、［澳］鲁珀特·麦克林：《国际职业教育科学研究手册》（上册），赵志群等译，北京师范大学出版社 2014 年版。

[115] ［美］托马斯·海克拉克、杰兰特·约翰斯、罗伯特·桑顿：《劳动经济学基础》（第二版），来庆彬等译，中国人民大学出版社 2016 年版。

[116] 王文槿:《关于校企合作的企业调查报告》,载于《中国职业技术教育》2009年第2期。

[117] 王星:《技能形成的社会构建——中国工厂师徒制变迁历程的社会学分析》,社会科学文献出版社2014年版。

[118] 王星:《技能形成的社会建构——德国学徒制现代化转型的社会学分析》,载于《社会》2015年第1期。

[119] 王星:《现代中国早期职业培训中的学徒制及其工业化转型》,载于《北京大学教育评论》2016年第3期。

[120] 王亚楠、钟莆宁:《1990年以来中国人口出生水平变动及预测》,载于《人口与经济》2017年第1期。

[121] 王子成:《雇佣条件、企业类型与劳动力短缺——来自广东省用工企业的调查》,载于《中国人口科学》2015年第2期。

[122] 汪洋:《企业规模与员工在职培训》,载于《中国人口科学》2001年第2期。

[123] 翁杰:《基于雇佣关系稳定性的人力资本投资研究》,浙江大学博士学位论文,2006年。

[124] [德] Werner Dostal:《职业研究》,引自[德] 菲利克斯·劳耐尔、[澳] 鲁珀特·麦克林:《国际职业教育科学研究手册》(下册),越志群等译,北京师范大学出版社2017年版。

[125] 巫云仙:《德国企业史》,社会科学文献出版社2013年版。

[126] 吴康宁:《教育社会学》,人民教育出版社1997年版。

[127] 吴明隆:《问卷统计分析实务——SPSS操作与应用》,重庆大学出版社2015年版。

[128] 吴晓波:《激荡三十年:中国企业1978~2008》(上、下册)(第二版),中信出版社2014年版。

[129] 吴雪萍:《国际职业技术教育研究》,浙江大学出版社2004年版。

[130] [美] 西奥多·W. 舒尔茨:《论人力资本投资》,吴珠华等译,北京经济学院出版社1990年版。

[131] 谢富胜:《分工、技术与生产组织变迁——资本主义生产组织演变的马克思主义经济学阐释》,经济科学出版社2005年版。

[132] 《2017年上海中职生就业率超98%》,新华社,http://www.gov.cn/xinwen/2018-01/02/content_5252533.htm,2018-01-02/2018-03-01。

[133] 徐国庆:《职业教育原理》,上海教育出版社2007年版。

[134] 徐国庆:《实践导向职业教育课程研究:技术学范式》,上海教育出

版社 2008 年版。

[135] 徐国庆：《学科课程、任务本位课程与项目课程》，载于《职教论坛》2008 年第 10 期。

[136] 徐国庆：《职业教育项目课程——原理与开发》，华东师范大学出版社 2016 年版。

[137] 徐国庆：《我国职业教育现代学徒制构建中的关键问题》，载于《华东师范大学学报》2017 年第 1 期。

[138] 徐小英：《校企合作教育对技能型人才创造力的影响研究——知识分享的中介作用》，武汉大学博士学位论文，2011 年。

[139] [美] 亚当·斯密：《国富论》，胡长明译，江苏人民出版社 2011 年版。

[140] 杨黎明：《关于现代学徒制》，载于《职教论坛》2013 年第 6 期。

[141] 杨宜勇、黄燕东：《2015 年中国劳动力市场展望》，载于《中国经济报告》2015 年第 1 期。

[142] 姚先国、张海峰、乐君杰：《产业转型与大学生就业难》，载于《劳动经济研究》2014 年第 5 期。

[143] 姚洋：《制造业才是中国经济脊梁》，载于《中国战略新兴产业》2016 年第 9 期。

[144] 张利庠、杨希：《企业参与校企合作职业教育影响因素的实证研究》，载于《中国职业技术教育》2008 年第 33 期。

[145] 张维迎：《企业理论与中国企业改革》，上海人民出版社 2015 年版。

[146] 张耀军、岑俏：《中国人口空间流动格局与省际流动影响因素研究》，载于《人口研究》2014 年第 5 期。

[147] 张燕喜：《德国企业与企业制度研究》，中国劳动社会保障出版社 2001 年版。

[148] 张渝：《企业"师徒制"培训模式的实践与探索》，载于《中国电力教育》2013 年第 8 期。

[149] 赵鹏飞：《现代学徒制人才培养的实践与认识》，载于《中国职业技术教育》2014 年第 21 期。

[150] 赵萍、孙继勇：《中国境外消费现状与问题分析》，载于《国际贸易》2015 年第 6 期。

[151] 赵优珍：《在华国际新创企业的特征及其与国内的比较分析》，载于《经济管理》2011 年第 2 期。

[152] 赵志群、陈俊兰：《现代学徒制建设——现代教育制度的重要补充》，载于《北京社会科学》2014 年第 1 期。

[153] 赵志群:《西方职业教育研究的路径与方向——劳耐尔〈职业教育研究手册〉读后》,载于《北京大学教育评论》2017 年第 2 期。

[154] 张晶:《我国工厂师徒制的历史嬗变和背景分析》,载于《职教通讯》2012 年第 28 期。

[155] 张金英、张灵仙:《企业参与职业教育积极性的调查研究——以杭州市为例》,载于《职教通讯》2013 年第 22 期。

[156] 中共中央书记处研究室理论组、中华全国总工会办公厅编:《当前我国工人阶级状况调查资料汇编第三册》,中国中央党校出版社 1983 年版。

[157] 中国家庭金融调查与研究中心:《中国收入差距报告 2013》(简要版)2015 - 03 - 11;《中国收入差距报告 2015》,https://chfs.swufe.edu.cn/xiangqing.aspx? id = 1209,2016 - 12 - 30/2017 - 12 - 27。

[158] 《〈中国劳动力市场技能缺口研究〉发布——高技能劳动力缺口警钟再次敲响》,载于《中国青年报》2016 年 11 月 28 日。

[159] 《高校强制学生到富士康实习 辽宁教育厅叫停》,载于《中国青年报》,http://edu.sina.com.cn/l/2017 - 07 - 21/doc-ifyihrmf3078108.shtml,2017 - 07 - 21/2017 - 8 - 20。

[160] 中国社会科学院语言研究所词典编辑室编:《现代汉语词典第 7 版》,商务印书馆 2017 年版。

[161] 周红利:《德国企业参与职业教育的动因研究》,载于《全国商情》2010 年第 5 期。

[162] 周松兵:《基于现代学徒制的顶岗实习模式研究》,载于《产业与科技论坛》2014 年第 3 期。

[163] Acemoglu, D. and Pischke, J. S. Why do firms train? Theory and evidence. *The Quarterly Journal of Economics*, 1998, 113 (1).

[164] Acemoglu, D. and Pischke, J. S. Beyond Becker: training in imperfect labour markets. *The Economic Journal*, 1999, 453 (109).

[165] Ajzen, I. Perceived behavioral control, self-efficacy, locus of control, and the theory of planned behavior. *Journal of Applied Social Psychology*, 2002, 32 (4).

[166] Arnold, R., Lipsmeier, A. and Ott, B. Berufspädagogik kompakt. Berlin: Cornelsen, 1998.

[167] Axmann, M. and Hofmann, C. Overcoming in the work-inexperience gap through quality apprenticeships-the ILOs contribution. In: Akoojee, S., Gonon, P., Hauschildt, U. and Hofmann, C. (Eds.). *Apprenticeship in a Globalised World.*

Premises, *Promises and Pitfalls*. Band/Volume 27. Wien：LIT，2013.

［168］Babbie，E. *The Practice of Social Research*. Belmont，Wadsworth Publishing Company，1975.

［169］Baek，S. – W. Does China Follow the East Asian Development Model? *Journal of Contemporary Asia*，2005，35（4）.

［170］Baethge，M. and Schiersmann，C. Prozeßorientierte Weiterbildung – Perspektiven und Probleme eines neuen Paradigmas der Kompetenzentwicklung für die Arbeitswelt der Zukunft. In：Arbeitsgemeinschaft Betriebliche Weiterbildungsforschung e. V. （Hg.）. Kompetenzentwicklung 98：Forschungsstand und Perspektiven. Münster，1998.

［171］Beck，U.，Brater，M. and Daheim，H. Soziologie der Arbeit und der Berufe. Grundlagen，problemfelder，Forschungsergebnisse. Reinbek b. Hamburg：Rowohlt，1980.

［172］Becker，G. Investment in Human Capital：a Theoretical Analysis. *Journal of Political Economy*，1962（70）.

［173］Beicht，U. Tarifliche Ausbildungsvergütungen 2016：Geringere Erhöhung im Westen，stärkeres Plus im Osten. BIBB. Bonn，2017.

［174］Beicht，U. and Walden，G. Wirtschaftlichere Durchführung der Berufsausbildung – Untersuchungsergebnisse zu den Ausbildungskosten der Betriebe. *Berufsbildung in Wissenschaft und Praxis*，2002（6）.

［175］Bergmann，B. Lernen im Prozess der Arbeit. In：AG QUEM（Hg.）：Kompetenzentwicklung'86. Strukturwandel und Trends in der betrieblichen Weiterbildung. Münster，1996.

［176］BIBB. Ausbildungsordnungen und wie sie entstehen. 7. überarbeitete Auflage. Bonn，2015.

［177］BIBB. Bekanntmachung des Verzeichnisses der anerkannten Ausbildungsberufe und des Verzeichnisses der zuständigen Stellen vom 1. April 2021，https：//www. bibb. de/dienst/veroeffentlichungen/de/publication/show/17368，aufgerufen am 02 – 12 – 2021.

［178］BIBB. Tabellen zum Datenreport zum Berufsbildungsbericht 2021 im Internet. Tabelle A7. 1 – 4 Internet. BIBB，2021.

［179］BIBB. Das BIBB als Ausbildungsbetrieb，https：//www. bibb. de/de/40173. php，aufgerufen am 06 – 09 – 2017.

［180］Blankertz，H. Sekundarstufen II – Didaktik und Identitätsbildung im Jugendalter. Benner，D.，Heid，H. and Thiersch，H.（Hg.）. Beiträge zum 8. Kongress der Deutschen Gesellschaft für Erziehungswissenschaft. 18. Beiheft der Zeitschrift für Pädagogik. Weinheim: Beltz, 1983 (18).

［181］Bourdieu, P. Ökonomisches Kapital, kultrelles Kapital, soziales Kapital. In: Kreckel, R. (Hrsg.). Soziale Ungleichheiten. Soziale Welt, Sonderband 2. Göttigen, 1983.

［182］BFB. Ausbildungsberatung, https://www.freie-berufe.de/themen/berufliche-bildung/ausbildungsberatung.html. aufgerufen am 16-09-2017.

［183］Bremer, R. and Haasler, B. Analyse der Entwicklung fachlicher Kompetenz und beruflicher Identität in der beruflichen Erstausbildung. *Zeitschrift für Pädagogik*, 2004, 50 (2).

［184］Bremer, R. Kernberufe-eine Perspektive für die europäische Berufsentwicklung? In: Grollmann, P., Kruse, W. and Rauner, F. (Hg.). Europäisierung Beruflicher Bildung. LIT Verlag Münster, 2005.

［185］Browa, H., Jacobs, T., Walker, P. and Wolff, H. Der Bundesminister für Forschung und Technologie. Technischer Fortschritt – Auswirkungen auf Wirtschaft und Arbwitsmarkt. Düsseldorf und Wien: Econ Verlag, 1980.

［186］Brown, S. Empirical Evidence on Private Training. Research in Labor Economics, 1990 (11), https://eric.ed.gov/? id=ED317671. accessed 2017-03-23.

［187］Bryman, A. *Quantity an Quality in Social Research.* London: Routledge, 1988.

［188］Bundensministerium für Bildung und Forschung. Berufsbildungsbericht 2017. BMBF Bonn, 2017.

［189］Bundensministerium für Bildung und Forschung. Berufsbildungsbericht 2021. BMBF Bonn, 2021.

［190］Bundesagentur für Arbeit. Klassifikation der Berufe 2010. Band 1: Systematischer und alphabetischer Teil mit Erläuterungen. Bundensagentur für Arbeit. Nürnberg, 2011.

［191］Bundesministerium für Arbeit und Soziales. Arbeitsmarkt-prognose 2030 – Eine strategische Vorausschau auf die Entwicklung von Angebot und Nachfrage in Deutschland. Bundesministerium für Arbeit und Soziales, Bonn, 2013.

［192］Clement, U. Arbeit Unterhalb der Facharbeiteraualifikation und ihre Herausforderungen für die Europäische Berufbildungspolitik. In: Clement, U. and Lacher, M. (Hg.). Produktionssystene und Kompetenzerwerb – Zu den Veränderungen moderner Arbeitsorganisation und ihren Auswirkungen auf die berufliche Bildung. Stuttgart: Franz Steiner Verlag, 2006.

[193] Clement, U. and Lacher, M. Standardisierung von Arbeitsprozessen – Standardisierung der Kompetenzen? In: Clement, U. and Lacher, M. (Hg.). Produktionssystene und Kompetenzerwerb – Zu den Veränderungen moderner Arbeitsorganisation und ihren Auswirkungen auf die berufliche Bildung. Stuttgart: Franz Steiner Verlag, 2006.

[194] Deutsches Patent-und Markenamt. Patentanmeldung stand vom 08. März 2017, https://presse.dpma.de/presseservice/datenzahlenfakten/statistiken/patente/index.html, aufgerufen am 28 – 11 – 2017.

[195] Demografieportal. Trendwende bei der Geburtenrate? http://www.demografie-portal.de/SharedDocs/Informieren/DE/ZahlenFakten/ Zusammengefasste_Geburtenziffer.html. aufgerufen am 20 – 08 – 2017.

[196] Dengler, K. and Matthes, B. Folgen der Digitalisierung für die Arbeitswelt – Substituierbarkeitspotenziale von Berufen in Deutschland. IAB – Forschungsbericht, 2015 (11).

[197] Dertouzos, M. L., Lester, R. K. and Solow, R. M. *The MIT Commission on Industrial Productivity: Made in America Regaining the Productive Edge.* The MIT Press Cambridge, Massachusetts London, England, 1989.

[198] Dionisius, R., Pfeifer, H., Schönfeld, G., Walden, G. and Wenzelmann, F. Kosten und Nutzen der dualen Ausbildung aus Sicht der Betriebe: Ergebnisse der vierten BIBB Kosten – Nutzen – Erhebung 2010. Bertelsmann Verlag, 2010.

[199] Diurich, J. Zum Anspruch des Gestaltungsgedankens zwischen Technik und Bildung – Gestaltungsspielräume um die Prozessleittechnik. In: Rauner, F. and Spöttl, G. Berufliches Arbeits-prozesswissen – Ein Forschungsgenstand der Berufswissenschaften. Baden – Baden: Nomos, 2000.

[200] Dörre, K., Pickshaus, K. and Salm, R. Re – Taylorisierung: Arbeitspolitik contra Marktsteuerung. Supplement der Zeitschrift Sozialismus 9/2001. Hamburg: VSA – Verlag, 2001.

[201] Drescher, E. Was Facharbeiter können müssen: Elektroinstandhaltung in der vernetzten Produktion. Bremen: Donat, 1996.

[202] Duemmler, K., Caprani, I. and Felder, A. Berufliche Identität von Lernenden im Detailhandel: Studienergebnisse und Schlussfolgerungen für die Berufsbildung. Ein Ratgeber für Lehrpersonen und Berufsbildner/-innen. Lausanne: Eidgenössisches Hochschulinstitut für Berufsbildung, 2017.

[203] Dustmann, C. and Schönberg, U. Apprenticeship training and commitment to training provision. Leading House Working Paper No. 32. University of Zurich, 2007.

[204] Edwards, R. Contested Terrain: The Transformation of the Workplace in the Twentieth Century. New York: Basic Books, 1979.

[205] Empfehlung für die Regelung von Prüfungsanforderungen in Ausbildungsordnungen auf der Seite des BiBB, https://www.bibb.de/dokumente/pdf/pressemitteilung_2_2007_anlage_empfehlung_ha.pdf, aufgerufen am 15-08-2017.

[206] Fischer, B., Girmes-Stein, R., Hagen, K. and Penkert, U. Entwicklungslogische Erziehungsforschung. In: Haft, H., and Kordes, H. (Hg.). Enzyklopädie Erziehungswissenschaft. Band 2. Methoden der Erziehung und Bildungsforschung. Stuttgart, Dresden: Klett, 1984.

[207] Franke, G. Erfahung und Kompetenzentwicklung. In: Dehnbostel, P., Markert, W. and Npvak, H. (Hg.): Workshop: Erfahrungslernen in der beruflichen Bildung – Beiträge zu einem kontroversen Konzept. Neusäß, 1999.

[208] Ganguin, D. Die Struktur offener Informationssysteme in der Fertigungsindustrie und ihre Voraussetzungen. In: Dybowski, G., Haase, P. and Rauner, F. Berufliche Bildung und Betriebliche Organistionsentwicklung. Bremen: Donat, 1993.

[209] Gehret, A., Aepli, M., Kuhn, A. and Schweri, J. Lohnt sich dei Lehrlingsausbildung für die Betriebe? Resultate der vierten Kosten-Nutzen-Erhebung. Zollikofen, Eidgenössiches Hochschulinstitut für Berufsbildung, 2019.

[210] Glaser, B. Generating Formal Theory. In: Burgess, R. G. (Ed.). Field Research: A Source Book and Field Manual. London: George Allen & Unwin (Publishers) Ltd, 1982.

[211] Glaser, B. and Strauss, A. The Discovery of Grounded Theory: Strategies for Qualitative Research. Chicago: Aldine, 1967.

[212] Gonon, P. Apprenticeship as a model for the international architecture of TVET. In: Zhao, Z. Q., Rauner, F. and Hauschildt, U. Assuring the Acquisition of Expertise: Apprenticeship in the Modern Economy. Beijing, Foreign Language Teaching and research Press, 2011.

[213] Götz, D., Haensch, G. and Wellmann, H. Langenscheidt Großwörterbuch Deutsch als Fremdsprache. Langenscheidt Kg. Berlin und München, 2003.

[214] Gray, K. C. and Herr, E. L. Workforce Education – The Basics. Allyn & Bacon 1998.

[215] Greenhalgh, C. Does an employer training levy work? The incidence of

and returns to adult vocational training in France and Britain. *Fiscal Studies*, 2002, 23 (2).

[216] Greinert, W. – D. Das "deutsche System" der Berufsausbildung. Geschichte, Organisation, Perspektive. Baden – Baden, 1993.

[217] Greinert, W. – D. Geschichte der Berufsausbildung in Deutschland. In: Prof. Dr. Rolf Arnold and Prof. Dr. Antonius Lipsmeier. Handbuch der Berufsbildung. VS Verlag für Sozialwissenschaften, 1995.

[218] Greinert, W. – D. Die europäischen Berufsausbildungs "systeme" – ÜBerlegungen zum theoretischen Rahmen der Darstellung ihrer historischen Entwicklung. Berufsbildung Nr. 32. Europäische Zeitschrift, 2004 (32).

[219] Grollmann, P., Steedman, H., Jansen, A. and Gray, R. Building apprentices' skills in the workplace: Car Service in Germany, the UK and Spain. Research Discussion Paper 011. CVER Discussion Paper Series, 2017.

[220] Haasler, B. and Meyer, K. Kompetenzentwicklung von gewerblich-technischen Berufsanfängern in Großindustrie und in kleinen und mittleren Unternehmen im Vergleich. In: Jenewein, K., Knauth, P., Röben, P. and Zülch, G. (Hg.). Kometenzentwicklung in Arbeitsprozessen. Beiträge zur Konferenz der Arbeitsgemeinschaft gewerblich-technische Wissenschaften und ihre Didaktiken in der Gesellschaft für Arbeitswissenschft am 23. / 24. September 2002 in Karlsruhe. Baden – Baden: Nomos, 2004.

[221] Hall, P. A. and Gingerich, D. W. Spielarten des Kaptalismus und institutionelle Komplementaritäten in der Makroökonomie – Eine emprische Analyse. *Berliner Journal Für Soziologie*, 2004 (1).

[222] Hammer, M. and Champy, J. Reengineering the Corporation – A Manifesto for Business Revolution. Harper Business, 2006.

[223] Hansen, Hal. Caps and Gowns. Ph. D. dissertation, Department of History, University of Wisconsin – Madison, Madison, 1997.

[224] Hellpach, W. Sozialpsychologische Analyse des betriebstechnischen Tatbestandes "Gruppenfabrikation". In: Lang, R., and Hellpach, W. (Hg.). Gruppenfabrikation. Springer. Berlin, 1992.

[225] Heidegger, G. Gestaltungsorientierte Berufsbildung. In: Fischer, M. etal. (Hg.). Gestalten Statt Anpassen un Arbeit? Technik und Beruf. Bielefeld: Bertelsmann, 2001.

[226] Hoffmann, E. International statistical comparisons of occupational and so-

cial stuctures: Problem, possibilities and the role of ISCO – 88. Geneva: ILO. 6, 1999.

[227] Höhn, C. , Ette, A. , Ruckdeschel, K. and Grothe, F. Kinderwünsche in Deutschland Konsequenzen für eine nachhaltige Familienpolitik. Robert Bosch Stiftung, 2006.

[228] I: BB Bremen. FG Berufsbildungsforschung Jahresbericht 2013 – 2014. I: BB – Universität Bremen, 2014.

[229] IFM. Kennzahlen der KMU nach Definition des IfM Bonn, https://www.ifm-bonn.org/statistiken/mittelstand-im-ueberblick/kennzahlen-der-kmu-nach-definition-des-ifm-bonn/kennzahlen-deutschland, aufgerufen am 02 – 12 – 2021.

[230] Jansen, A. and Pfeifer, H. "Pre-training competencies and the productivity of apprentices", Evidence-based HRM: a Global Forum for Empirical Scholarship. *Emerald Group Publishing*, 2017, 5 (1).

[231] Jansen, A. , Pfeifer, H. , Schönfeld, G. and Wenzelmann, F. Ausbildung in Deutschland weiterhin investitionsorientiert – Ergebnisse der BIBB – Kosten – Nutzen – Erhebung 2012/13. Forschungs-und Arbeitsergebnisse aus dem Bundesinstitut für Berufsbildung, 2015.

[232] Jürgens, U. Weltweite Trends in der Arbeitsorganisation. In: Clement, U. and Lacher, M. (Hg.). Produktionssystene und Kompetenzerwerb – Zu den Veränderungen moderner Arbeitsorganisation und ihren Auswirkungen auf die berufliche Bildung. Stuttgart: Franz Steiner Verlag, 2006.

[233] Kaiser, H. F. and Rice, J. Little Jiffy, Mark IV. *Educational and Psychological Measurement*, 1974, 34 (1).

[234] Kaiser, W. Von Taylor und Ford zur lean production. Innertechnische und politische Aspekte des Wandels der Produktion. In: Alma mater Aquensis 30. RWTH Aachen, 1994.

[235] Kirpal, S. R. Labour – Market Flexibility and Individual Careers. A Comparative Study. UNESCO – UNEVOC Book Series. Springer Science + Business Media B. V. , 2011.

[236] Knight, J. Explaining the Rise of Neo – Liberalism: The Mechanisms of Institutional Change. Unpublished manuscript, Washington University in St. Louis, MO. 1999.

[237] Konsortium Bildungsberichterstattung. Bildung in Deutschland: Ein indikatorengestützter Bericht mit einer Analyse zu Bildung und Migration. Bielefeld:

W. Bertelsmann Verlag, 2006.

[238] Krapp, A. and Heiland, A. Wissenschaftstheoretische Grundlagen der Pädagogischen Psychologie. In: Weidenmann, B. etal. (Hrsg.). Pädagogische Psychologie. 3. Auflage. Weinheim, 1994.

[239] Kröhnert, S., Klingholz, R., Sievers, F., Großer, T. and Friemel, K. Die demografische Lage der Nation – Was freiwilliges Engagement für die Regionen leistet. Berlin – Institut für Bevölkerung und Entwicklung, 2011.

[240] Lacher, M. Ganzheitliche Produktionssystem, Kompetenzerwerb und berufliche Bildung. In: Clement, U. and Lacher, M. (Hg.). Produktionssystene und Kompetenzerwerb – Zu den Veränderungen moderner Arbeitsorganisation und ihren Auswirkungen auf die berufliche Bildung. Stuttgart: Franz Steiner Verlag, 2006.

[241] Lindley, R. The demand for apprentice recruits by the engineering industry, 1951 – 71. *Scottish Journal of Political Economy*, 1975, 22 (1).

[242] Lutz, B. Bildungssystem und Beschäftigungsstruktur in Deutschland und Frankreich. In: ISF München: Betrieb – Arbeitsmarkt – Qualifikation I. Frankfurt am Main, 1976.

[243] Lynch, M. and Black, S. Beyond the Incidence of Training: Evidence from a National Employers' Survey. Industrialand Labor Relations Review, 1998 (52), http://www.nber.org/papers/w5231. accessed 2017 – 03 – 23.

[244] Meidinger, H. – P. Auf dem Weg zum Vollkaskokoabitur? Ursachen und mögliche Folgen des Akademisierungswahns. In: Schultz, T. and Hurrelmann, K. (Hrsg.). Die Akademiker – Gesellschaft – Müssen un Zukunft alle studieren? Beltz Juventa, Weinheim und Basel, 2013.

[245] Merrilees, W. J. Alternative models of apprentice recruitment: with special reference to the British engineering industry. *Applied Economics*, 1983, 15 (1).

[246] Mincer, J. On-the – Job Training: Costs, Returns, and Some Implications. *Journal of Political Economy*, 1962, 70 (5), Part 2, https://www.journals.uchicago.edu/doi/pdfplus/10.1086/258725, accessed 2018 – 03 – 22.

[247] Mohrenweiser, J. and Zwick, T. Why do firms train apprentices? The net cost puzzle reconsidered. *Labour Economics*, 2009, 16.

[248] Mückenberger, U. Nationale Arbeitsrechte und soziales Europa. In: Cattero, B. (Hrsg.). Modell Deutschland, Modell Europa. Opladen, 1988.

[249] Mühlemann, S., Fuhrer, M., Wüest, A. and Wolter, S. C. Lehrlingsausbildung-ökonomisch betrachtet: Ergebnisse der zweiten Kosten – Nutzen – Studie.

Schweiz. Koordinationsstelle für Bildungsforschung SKBF. Zürich und Chur: Rüegger Verlag, 2007.

［250］Mühlemann, S., Pfeifer, H., Walden, G., Wenzelmann, F. and Wolter, S. C. The financing of apprenticeship training in the light of labor market regulations. *Labour Economics*, 2010, 17 (5).

［251］Mühlemann, S. and Pfeifer, H. The Structure of Hiring Costs in Germany: Evidence from Firm – Level Data. IZA Discussion Paper No. 7656, 2013.

［252］Müller – Armack, A. Wirtschaftsordnung und Wirtschaftspolitik. Bern: haupt verlag, 1976.

［253］Niederalt, M. Bestimmungsgründe des betrieblichen Ausbildungsverhaltens in Deutschland. Diskussionspapiere 043. Editor: Prof. Dr. Claus Schnabel, Friedrich – Alexander – Universität Erlangen – Nürnberg, 2005.

［254］Peshkin, A. Understanding complexity: A gift of qualitative research. *Antbropology and Education Quarterly*, 1988, 19.

［255］Piening, D. and Rauner, F. Rentabilität und Qualität der betrieblichen Berufsausbildung: Ergebnisse des Einsatzes des Instruments QEK in Sachsen. Universität Bremen, Forschungsgruppe I: BB. Bremen / Dresden, 2014.

［256］Piening, D. and Rauner, F. Kosten, Nutzen und Qualität der Berufsausbildung. Berlin: LIT Verlag, 2014.

［257］Pfeifer, H. and Wenzelmann, F. Kosten und Nutzen der betrieblichen Ausbildung 2017/18. Bundesinstitut für Berufsbildung, 2020.

［258］Quaas, F. Soziale Marktwirtschaft. Bern: Haupt Verlag, 2000.

［259］Quintanilla, M. A. Technical Systems and Technical Progress: A Conceptual Framework. Techné: Research in Philosophy and Technology. 1998, 4 (1).

［260］Rauner, F. Offene dynamische Kernberufe als Dreh-und Angelpunkt für eine europäische Berufsbildung. In: Grollmann, P., Kruse, W. and Rauner, F. (Hg.). Europäisierung Beruflicher Bildung. Münster: LIT Verlag, 2005.

［261］Rauner, F. Kosten, Nutzen und Qualität der betrieblichen Ausbildung. In: Piening, D. and Rauner, F. (Hg.). Innovative Berufsbildung – Auf die Attraktivität für Jungendliche und Unternehmen kommt es an! Berlin: LIT Verlag, 2008.

［262］Rauner, F. Was tun gegen die Jugendarbeits losigkeit in Europa? Einführung der dualen Berufsausbildung. ifo Schnelldienst, 2013, 16.

［263］Rauner, F. Betriebs-und berufsbezogene Analysen. In: Piening, D. and Rauner, F. Kosten, Nutzen und Qualität der Berufsausbildung. LIT Verlag Berlin,

2014.

［264］Rauner, F. Grundlagen beruflicher Bildung: Mitgestalten der Arbeitswelt. Bertelsmann Verlag, 2017.

［265］Rauner, F. Methodenhanbuch – Messen und Entwickeln beruflicher Kompetenzen (COMET). Bielefeld: W. Bertelsmann Verlag, 2017.

［266］Rauner, F. and Heinemann, L. Messen beruflicher Kompetenzen. Münster: LIT Verlag, 2015.

［267］Rauner, F., Frenzel, J., Piening, D. and Bachmann, N. Engagement und Ausbildungsorganisation – Einstellungen sächsischer Auszubildender zu ihrem Beruf und ihrer Ausbildung. FG I: BB, Universität Bremen. Bremen / Dresden im Frühjahr, 2016.

［268］Rauner, F. and Zeymer, H. Auto und Beruf. Technischer Wandel und Berufsbildung im Kfz – Gewerbe. Bremen: Donat, 1991.

［269］Ragin, C. The Comparative Method: Moving beyond Qualitative and Quantitative Strategies. Berkeley: University of California Press, 1989.

［270］Reilly, B. J. and Kyj, M. J. Corporate Citizenship. *Review of Business – Saint Johns University*, 1994, 16.

［271］Reinamnn – Rothmeier, G. and Mandl, H. Lernen in Unternehmen: Von einer gemeinsamen Vision zu einer effektiven Förderung des Lernens. In: Dehnbostel, P., Erbe, H. and Novak, H. (Hg.). Berufliche Bildung im Lernenden Unternehmen. Berlin, 2001.

［272］Röben, P. Die Analyse des Arbeitsprozesswissens von Chemiefacharbeitem und die darauf basierende Entwicklung eines computergestützten Erfahrungsdokumentationssystems. In: Pahl, J. – P., Rauner, F. and Sponl, G. Berufliches Arbeitsprozesswisse – Ein Forschungsgegenstand der Berufeldwissenschaften. Baden – Baden: Nomos, 2000.

［273］Sauter, E. Strukturen und Interessen. Auf dem weg zu einem Kohärenten Berufbildungssystem. Bielefeld Bertelsmann, 2003.

［274］Schank, C. Die Betriebswahl im dualen System der Berufsausbildung. Eine empirische Analyse aus mittelstandsökonomischer Perspektive. VS Verlag für Sozialwissenschften / Springer Fachmedien Wiesbaden GmbH, 2011.

［275］Schönfeld, G., Jansen, A., Wenzelmann, F. and Pfeifer, H. Kosten und Nutzen der dualen Ausbildung aus Sicht der Betriebe: Ergebnisse der vierten BIBB Kosten – Nutzen – Erhebung 2016. Bertelsmann Verlag, 2016.

[276] Schumann, M., Baethge-Kinsky, V., Kuhlmann, M., Kurz, C. and Neumann, U. Zwischen Neuen Produktionskonzepten und lean production. SOFI-Mitteilungen Nr. 21, Göttingen, 1994, 21.

[277] Schumann, M. Mitbestimmung als Medium ressourcenorientierter, innovativer Unternehmenspolitik. SOFI-Mitteilungen Nr. 33, Göttingen, 2005 (33).

[278] Spöttl, G., Hecker, O., Holm, C. and Windelband, L. Dienstleistungsaufgaben sind Facharbeit: Qualifikationsanforderungen für Dienstleistungen des produzierenden Gewerbes. Bielefeld: Bertelsmann, 2003.

[279] Stark, D. Class Struggle and the Transformation of the Labor Process: A Relational Approach. *Theory and Society*, 1980, 9 (1).

[280] Statista. Einwohnerzahl in den deutschen Millionenstädten am 31. Dezember 2016, https://de.statista.com/statistik/daten/studie/164790/umfrage/einwohnerzahl-deutscher-millionenstaedte/, aufgerufen am 30-08-2017.

[281] Statistisches Bundesamt. Bevölkerungsvorausberechnung. https://www.destatis.de/DE/ZahlenFakten/GesellschaftStaat/Bevoelkerung/Bevoelkerungsvorausberechnung/Tabellen/2015_2A_AltersgruppenBis2060_.html. aufgerufen am 06-09-2017.

[282] Statistisches Bundesamt. Fast jeder zweite Arbeitnehmer seit über zehn Jahren beim gleichen Arbeitgeber. https://www.destatis.de/Europa/DE/Thema/BevoelkerungSoziales/Arbeitsmarkt/Dauer_Arbeitsvertrag_EUVergleich.html. aufgerufen am 06-09-2017.

[283] Statistisches Bundesamt, Wissenschaftszentrum Berlin für Sozialforschung. Datenreport 2016 - Ein Sozial-bericht für die Bundesrepublik Deutschland. bpb, 2016.

[284] Stewart, G. Apprenticeship Training in Ontario: Literature Review and Options for Further Research. Toronto: Higher Education Quality Council of Ontario, 2009.

[285] Stevens, M. An investment model for the supply of training by employers. *The Economic Journal*, 1994, 424 (104).

[286] Strahm, R. H. Warum wir so reich sind. 2. erweiterte und aktualisierte Auflage. Bern: hep verlag ag, 2010.

[287] Streeck, W. Social Institutions and Economic Performance. Studies of Industrial Relations in Advanced Capitalist Economies. London Sage, 1992.

[288] Streeck, W. Mitbestimmung, unternehmerische. In: Schreyögg, G. and

Axel von Werder, eds.: Handwörtebuch Unternehmensführung und Organisation. Stuttgart: Schäffer – Poechel Verlag, 2004.

[289] Teuteberg, H. J. Geschichte der industriellen Mitbestimmung in Deutschland. Ursprung und Entwicklung ihrer Vorläufer im Denken und in der Wirklichkeit des 19. Jahrhunderts. Unbekannter Einband, 1961.

[290] Tenorth, H. – E. Statuskonstruktion und Qualifikationsbedarf. Akademisierung in Historischer Sicht. In: Schultz, T. and Hurrelmann, K. (Hrsg.). Die Akademiker – Gesellschaft – Müssen in Zukunft alle studieren? Beltz Juventa, Weinheim und Basel, 2013.

[291] Walden, G. and Herget, H. Nutzen der betrieblichen Ausbildung für Betriebe-erste Ergebnisse einer empirischen Erhebung. Berufsbildung in Wissenschaft und Praxis, 2002, 6.

[292] Walden, G., Beicht, U. and Herget, H. Warum Betriebe (nicht) ausbilden. Berufsbildung in Wissenschaft und Praxis, Sonderausgabe 2003.

[293] Weinberg, N. Lernkultur – Begriff, Geschichte und Perspektiven. In: AGQUEM (Hg.). Kompetenzentwicklung 99. Münster, 1999.

[294] Wollschläger, N. and Guggenheim, É. F. Von der Divergenz zur Konvergenz Zur Geschichte der Berufsbildung in Europa. Cedefop, 2004.

[295] Wolter, S. C. and Schweri, J. Kosten und Nutzen der Lehrlingsausbildung aus der Sicht Schweizer Betriebe. BBT/BFS. Bern, 2003.

[296] Yang, L. and Zhao, Z. Q. Empirical Research on the Vocational Ethics Development of Vocational Institution Students in China. *Journal of Asian Vocational Education and Training*, 2010, 3 (1).

附 录

附录一 企业参与职业教育现代学徒制调查问卷

尊敬的企业领导：您好！

首先课题组对您的支持深表谢意！企业是现代学徒制的重要合作伙伴，企业是否愿意参与是我国现代学徒制构建需要首先回答的问题。这是一份学术调查问卷，目的在于调查当前我国部分企业对于参与现代学徒制的意愿。您回答的真实性对于我们的研究至关重要，随意乱填将会在电脑数据输入完成时自动显示为无效问卷，这将浪费您宝贵的时间！所以恳请您根据真实情况作答，答案无所谓对错。

本次调查采用匿名方式，所有资料仅供研究统计分析使用，因此资料绝对保密，请您安心作答。您的鼎力相助将是本研究成功的关键，也将会对我国构建职业教育现代学徒制发挥重要作用。

衷心感谢您的支持！

华东师范大学职业教育与成人教育研究所

一、企业基本情况

（1）贵企业所属行业分类：
☐农林牧渔业　　☐采矿业　　☐制造业
☐电力、热力、燃气及水生产和供应业　　☐建筑业
☐交通运输、仓储和邮政业　　☐住宿和餐饮业
☐信息传输、软件和信息技术服务业　　☐金融业　　☐房地产业
☐租赁和商务服务业　　☐科学研究和技术服务业
☐水利、环境和公共设施管理业　　☐居民服务、修理和其他服务业
☐文化、体育和娱乐业

（2）贵企业性质：
□国有及控股企业　　□民营企业　　□港澳台投资企业
□外商独资企业　　□中外合资企业
（3）贵企业成立时间_____及员工人数_____。
（4）贵企业目前一线员工主要来源：
校园招聘毕业生（□中职　　□高职高专　　□本科）
社会招聘（□无学历要求　　□学历要求_____　　□技术水平要求_____）
（5）贵企业一线员工的入职培训时间：
□1个月以内　　□3个月以内　　□3~6个月　　□6个月以上
（6）贵企业是否与职业院校有人才培养方面的合作？
□是（□培养一线员工　　□培养技术人员　　□培养管理人员）
□否（□希望能有机会合作　　□没有合作需求）注意：跳过7~11题
（7）贵企业与职业院校的合作方式是什么？
□学生顶岗实习　　□订单班/冠名班　　□现代学徒制
□其他_____
（8）贵企业关于职业院校人才培养工作和职业院校联系的频率是什么？
□每周一次　　□每两周一次　　□每月一次　　□每两月一次
□每季度一次　　□每学期一次
（9）贵企业_____年开始与职业院校围绕人才培养进行合作？
（10）贵企业是否和职业院校共同制定了人才培养方案？
□是　　□否
（11）贵企业是否为职业院校学徒发放学徒津贴？
□是　　□否

二、下列题项中的描述是否符合贵企业实际情况？

题项	1	2	3	4	5
本企业服务或产品种类变化繁多	□	□	□	□	□
本企业生产工艺和工序复杂多样	□	□	□	□	□
本企业的工作性质要求员工掌握完整的生产或服务流程	□	□	□	□	□
本企业提供固定的标准化产品或标准化服务	□	□	□	□	□

续表

题项	1	2	3	4	5
本企业所提供的产品能够实现大批量标准化生产	□	□	□	□	□
本企业一线员工的工作需要团队中他人的帮助与合作	□	□	□	□	□
本企业一线员工能够灵活胜任不同岗位的工作	□	□	□	□	□
本企业要求一线员工能解决不同岗位的工作问题	□	□	□	□	□
本企业一线员工大部分时间只需要完成某个固定岗位的工作	□	□	□	□	□
本企业的劳动分工很细致	□	□	□	□	□
本企业一线员工的职业活动范围广泛	□	□	□	□	□
本企业一线员工的劳动分工相对固定	□	□	□	□	□
本企业员工要经常通过学习或培训的方式进行技能升级	□	□	□	□	□
本企业认为学徒培养的方式要比外部招聘具有更高的效益	□	□	□	□	□
本企业认为学徒制为企业带来的收益要大于成本付出	□	□	□	□	□
本企业认为学徒在学习过程中同时可以参与生产价值的创造是可以（部分）支付学徒培养的成本的	□	□	□	□	□
本企业希望学徒毕业后可以留任工作以抵消学徒培训的成本	□	□	□	□	□
本企业认为学徒制培养出的学生技能水平更符合企业需求	□	□	□	□	□

注：1-完全不符合；2-比较不符合；3-一般；4-比较符合；5-完全符合。

附录二 培训条例的制定

德国各培训职业的培训条例是如何制定的呢？根据德国职业教育法的规定，学校以外的职业教育属于公共职权范围，但是，在实施方面直接交由私营雇主和公共管理机构负责。职业教育培训的所有利益相关者都参与新的培训职业的筹划、准备或者已有培训职业的更新，如作为雇主方的企业和行业协会，作为雇员方的工会、联邦州和联邦。

1970年联邦职业教育研究所成立，研究所成立的目的是研究、发展和促进非学校的职业教育培训。对于培训职业的条例的制定，联邦职业教育研究所是雇主和工会以及联邦政府的科学伙伴，它负责研究协调雇主、工会以及联邦政府的教育方案。联邦职业教育研究所委员会包括来自雇主、工会和联邦州的各8名代表以及来自联邦的5名代表。在培训条例的整个开发过程中，雇主和工会都有深入的参与。随着技术、经济和社会的发展，培训职业及其相应的培训条例以及框架教学计划被不断地修订、重组或合并。

如果培训职业需要修订或新职业需要加入的话，首先是由行业协会、雇主协会、工会或联邦职业教育研究所发起。在听取各方意见后，管辖的部委和联邦州协商决定。一般来讲，联邦职业教育研究所会提交一个研究报告，或者在需要重大变革前，先行对一个相关研究项目进行论证。联邦和联邦州将这个过程限制在大约1年，关于企业培训框架计划的内容和职业学校框架教学计划的内容，委员会大概有8个月的时间去协调确定。在培训条例中不会强制要求使用哪种方法或哪种技术体系等，而是列出最终要达到的结果。当培训条例出台后，联邦职业教育研究所会在实施层面予以支持，如通过系列著作或其他形式的公开出版物或者提供多样性的咨询。[1]

附录三　专业技工考试——以培训职业机电一体化工为例

斯图加特工商会的试题和教学工具开发处（PAL – Prüfungsaufgaben-und Lehrmittelentwicklungsstelle der IHK Region Stuttgart）是目前德国工商会管辖范围内的双元制职业教育培训试题开发机构，约900位来自企业及学校的义务工作者负责开发超过130多套工业及技术类职业的试题。附录三将直观呈现德国双元制职业教育培训考试改革后的"分期考试"模式。

机电一体化工的毕业考试

第一部分考试 分值：40%		第二部分考试 分值：60%	
加工任务情境问答	书面试题	生产任务 实践任务	（书面试题） 工作计划 功能分析 经济和社会科目
分值：50% 规定时间：6.5小时	分值：50% 规定时间：1.5小时	分值：50% 规定时间：14小时	分值：50% 规定时间：4.5小时

---

[1] BIBB. Ausbildungsordnungen und wie sie entstehen. 7. überarbeitete Auflage. Bonn 2015：24.

续表

第一部分考试 分值：40%		第二部分考试 分值：60%	
计划* 建议用时：30 分钟 实施 建议用时：4 小时 检查 建议用时：2 小时 情境问答 规定时间：10 分钟 问答时间包括在考试时间中。 情境问答时间在考试期间任意选择，可以一次完成，也可以分段完成。	A 部分（50%）： 23 个相关联题目，其中 3 个可供选择 B 部分（50%）： 8 个无关联题目	准备实践考试任务 规定时间：8 小时 完成实践考试任务 规定时间：6 小时 包括情境问答 规定时间：20 分钟 步骤： （1）信息； （2）计划； （3）实施； （4）检查。 对于实践考试任务的评价通过（1）工作任务单；（2）情境问答；（3）考试委员会的观察。	工作计划 规定时间：105 分钟 分值：40% A 部分（50%）： 28 个相关联题目，其中 3 个可供选择 B 部分（50%）： 8 个无关联题目 功能分析 规定时间：105 分钟 分值：40% A 部分（50%）： 28 个相关联题目，其中 3 个可供选择 B 部分（50%）： 8 个无关联题目 经济和社会科目 规定时间：60 分钟 分值：20% 18 个相关联题目，其中 3 个可供选择 6 个无关联题目，其中 1 个可供选择

注：*计划阶段在完成书面试题后进行，当超过建议用时时，需要在其他阶段中注意时间，保证总时间不超过 6.5 小时。

资料来源：IHK. Abschlussprüfung Teil 1 – Mechatroniker/-in. Herbst 2017：3.